Financement de la protection sociale au Sénégal

LE RÔLE DE LA FISCALITÉ GÉNÉRALE, DES COTISATIONS SOCIALES ET DE LA CONTRIBUTION DU SECTEUR INFORMEL

OCDE

dev
CENTRE DE DÉVELOPPEMENT

Merci de citer cet ouvrage comme suit :
OCDE (2025), *Financement de la protection sociale au Sénégal : Le rôle de la fiscalité générale, des cotisations sociales et de la contribution du secteur informel*, Éditions OCDE, Paris, https://doi.org/10.1787/00d67508-fr.

ISBN 978-92-64-38638-9 (imprimé)
ISBN 978-92-64-54924-1 (PDF)
ISBN 978-92-64-64097-9 (HTML)

Crédits photo : Cover © 12MN/iStock by Getty Images.

Les corrigenda des publications de l'OCDE sont disponibles sur : https://www.oecd.org/fr/publications/support/corrigenda.html.

Avant propos

Le Centre de politique et d'administration fiscales et le Centre de développement de l'OCDE collaborent dans le cadre d'un projet visant à explorer les solutions pour un meilleur financement de la protection sociale, par le biais de la fiscalité générale, des cotisations sociales et de la contribution du secteur informel dans les pays à revenu faible et intermédiaire. Ce rapport s'inscrit dans ce projet, financé par l'Agence suédoise de coopération internationale pour le développement (Sida).

Ce rapport a été rédigé par Antoine Cazals et Céline Colin, économistes fiscalistes au Centre de politique et d'administration fiscales de l'OCDE, et Pablo Suárez Robles, économiste au Centre de développement de l'OCDE, sous la supervision et les conseils de Bert Brys, économiste fiscaliste senior, chef de l'unité des politiques fiscales par pays au Centre de politique et d'administration fiscales de l'OCDE. Le rapport a bénéficié des précieux conseils de Gioia de Melo, économiste fiscaliste, et d'Alexandre Kolev, chef de l'unité de cohésion sociale.

L'analyse contenue dans ce rapport repose sur des échanges réalisés avec les parties prenantes nationales et les partenaires techniques et financiers, menés notamment lors de la mission de consultation organisée à Dakar, du 29 janvier au 2 février 2024. Par ailleurs, le rapport intègre les observations formulées par ces acteurs, recueillies par écrit ou oralement, en particulier lors de l'atelier de validation tenu à Dakar le 17 décembre 2024.

L'OCDE remercie l'ensemble des acteurs ayant contribué à cette analyse, avec une reconnaissance particulière pour la Délégation générale à la protection sociale et à la sécurité nationale ainsi que le Ministère des finances et du budget, pour leur engagement actif et leur appui tout au long du projet.

Table des matières

Avant propos 3

Acronymes 7

Résumé exécutif 9

1 Estimer les besoins de financement en matière de protection sociale 12
- Les dépenses de protection sociale sont insuffisantes 13
- Le renforcement du financement de l'assistance sociale nécessite une estimation précise des besoins et des coûts 24
- Références 42
- Annexe 1.A. Périmètre des programmes de protection sociale selon les acteurs 44
- Annexe 1.B. Coût d'éradication de la pauvreté 47

2 Mobiliser plus de recettes fiscales pour le financement de la protection sociale 48
- Les recettes fiscales sont significatives mais encore insuffisantes pour le financement de la protection sociale 49
- L'élargissement des assiettes d'imposition est préférable à la hausse des taux 56
- L'imposition des produits néfastes à la santé peut être renforcée 64
- Des recettes fiscales issues de l'exploitation des hydrocarbures pourront élargir l'espace budgétaire 74
- L'élimination des subventions à l'énergie constitue une opportunité pour des mesures de protection sociale plus ciblées 75
- Références 78
- Annexe 2.A. Cadre d'évaluation de la fiscalité du tabac développé par l'OCDE 81

3 Privilégier un engagement budgétaire au profit de la protection sociale au fléchage des recettes 84
- Une approche précautionneuse en matière de fléchage des recettes est conseillée 85
- L'importance des financements affectés à la future CAPSU n'est pas optimale 88
- Références 92

4 Développer les régimes contributifs 93
- Le faible niveau des cotisations sociales s'explique par une base d'imposition étroite et des plafonds relativement bas 94
- La viabilité financière des différentes caisses du régime contributif est hétérogène, avec des défis importants au sein de la branche santé 101

5 Renforcer l'économie formelle et faire contribuer les travailleurs indépendants 106

L'ampleur du travail informel pénalise le financement de la protection sociale 107

La fiscalité n'est pas seule responsable de la forte informalité 110

Des stratégies de formalisation différenciées selon les profils des travailleurs informels sont nécessaires 111

Le rôle phare du RSPC dans la mobilisation des capacités contributives des travailleurs informels au profit de l'assurance sociale 118

La contribution globale unique pourrait constituer un meilleur outil de formalisation 123

Références 132

6 Renforcer la conformité sociale 133

L'évasion sociale constitue un défi majeur pour le financement des régimes contributifs 134

Des mesures sont nécessaires pour renforcer la conformité et améliorer la collecte des cotisations sociales 135

Références 138

7 Vers une stratégie graduelle de financement de la protection sociale 139

Aller vers une protection sociale universelle nécessite à la fois l'extension de l'assistance sociale et des régimes contributifs 140

Options et coûts de l'extension graduelle de programmes d'assistance sociale 141

Options pour l'élargissement de l'espace budgétaire et financements associés 142

Le Sénégal dispose des moyens pour financer une extension ambitieuse de l'assistance sociale 144

Références 146

GRAPHIQUES

Graphique 1.1. Évolution des dépenses publiques de protection sociale 13

Graphique 1.2. Décomposition des dépenses de protection sociale au Sénégal 16

Graphique 1.3. Décomposition des dépenses de protection sociale dans plusieurs pays 18

Graphique 1.4. Couverture de la population en matière de protection sociale 20

Graphique 1.5. Part des personnes non couvertes par la protection sociale selon le niveau de revenu 21

Graphique 1.6. Part des personnes non couvertes par la protection sociale par région 22

Graphique 1.7. Évolution de la pauvreté 23

Graphique 2.1. Taux de pression fiscale 49

Graphique 2.2. Évolution du taux de pression fiscale 50

Graphique 2.3. Dynamisme des recettes fiscales 51

Graphique 2.4. Dynamisme des recettes fiscales du Sénégal par impôt 52

Graphique 2.5. Potentiel de recettes fiscales additionnelles 53

Graphique 2.6. Structure des recettes fiscales dans une sélection de pays comparateurs 56

Graphique 2.7. Taux marginal supérieur de l'IRPP 57

Graphique 2.8. Taux marginal inférieur de l'IRPP 58

Graphique 2.9. Taux d'impôt sur les sociétés 58

Graphique 2.10. Dépenses fiscales 59

Graphique 2.11. Évolution des dépenses fiscales 59

Graphique 2.12. Recettes issues des droits d'accise sur les produits néfastes à la santé 65

Graphique 2.13. Fiscalité du tabac dans les pays des zones UEMOA et CEDEAO 66

Graphique 2.14. Taux appliqués à l'alcool dans les zones UEMOA et CEDEAO 71

Graphique 2.15. Taux d'accise *ad valorem* sur les boissons sucrées 72

Graphique 2.16. Projections de la prévalence de l'obésité au Sénégal 73

Graphique 2.17. Recettes issues de la taxe sur les carburants 76

Graphique 4.1. Taux de cotisations sociales dans les pays à revenu faible et intermédiaire 96

Graphique 4.2. Charge fiscale sur les revenus du travail 97

Graphique 4.3. Recettes issues des cotisations sociales 99

Graphique 5.1. Panorama des travailleurs informels 107
Graphique 5.2. UPI projetant d'enregistrer leur activité auprès de l'administration 111
Graphique 5.3. Relation entre informalité et pauvreté 113
Graphique 5.4. Niveau de vie des travailleurs 113
Graphique 5.5. Répartition sectorielle des travailleurs informels selon le niveau de revenus 115
Graphique 5.6. Répartition des travailleurs informels selon le niveau de revenus au sein des filières principales des secteurs de l'agriculture, du commerce et de la fabrication 116
Graphique 5.7. Distribution des salaires 117
Graphique 5.8. Salariés informels avec un salaire supérieur au SMIG 117
Graphique 5.9. Statut professionnel des travailleurs informels 123
Graphique 5.10. Distribution des UPI selon leur chiffre d'affaires 126
Graphique 5.11. Plafond de chiffre d'affaires pour l'éligibilité aux RSI 128
Graphique 5.12. Taux d'imposition sur les bénéfices sous la CGU, l'IS et l'IRPP selon le niveau de profitabilité 131

TABLEAUX

Tableau 1.1. Vue du système de protection sociale au Sénégal 14
Tableau 1.2. Dépenses publiques de protection sociale 19
Tableau 1.3. Évaluation des coûts des programmes phares de la SNPS 26
Tableau 1.4. Dépenses d'assistance sociale réalisées 26
Tableau 1.5. Vue d'ensemble d'une sélection de programme non contributifs 28
Tableau 1.6. Vue d'ensemble des six scénarios pour un socle de protection sociale optimal 30
Tableau 1.7. Coût total de l'extension du PNBSF aux ménages dans l'extrême pauvreté et la pauvreté 33
Tableau 1.8. Coût additionnel de l'extension du PNBSF aux ménages dans l'extrême pauvreté et la pauvreté 34
Tableau 1.9. Coût d'extension des allocations familiales 36
Tableau 1.10. Coût de la mise en place d'une pension sociale de 20 000 FCFA par mois 39
Tableau 2.1. Positionnement du Sénégal en matière de recettes fiscales réalisées et potentielles 55
Tableau 2.2. Répartition des dépenses fiscales par type de bénéficiaire et d'impôt 61
Tableau 2.3. Coût des principales dépenses fiscales 62
Tableau 2.4. Métrique MPOWER appliquée au Sénégal 68
Tableau 2.5. Vue d'ensemble de la mise en œuvre des meilleures pratiques de l'OMS en matière de fiscalité du tabac au Sénégal 68
Tableau 3.1. Plan de financement de la CAPSU 89
Tableau 4.1. Vue d'ensemble des régimes contributifs du Sénégal selon le statut des travailleurs dans l'emploi 94
Tableau 4.2. Taux de cotisations sociales des salariés du secteur privé formel 95
Tableau 4.3. Vue d'ensemble de la situation budgétaire des régimes contributifs 102
Tableau 5.1. Cotisations sociales non perçues sur les salariés informels au-delà du SMIG 109
Tableau 5.2. Consentement à l'impôt des UPI 110
Tableau 5.3. Montant maximal de cotisation sociale accepté par les UPI intéressées par la sécurité sociale 119
Tableau 7.1. Coût d'extension de trois programmes d'assistance sociale 141
Tableau 7.2. Estimation du potentiel d'élargissement de l'espace budgétaire par une sélection de mesures 142
Tableau 7.3. Scénarios de financement 145
Tableau 7.4. Articulation des besoins et financement pour l'assistance sociale 145

Acronymes

ANACMU	Agence nationale de la couverture maladie universelle
ANSD	Agence nationale de la statistique et de la démographie
BIT	Bureau international du travail
CAF	Caisse autonome des fonctionnaires
CAPSU	Caisse autonome de protection sociale universelle
CEC	Carte d'égalité des chances
CEDEAO	Communauté économique des états d'Afrique de l'Ouest
CGI	Code général des impôts
CGU	Contribution globale unique
CMU	Couverture maladie universelle
CSS	Caisse de sécurité sociale
DGID	Direction générale des impôts et des domaines
DGPSN	Délégation générale à la protection sociale et la solidarité nationale
EHCVM	Enquête harmonisée sur les conditions de vie des ménages
ERI-ESI	Enquête régionale intégrée sur l'emploi et le secteur informel
FCFA	Franc de la communauté financière africaine dans les pays de l'union économique et monétaire ouest-africaine
FMI	Fonds monétaire international
FNR	Fonds national des retraites
ICAMO	Institution de coordination de l'assurance maladie obligatoire
IPM	Institutions de prévoyance maladie
IPRES	Institution de prévoyance retraite du Sénégal
IRPP	Impôt sur le revenu des personnes physiques
IS	Impôt sur les sociétés
KIIbIH	Key indicators of informality based on individuals and their households
MFB	Ministère des finances et du budget
MTERI	Ministère du travail, de l'emploi et des relations avec les institutions

MSAS	Ministère de la santé et de l'action sociale
OCDE	Organisation de coopération et de développement économiques
OIT	Organisation internationale du travail
OMS	Organisation mondiale de la santé
PIB	Produit intérieur brut
PME	Petites et moyennes entreprises
PNBSF	Programme national de bourses de sécurité familiale
RNU	Registre national unique
RSI	Régime simplifié d'imposition
RSPC	Régime simplifié pour les petits contribuables
SMIG	Salaire minimum interprofessionnel garanti
SNPS	Stratégie nationale de protection sociale
TVA	Taxe sur la valeur ajoutée
UEMOA	Union économique et monétaire ouest-africaine
UPI	Unité de production informelle

Résumé exécutif

Le Sénégal fait de la protection sociale un pilier central de sa stratégie de développement. La Vision Sénégal 2050 place la protection sociale au cœur du nouveau modèle de développement du pays. La Stratégie nationale de développement 2025-29, qui décline cette vision à moyen terme, vise ainsi à construire un système de protection social inclusif et efficient grâce à un espace budgétaire suffisant. Cette volonté politique constitue un levier essentiel pour le développement des filets sociaux, ainsi que des régimes contributifs.

Malgré des développements récents, le système de protection sociale sénégalais reste insuffisant pour répondre aux besoins de la population. Tout d'abord la couverture de la population est faible, avec moins d'un Sénégalais sur quatre bénéficiant d'un programme de protection sociale. Ensuite, le niveau des prestations sociales est bas. À titre illustratif, le montant des bourses de sécurité familiale n'a été réévalué qu'une fois en douze ans d'existence du programme. Enfin, certains dispositifs de protection sociale ne sont pas encore en place, tels qu'un minimum vieillesse ou une assurance chômage.

Dans un contexte d'informalité important, le développement de l'assistance sociale s'avère nécessaire pour tendre vers une couverture sociale universelle. En 2022, les dépenses consacrées à l'assistance sociale représentaient moins de 1 % du PIB, un niveau inférieur à de nombreux pays de développement comparable. Ceci représente l'équivalent de 2,5 % du budget du Sénégal, soit environ un tiers de la cible fixée par la Stratégie nationale de protection sociale 2016-35. Les mesures de développement de l'assistance sociale considérées dans ce rapport à titre illustratif (extension du Programme national de bourses de sécurité familiale à l'ensemble des ménages pauvres, extension des allocations familiales à l'ensemble des ménages, et mise en en place d'une pension sociale de 20 000 FCFA par mois pour les personnes de plus de 60 ans non pensionnées) nécessiteraient un montant de l'ordre de 3 % du PIB.

L'élargissement de l'espace budgétaire, notamment à travers la hausse des recettes fiscales, est un préalable au financement accru de l'assistance sociale. En 2022, le taux de pression fiscale s'établissait à 19,8 % du PIB. Le Sénégal dispose d'un potentiel de recettes fiscales additionnelles de l'ordre de 3 % de PIB au travers de la mise en œuvre d'une réforme fiscale. Le développement de l'économie formelle et une croissance économique soutenue contribueront en outre à générer davantage de recettes fiscales. À ce titre, l'ambition de réformer simultanément les Codes des Impôts, des Douanes et des Investissements offre une opportunité de repenser en profondeur la conception et l'administration de la politique fiscale sénégalaise. Une fois l'espace budgétaire élargi, le niveau de cible d'engagement budgétaire au profit de la protection sociale reflètera les priorités des autorités pour ce secteur. Si la priorisation budgétaire est parfois complexe, notamment en ce qu'elle doit rester crédible auprès des populations et des acteurs du secteur, elle reste néanmoins préférable au mécanisme de fléchage des recettes fiscales qui crée des rigidités budgétaires importantes.

La réforme fiscale devra privilégier un élargissement des assiettes fiscales à une hausse des taux, ces derniers étant déjà élevés. Cela passe notamment par une rationalisation des dépenses fiscales fondée sur leur évaluation rigoureuse et exhaustive pour cibler et éliminer les moins efficaces. Les incitations fiscales relatives à l'impôt sur les sociétés pourraient être repensées, la progressivité de l'impôt sur le revenu des personnes physiques renforcée en limitant les déductions régressives, et la neutralité de la taxe sur la valeur ajoutée consolidée. En parallèle, le renforcement des impôts sur les produits néfastes à la santé permettrait des marges budgétaires additionnelles.

L'élargissement de l'espace budgétaire pour le financement de l'assistance sociale reposera également sur les recettes issues de l'exploitation des ressources naturelles et la réduction des subventions à l'énergie. Bien que les montants des revenus issus de l'exploitation des hydrocarbures soient incertains, une partie de ceux-ci pourrait soutenir la politique sociale nécessaire au développement inclusif du Sénégal. Ces ressources pourraient en particulier financer des mesures d'adaptation au changement climatique, notamment face aux catastrophes naturelles, et accélérer la transition vers une économie moins carbonée, en réponse aux défis environnementaux croissants que le Sénégal connaît. La réduction amorcée et progressive des subventions à l'énergie constitue un levier clé pour libérer des ressources en faveur de transferts sociaux ciblés. Une communication efficace et des mesures d'accompagnement seront cruciales pour assurer l'adhésion sociale à cette réforme.

Parallèlement aux efforts budgétaires pour le financement de l'assistance sociale, la formalisation des travailleurs informels et le développement des régimes contributifs, encore embryonnaires, sont essentiels. Plusieurs mesures non exclusives peuvent être envisagées :

- **Rendre le régime de la contribution globale unique (CGU) attractif** pour les petits contribuables informels en y intégrant une forme de protection sociale, dans le cadre d'une réforme plus globale de cet impôt. Cela pourrait inclure l'intégration des cotisations sociales du régime simplifié des petits contribuables (RSPC) au sein de la CGU. Au-delà des seuils d'éligibilité au RSPC, des niveaux de cotisations et de protection supérieurs pourraient être intégrés à la CGU. La prise en charge de prestations de protection sociale associées à l'acquittement de la CGU pourrait s'accompagner d'une modeste revalorisation des taux de CGU. La partie des recettes de CGU correspondant aux cotisations sociales devrait alors être remise aux caisses.
- **Réduire le poids de la fiscalité sur le travail formel**. Le Sénégal est dans un équilibre défavorable de cotisations sociales élevées appliquées à un nombre extrêmement réduit de travailleurs. Au niveau du salaire minimum, la charge fiscale et sociale s'élève à 33 % du coût total de la main d'œuvre, représentant une barrière au travail formel. Dans ce contexte, un allégement des cotisations pour les petites et moyennes entreprises, ainsi que la suppression de la contribution forfaitaire à la charge des employeurs, pourraient être envisagés. Le financement de la formation professionnelle serait alors assuré par le budget général de l'État.
- **Renforcer la lutte contre l'évasion sociale**. Pour réduire le non-paiement, ou paiement partiel, des cotisations sociales par les unités de production enregistrées, notamment au sein des unités de taille intermédiaire, des contrôles accrus ainsi qu'une approche collaborative autour des données à échanger entre les caisses de prévoyance sociale d'une part, et avec l'administration fiscale d'autre part, s'avèrent déterminants.
- **Renforcer la qualité des prestations sociales associées aux régimes contributifs pour favoriser l'adhésion et la participation à ces régimes.**

Enfin, améliorer la gestion et la gouvernance du secteur de la protection sociale apparaît nécessaire. L'absence de périmètre de la protection sociale commun à tous les acteurs, couplé à la multiplicité des programmes, complexifient la lisibilité du secteur. Le manque de données actualisées limite les possibilités d'évaluation, préalable à une planification fondée sur une logique de résultats, et pénalise l'amélioration et la rationalisation des programmes. Plus généralement, une réflexion sur l'organisation du secteur serait bénéfique dans la perspective de la mise en place de la Caisse autonome de protection sociale universelle, ainsi qu'un meilleur contrôle des institutions de prévoyance maladie.

Principales recommandations

Le rapport développe les éléments du diagnostic présenté ci-dessus et formule une série de recommandations, dont les principales sont les suivantes :

- Évaluer les dépenses fiscales en vue d'un plan de rationalisation, en particulier celles relatives à la taxe sur la valeur ajoutée et à l'impôt sur les sociétés.
- Renforcer la progressivité de l'impôt sur le revenu des personnes physiques en limitant les déductions régressives.
- À long terme, renforcer la neutralité de la taxe sur la valeur ajoutée, notamment dans le secteur agricole.
- Renforcer la fiscalité sur les produits néfastes à la santé et initier une réflexion à haut niveau politique sur la nécessité de directives régionales plus ambitieuses.
- Poursuivre la rationalisation des subventions à l'énergie, en maintenant les mesures compensatoires à destination des ménages vulnérables et en assurant une communication claire et transparente.
- Réduire le coût du travail formel, en allégeant les cotisations sociales pour les petites et moyennes entreprises et en supprimant la contribution forfaitaire à la charge des employeurs.
- Réviser le régime de la contribution globale unique pour y intégrer une forme de protection sociale, améliorer sa conception et faciliter la transition des contribuables vers le régime réel, en se basant sur les travaux d'un groupe de travail interministériel à créer.
- Faire de la lutte contre l'évasion sociale une priorité, notamment en axant les efforts sur une meilleure gestion des données et une plus grande collaboration au sein de l'administration pour renforcer l'efficacité du contrôle.
- Définir un périmètre de la protection sociale partagé par l'ensemble des acteurs, améliorer la qualité des données et élaborer des comptes satellites du secteur.
- S'engager sur une cible de dépenses d'assistance sociale basée sur la remise à jour du cadrage budgétaire de la Stratégie nationale de protection sociale et suivre son évolution dans le temps.
- Mener une réflexion sur la gouvernance du secteur de la protection sociale, en considérant notamment le rôle de la future Caisse autonome de protection sociale universelle et la refonte du fonctionnement du marché des institutions de prévoyance médicale.
- Évaluer la qualité du ciblage des programmes d'assistance sociale.

1 Estimer les besoins de financement en matière de protection sociale

Ce chapitre vise à donner une vue d'ensemble des besoins de financement en matière de protection sociale au Sénégal. Il commence par décrire le niveau actuel des dépenses de protection sociale, leur composition et les facteurs exerçant une pression à la hausse. Une estimation générale des besoins de financement actuels est ensuite fournie, avec une discussion sur les limites méthodologiques d'un tel exercice. Enfin, une approche prospective est développée pour donner des ordres de grandeur relatifs aux coûts de certaines mesures telles que l'élargissement du Programme national de bourses de sécurité familiale (PNBSF), des allocations familiales, ou de la mise en place d'une pension sociale.

Les dépenses de protection sociale sont insuffisantes

Niveau des dépenses de protection sociale

Les dépenses publiques de protection sociale au Sénégal sont faibles. En 2022, en base ordonnancement, elles représentent 387 Mds FCFA, soit 2,4 % du PIB ou 8,80 % du budget de l'État (DGPSN, 2023[1]) (Graphique 1.1), ce qui est inférieur à de nombreux pays à revenu intermédiaire. Ces dépenses incluent les programmes non contributifs et contributifs, relatifs notamment à la vieillesse, la santé, la pauvreté et la solidarité nationale (voir Annexe 1.A pour la liste détaillée). La part des dépenses de protection sociale, en base ordonnancement, dans le budget ou exprimée en pourcentage du PIB n'a que peu évolué depuis 2018 (Graphique 1.1).

Graphique 1.1. Évolution des dépenses publiques de protection sociale

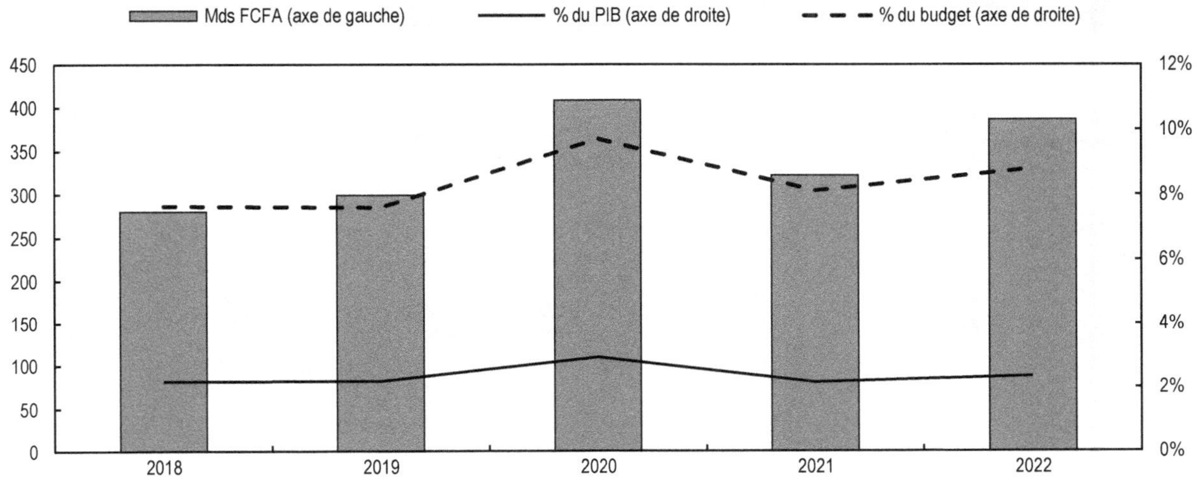

Note : Sont incluses les dépenses effectuées sur ressources internes, ainsi que celles des partenaires au développement exécutées sous forme d'appui budgétaire et recensées par le Ministère des finances et du budget. Ces chiffres incluent les programmes listés en Annexe 1.A.
Source : (DGPSN, 2023[1]).

Le niveau de dépenses de protection sociale varie selon les acteurs en raison de l'absence de nomenclature encadrant leur périmètre. Selon la Revue des dépenses publiques de protection sociale du Sénégal, les dépenses de protection sociale (i.e. dépenses des ministères sectoriels, cotisations de l'État pour ses agents, prestations sociales versées par l'État aux bénéficiaires sans cotisations préalables, et dépenses des organismes de sécurité sociale) atteignent 376 Mds FCFA en 2021, soit 2,5 % du PIB ou 6,6 % du budget (AMD, 2023[2]). D'après les chiffres du Ministère des finances et du budget (MFB), les prévisions de dépenses en protection sociale pour 2024 atteignent 206 Mds FCFA, soit 3,6 % du budget (hors montants versés aux organismes de sécurité sociale). Les différences entre les acteurs, relatives aux montants (décaissement *vs* ordonnancement) et/ou au type de dépense/programme de protection sociale (voir Annexe 1.A pour plus de détail), ne permettent pas une vue d'ensemble partagée du niveau des dépenses de protection sociale aujourd'hui atteint au Sénégal. Or, une meilleure définition et délimitation des dépenses de protection sociale, commune et partagée par tous les acteurs, est nécessaire pour s'accorder sur le niveau de dépenses actuel, évaluer les besoins, fixer des objectifs réalistes, suivre et évaluer l'évolution des dépenses, mieux informer le débat sur le financement de la protection sociale (i.e. savoir combien est dépensé et pour quel programme) et renforcer son plaidoyer.

Composition des dépenses publiques de protection sociale

Les régimes et programmes de protection sociale au Sénégal sont très nombreux. La Délégation générale à la protection sociale et la solidarité nationale (DGPSN) en comptabilise 44 en 2022, le MFB 25, la Stratégie nationale de protection sociale (SNPS) 17, et l'Organisation internationale du travail (OIT) 31 (voir Annexe 1.A). Suivant la définition de la protection sociale de cette dernière, ceux-ci peuvent être classés entre : (i) assurance sociale (régimes contributifs obligatoires et volontaires), (ii) assistance sociale (régimes non contributifs universels et filets sociaux), (iii) action sociale et solidarité nationale, et (iv) programmes du marché du travail (Tableau 1.1 ; Encadré 1.1). Cette multitude de régimes et programmes réduit la lisibilité du secteur de la protection sociale. Il est à noter que ce rapport ne considère pas les dépenses privées de protection sociale (par exemple les assurances collectives souscrites par le secteur privé, souvent pour l'assurance santé ou les compléments de retraite, les interventions sociales des organisations non gouvernementales et autres institutions sans but lucratif au service des ménages) faute d'information suffisante.

Tableau 1.1. Vue du système de protection sociale au Sénégal

Type de protection sociale		Programmes (liste non exhaustive)	% des dépenses totales de protection sociale (base ordonnancement, 2022)
Assurance sociale	Régimes obligatoires	Institutions de prévoyance sociale 1. Institution de prévoyance retraite du Sénégal (IPRES) pour les pensions de retraite et réversion 2. Caisse de sécurité sociale (CSS) pour les accidents du travail, maladies professionnelles, prestations familiales et maternité 3. Institutions de prévoyance maladie (IPM) pour l'assurance maladie	IPRES : 46 % CSS : 3,6 %
		Fonds national des retraites (FNR) pour les fonctionnaires pour les pensions de retraite et de réversions Allocation spéciale de retraite des universitaires devant être prise en charge directement par le budget général en complément de leur pension de retraite FNR Régimes de retraite des anciens députés de l'Assemblée nationale	30 %
		Régime des fonctionnaires (Direction de la Solde du MFB) pour les pensions d'invalidités, les imputations budgétaires santé, les allocations familiales et majorations pour famille nombreuse, les indemnités de congés de maladie et de maternité, les prestations de survie (indemnité et secours décès), indemnités de licenciement ou de départ à la retraite pour les non-fonctionnaires	Non inclus dans le total des dépenses de protection sociale par la DGPSN
	Régimes volontaires	Mutuelles de santé (676 mutuelles communales et mutuelles professionnelles dans le secteur public et privé) Souscription à une assurance collective au niveau des sociétés d'assurance par les entreprises du secteur privé au profit de leurs employés Fonds de pension autonomes privés	
Assistance sociale	Régimes universels	Couverture maladie universelle (CMU)	5 %
		Cantines scolaires	<1 %
	Filets sociaux	Programme national de bourses de sécurité familiale (PNBSF)	9 %
		Plan de riposte national à l'insécurité alimentaire	<1 %
Action sociale et solidarité nationale	Enfance	Programme d'appui aux pupilles de la Nation	<1 %
		Projet construction, équipement et réhabilitation de cases des tout-petits	<1 %
		Centre d'accueil, d'information et d'orientation des enfants en situation difficile	<1 %
		Programme de retrait et de réinsertion socio-économique des enfants en situation de rue	<1 %
		Éducation surveillée et protection judiciaire de l'enfant	<1 %

		Bourse de maintien scolaire par les mairies au profit des enfants vivants des familles indigents	NA
		Cellule d'appui à la protection de l'enfance	<1 %
	Réinsertion des délinquants	Programme de réintégration en milieu carcéral visant à leur assurer un revenu et un emploi à la sortie de prison	NA
	Personnes âgées	Appui à la promotion des aînés	<1 %
	Genre	Observatoire national de la parité	<1 %
	Nutrition / alimentation	Programme de renforcement de la nutrition / Phase II	<1 %
		Reconstitution du stock de sécurité alimentaire	<1 %
	Handicap / incapacité	Programme national de réadaptation à base communautaire	<1 %
		Cartes d'égalité des chances (CEC)	<1 %
	Gestion des risques et catastrophes	Fonds de calamité	<1 %
		Lutte contre les inondations	<1 %
		Prévention / maitrise des catastrophes	<1 %
		Prime assurance agricole	<1 %
	Pauvreté / Exclusion	Fonds de solidarité nationale	<1 %
Programmes du marché du travail		Programme de réduction de la pauvreté et de renforcement des dynamiques de développement économique et social	<1 %

Note : Figurent uniquement dans ce tableau les programmes recensés par la DGPSN pour lesquels un financement est alloué en 2022. 11 programmes ne sont pas inclus faute d'informations suffisantes sur leur nature (et donc leur classification entre les différents types de programmes), dont le programme de sécurité civile (7,5 Mds FCFA). Les programmes du marché du travail relatifs à l'Agence nationale de la promotion de l'emploi des jeunes et l'agence pour l'emploi des jeunes des banlieues ne figurent pas parmi les programmes de la DGPSN mais ceux recensés par la Revue des dépenses publiques de protection sociale. Les Bourses de maintien scolaire par les mairies au profit des enfants vivants des familles indigents, et le Programme de réintégration en milieu carcéral visant à leur assurer un revenu et un emploi à la sortie de prison font partie des programmes considérés par le Ministère des finances et du budget, mais pas les autres acteurs. Les régimes spéciaux des fonctionnaires et les mutuelles de santé ne sont pas inclus parmi les programmes de la DGPSN mais sont présentés dans ce tableau pour tenter de compléter le panorama du système de protection sociale sénégalais. Les régimes d'assurance volontaires (mutuelles de santé) reposent sur une logique d'assurance privée, parallèle aux programmes et régimes de protection sociale organisés par la puissance publique. Voir Annexe 1.A pour une vue d'ensemble des programmes selon les acteurs.

Source : Inspiré de AMD (2023[2]) avec les informations contenues dans DGPSN (2023[1]), et basée sur l'approche de l'Organisation internationale du travail pour la catégorisation des programmes. Loi n°59.035 du 30 décembre 1959 portant règlement de la caisse des députés de la République du Sénégal ; Loi n°07/2024 portant pension des anciens députés, abrogeant et remplaçant la loi n°59-035 du 30 décembre 1959.

L'assurance sociale représente plus de la moitié des dépenses de protection sociale (Graphique 1.2). L'Institution de prévoyance retraite du Sénégal (IPRES) et le Fonds national des retraites (FNR) ont un poids prépondérant au sein de l'assurance sociale. Ainsi, les populations bénéficiaires des dépenses de protection sociale sont principalement les personnes âgées. Viennent ensuite les enfants (avec notamment le programme des cantines scolaires, l'agence des cases des tout-petits et l'office des pupilles de la Nation), les personnes vulnérables aux chocs et aux catastrophes, puis les personnes en situation d'invalidité ou de handicap. Cette prévalence du poids de l'assurance sociale se distingue d'autres pays de la tranche de revenu intermédiaire avec des niveaux d'informalité élevés dont les systèmes de protection sociale reposent davantage sur l'assistance sociale (Graphique 1.3).

Graphique 1.2. Décomposition des dépenses de protection sociale au Sénégal

% du total des dépenses de protection sociale (base ordonnancement), 2022

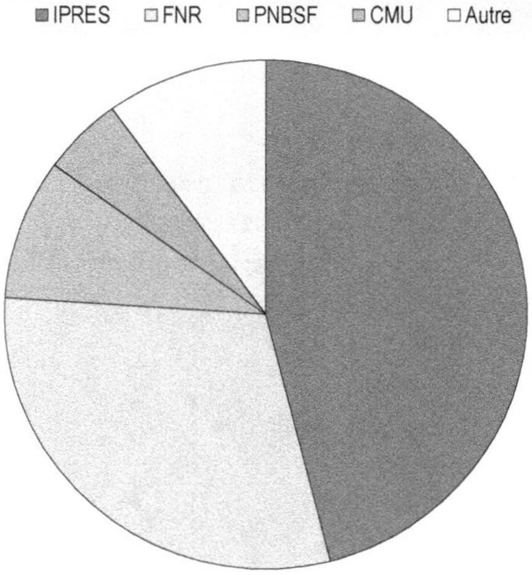

Source : DGPSN (2023[1]).

Encadré 1.1. Vue d'ensemble du système de protection sociale sénégalais

Assurance sociale

Les régimes contributifs obligatoires sont financés à travers les cotisations sociales versées par les employés et les employeurs, et s'appliquent uniquement aux fonctionnaires et aux salariés du secteur formel de l'économie (i.e. à une part très minoritaire de la main d'œuvre au Sénégal).

Le régime des fonctionnaires fournit à ces bénéficiaires une couverture santé, des allocations familiales et des indemnités en cas de maladie, invalidité, risques professionnels et décès pour les survivants. Le FNR, géré par la Direction des Pensions du MFB, est quant à lui financé à la fois par l'État-employeur et les fonctionnaires, et verse des pensions de vieillesse aux fonctionnaires retraités. En outre, les imputations budgétaires gérées par la Direction des Pensions assurent la couverture des branches santé et survivants pour les fonctionnaires retraités et leurs ayants droits (conjoints et enfants). En 2024, le Sénégal compte 64 000 fonctionnaires retraités et 138 000 fonctionnaires cotisants.

Concernant les salariés du secteur privé et les agents contractuels de l'État, la CSS, a été instituée pour gérer deux branches, à savoir les prestations familiales et les risques professionnels. Les prestations familiales incluent des allocations prénatales, post-natales, un congé maternité de 14 semaines (pouvant être étendu à 17 semaines selon les modalités définies par l'Article L.143 du Code du Travail) et des allocations pour enfants à charge jusqu'à l'âge de 21 sous conditions (inscription à l'état civil, scolarisation). Les travailleurs indépendants ont la possibilité d'adhérer volontairement à la CSS.

La branche vieillesse est gérée par l'IPRES qui, en outre, couvre intégralement les dépenses de soins de santé des pensionnés et de leurs ayants droits. Au total, l'IPRES compte 400 000 travailleurs cotisants et 160 000 travailleurs retraités.

La branche maladie est gérée par les IPM qui sont des caisses autonomes gérées par les entreprises et coordonnées par l'Institution de coordination de l'assurance maladie obligatoire (ICAMO). Cette dernière a été instaurée à la suite de la réforme de 2012 de l'assurance maladie obligatoire et représente l'interlocuteur unique entre son ministère de tutelle, le ministère du travail, et les entreprises à la base. Les IPM fournissent une mutuelle de base ainsi qu'une mutuelle complémentaire pour les fonctionnaires couvrant les frais pharmaceutiques. En 2024, l'ICAMO recense 164 IPM à travers le pays, dont 90 % sont basées à Dakar. La couverture est faible avec seulement 3 982 entreprises qui ont adhéré à des IPM. Au total, 535 001 personnes sont couvertes par l'assurance maladie obligatoire, y compris 142 792 ayants droits (conjoints et enfants).

Les régimes contributifs volontaires comprennent les mutuelles complémentaires, les mutuelles communales et les mutuelles dites professionnelles. Les mutuelles complémentaires concernent essentiellement les fonctionnaires et fournissent des prestations non couvertes par l'État, telle que la prise en charge des frais pharmaceutiques, ou complémentent le régime des fonctionnaires civils qui ne prend en charge que 80 % des dépenses de santé (les fonctionnaires militaires sont couverts à 100 %). Les mutuelles communales, mises en place dans le cadre de la CMU, s'adressent aux catégories exclues des régimes contributifs formels, notamment la population rurale et les travailleurs de l'économie informelle, et prennent en charge l'intégralité des frais de santé. Quant aux mutuelles professionnelles, elles interviennent également au premier franc. Certaines sont destinées aux agents de l'État – telles que la mutuelle de santé des agents de l'État (MSAE), la mutuelle des armées, la mutuelle des agents de la loterie nationale du Sénégal – et aux travailleurs du secteur formel privé, tandis que d'autres sont mises en place et gérées par des organisations professionnelles du secteur informel.

Assistance sociale

L'assistance sociale comprend les programmes non contributifs ciblant les populations pauvres ou vulnérables. Ces programmes peuvent intervenir dans des domaines très variés tels que l'accès à la santé, l'éducation, la sécurité alimentaire et la lutte contre la pauvreté. L'OIT distingue les régimes universels, qui s'adressent à tout ou partie de la population sans conditionnalité, des filets sociaux qui se restreignent aux populations catégorisées comme pauvres. Le principal régime universel au Sénégal est la CMU, mise en place dès 2013, qui inclue la gratuité des soins pour les enfants de moins de cinq ans, les accouchements par césarienne, les dyalises et, dans le cadre du Plan SESAME, les personnes âgées qui ne bénéficient pas d'une retraite. L'objectif de Agence nationale de la couverture maladie universelle (ANACMU), est d'atteindre 75 % de couverture d'ici 2027 et 80 % à l'horizon 2033. La CMU est financée par des cotisations paritaires entre les individus couverts et l'État d'un montant de 3 500 FCFA par an pour les individus qui ont la capacité de cotiser.

S'agissant des filets sociaux, le programme phare du gouvernement sénégalais est le Programme national de bourses de sécurité familiale (PNBSF). Ce programme de transferts monétaires octroie aux ménages les plus pauvres, identifiés à travers le Registre national unique (RNU), une allocation de base de 35 000 FCFA par trimestre, soit 140 000 FCFA par an. Les ménages boursiers bénéficient également de la CMU, leurs dépenses de santé étant prises charge à travers les mutuelles communales. Par ailleurs, les personnes handicapées qui détiennent la Carte d'égalité des chances (CEC) sont automatiquement couvertes également par le PNBSF et la CMU. La CEC couvre 76 000 individus parmi les 1,1 millions de personnes handicapées recensées au Sénégal. La fabrication de cette carte, qui a vu le jour en 2013, est coûteuse et son obtention difficile car elle requiert une carte nationale d'identité et un certificat d'invalidité.

Les programmes dans le domaine de **l'action sociale et la solidarité nationale** sont assimilés à des régimes non contributifs catégoriels qui ciblent des groupes de population très spécifiques comme, les secours fournis aux individus en situation d'indigence par le Fonds de solidarité nationale et d'autres acteurs, en particulier pour la prise en charge des dépenses de santé. La plupart de ces programmes ne bénéficient qu'à un nombre limité d'individus.

Programmes du marché du travail

Ces programmes, encore en gestation au Sénégal, vise l'employabilité et l'accès de la main d'œuvre à un travail décent. Ces programmes portent sur l'accès à la formation, l'apprentissage, l'auto-emploi et l'entrepreneuriat, ainsi que sur l'intermédiation du marché du travail et les travaux à haute intensité en main d'œuvre. Ces programmes sont souvent de faible envergure, fragmentés et dépendants de financements extérieurs.

Source : OCDE sur la base d'OIT (2021[3]).

Graphique 1.3. Décomposition des dépenses de protection sociale dans plusieurs pays

Exprimées en % du PIB

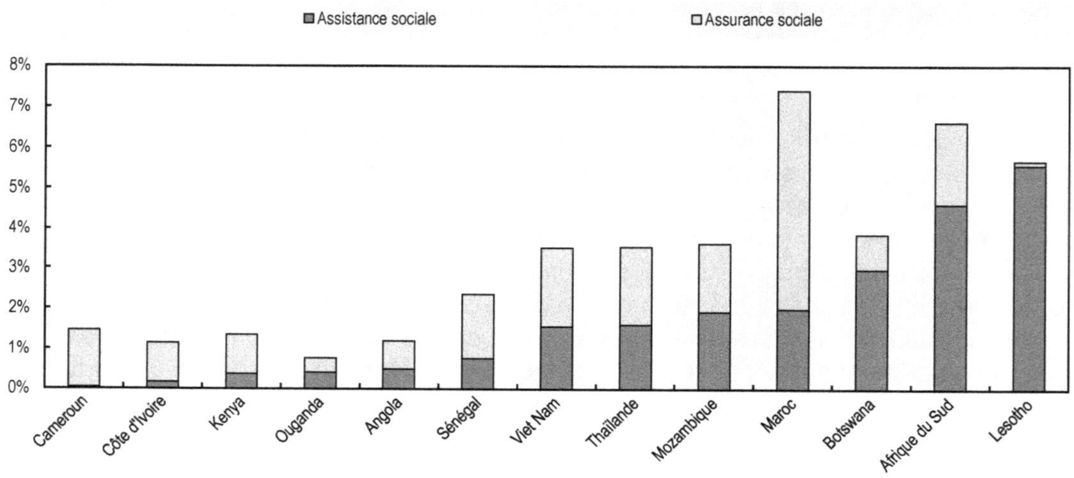

Note : Les données sur les dépenses des pays se réfèrent aux dernières données disponibles dans la base de données ASPIRE. Cela peut représenter une année unique ou une moyenne sur plusieurs années. Les données sur les dépenses en assistance sociale et assurance sociale peuvent se référer à des périodes différentes pour certain pays.
Source : Base de données ASPIRE.

Les dépenses de protection sociale (AMD, 2023[2]) **:**

- Sont financées par les recettes fiscales à destination du budget général de l'État, et les cotisations sociales à destination des organismes de sécurité sociale. Le budget général finance les ministères sectoriels (en charge de l'assistance sociale), et les organismes de sécurité sociale (pour la part relative aux cotisations du personnel de l'État). In fine, le montant des dépenses de protection sociale se divise en trois parts égales (Tableau 1.2) entre :
  - Budget général à destination des ministères sectoriels (assistance sociale)
  - **Budget général à destination du système d'assurance sociale** (i.e. paiement par l'État des cotisations de son personnel, et prestations sociales directement versées aux bénéficiaires

sans cotisations préalables telles que les pensions d'invalidité militaires et leurs reversions aux survivants ; les indemnités décès, secours décès, indemnités de congés maladies, imputations budgétaires ; allocations familiales et majoration pour familles nombreuses)
  - **Dépenses des organismes de sécurité sociale** (retraites, prestations familiales, accidents du travail)
- **Sont principalement financées par les ressources domestiques** (88 %). Toutefois, une large part des interventions des partenaires techniques et financiers ne sont pas comptabilisées, ce qui se traduit par une sous-estimation de la part des financements extérieurs.
- **Sont quasi intégralement exécutées au niveau central** (98 % des dépenses totales), ce qui témoigne de la faible déconcentration des politiques de protection sociale au Sénégal.
- **Ont un taux d'exécution budgétaire élevé** (94 % en 2022), même si des programmes, comme celui des cantines scolaires, ont des taux largement inférieurs (DGPSN, 2023[1]).

Tableau 1.2. Dépenses publiques de protection sociale

Mds FCFA, en termes nominaux, base décaissement

Source de financement	Type de dépenses	2017	2018	2019	2020	2021
Budget général	Ministères sectoriels (a)	69	67	73	194	131
	Cotisations payées par l'État pour son personnel auprès du FNR (b)	111	92	107	114	116
	Prestations sociales directement versées par l'État à son personnel	Non évaluées				
	Cotisations payées par l'État pour son personnel auprès de la CSS, IPRES, et autres cotisations diverses (c)	13	14	15	16	16
Organismes de sécurité sociale (d)	Prestations familiales (CSS)	14	14	15	14	12
	Accidents du travail et indemnités journalières (CSS)	3	3	4	3	4
	IPRES	96	104	107	107	113
Dépenses publiques globales de protection sociale (a+b+d)		283	280	306	432	376

Note : La ligne « Prestations sociales directement versées par l'État à son personnel » concerne : allocation spéciale de retraite des universitaires, imputations budgétaires, indemnités et secours décès, indemnités congés maladie et maternité, pensions militaires et rentes civiles d'invalidité et leurs réversions, etc., versements ponctuels accordés aux blessés de guerre, indemnités de licenciement ou départ à la retraite pour les non fonctionnaires, allocations familiales et majoration de revenu pour familles nombreuses.
Source : AMD (2023[2]).

Évolution future des dépenses de protection sociale

Les insuffisances du système de protection sociale sont nombreuses. Le niveau de couverture de la population et de prestation de certains programmes sont faibles. Par exemple, le montant des bourses allouées dans le cadre du PNBSF n'a été que récemment réévalué pour la première fois depuis sa mise en œuvre en 2012 (de 25 000 à 35 000 FCFA par trimestre) afin de compenser la réduction des subventions à l'énergie pour les ménages les plus pauvres. De plus, certains programmes manquent, comme les pensions sociales ou l'assurance chômage.

Plus de trois-quarts des Sénégalais ne sont pas couverts par un programme de protection sociale selon l'Enquête harmonisée sur les conditions de vie des ménages (EHCVM) conduite en 2021-2022. Selon cette enquête, seulement 24 % de la population (soit environ 4,3 millions d'individus) cotise ou bénéficie d'au moins un programme de protection sociale (Graphique 1.4). Toutefois, ce chiffre est une borne basse, car l'EHCVM ne considère pas tous les programmes d'assistance sociale existants et, s'agissant de l'assurance sociale, ne considère que les pensions de retraite, de réversion et d'invalidité.

L'amélioration de la qualité des données des registres administratifs permettrait d'affiner le chiffre de la couverture de la protection sociale au Sénégal en se basant sur des informations qui ne sont pas déclaratives. L'assistance sociale couvre plus de Sénégalais que l'assurance sociale en raison notamment de la forte informalité. En 2022, 22 % de la population sénégalaise a bénéficié d'au moins un programme d'assistance sociale (transferts monétaires, alimentaires ou en nature, ainsi que de soins pris en charge à travers la CMU) (Graphique 1.4). Concernant l'assurance sociale, 15 % de la population âgée de plus de 60 ans ne travaillant pas perçoit une pension de retraite selon les données de l'EHCVM.

Graphique 1.4. Couverture de la population en matière de protection sociale

% de la population bénéficiant (assistance ou assurance sociale) ou contribuant (assurance sociale) à au moins un programme de protection sociale

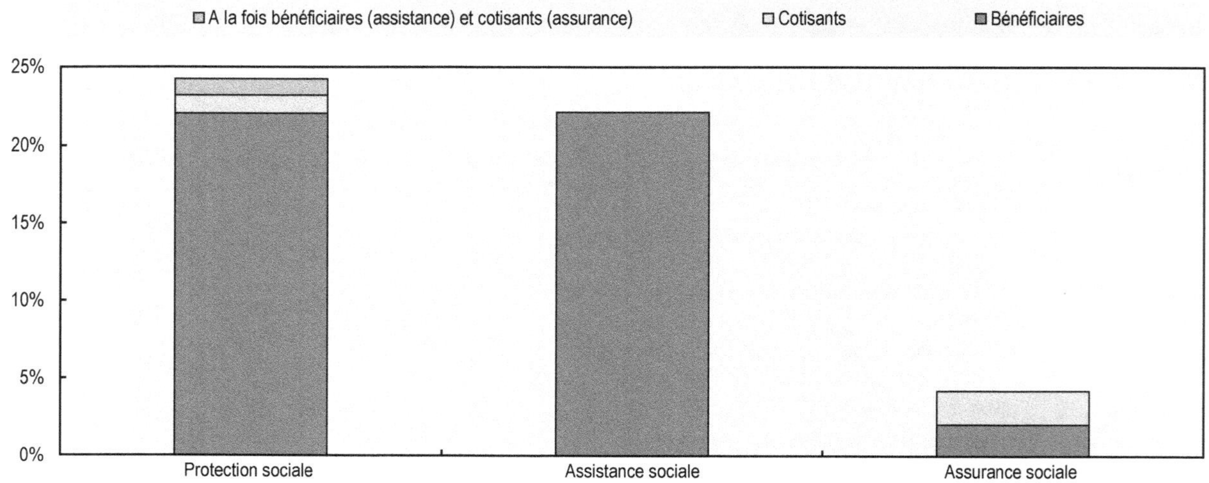

Note : *Protection sociale* : Bénéficiaires d'au moins un programme d'assistance sociale ou d'assurance sociale ; travailleurs cotisant à une caisse de retraite ; cotisants à une caisse de retraite qui bénéficient par ailleurs d'au moins un programme d'assistance sociale. Taux de couverture calculé sur la population totale.
Assistance sociale : transferts monétaires (PNBSF et autres), transferts alimentaires, transferts en nature, alimentation scolaire, nourriture contre travail, CMU (enfants <5 ans, femmes enceintes, Plan SESAME et autres), soutien COVID-19. Taux de couverture calculé sur la population totale.
Assurance sociale : Bénéficiaires d'une pension de retraite (civile et militaire, y compris les anciens combattants) ou autres pensions (pension de veuvage en cas de perte du conjoint, d'orphelinat en cas de perte du parent ou d'invalidité en cas d'accident du travail) au cours des 12 derniers mois ; cotisants affiliés à une caisse de retraite (IPRES, FNR, retraite complémentaire). Taux de couverture calculé sur la population âgée de 15 ans ou plus.
Source : EHCVM 2021-2022.

Les disparités dans la couverture de la protection sociale soulignent des inégalités d'accès significatives. L'absence de couverture de protection sociale tend à augmenter avec le niveau de revenu, ce qui implique que les individus les plus pauvres bénéficient relativement davantage de programmes sociaux que les plus riches. Toutefois, cette couverture reste très insuffisante. Au sein des deux déciles les plus pauvres, qui concentrent pourtant la population ayant les besoins de protection sociale les plus importants, seuls 27 % des individus bénéficient d'un programme de protection sociale ou plus (Graphique 1.5). Les déciles 5 à 8, qui marquent le milieu de la distribution des revenus, sont caractérisés par une couverture relativement plus faible que celle des 40 % de la population les plus pauvres. En effet, les individus de ces déciles intermédiaires, ne sont pas assez pauvres pour bénéficier pleinement de l'assistance sociale mais pas assez formalisé pour bénéficier de la couverture des régimes contributifs ou assez riche pour avoir accès à des régimes privés de protection. Les individus des deux déciles les plus riches sont ceux dont le niveau de couverture est le plus faible. Le faible développement des régimes contributifs publics les conduit vraisemblablement à recourir à des systèmes de protection et d'épargne privés. Par ailleurs, des disparités régionales marquées sont observables. Par exemple, la région de Kaffrine affiche le taux de couverture le plus élevé, avec un peu plus de 40 % de la population couverte par un programme ou plus, tandis que dans la région de Matam, ce taux tombe à seulement 14 % (Graphique 1.6).

Graphique 1.5. Part des personnes non couvertes par la protection sociale selon le niveau de revenu

% de personnes ne bénéficiant d'aucun programme de protection sociale (ni assistance, ni assurance sociale) par décile de revenu estimé sur la base des dépenses de consommation

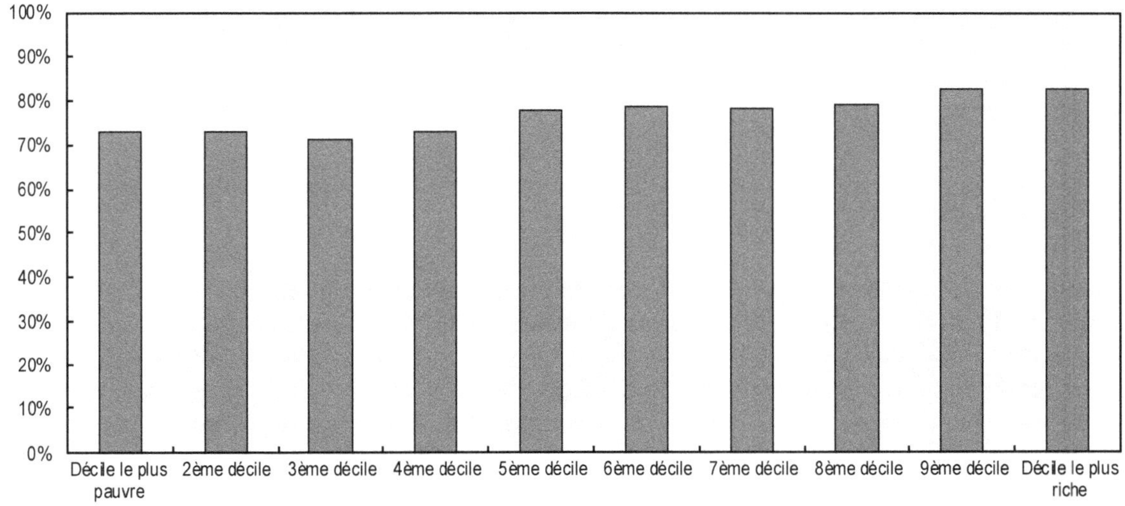

Note : La liste des programmes d'assistance sociale et d'assurance sociale considérée est celle utilisée par l'EHCVM qui n'est pas exhaustive. Voir note Graphique 1.4 pour le détail de ces programmes.
Source : EHCVM 2021-2022.

Graphique 1.6. Part des personnes non couvertes par la protection sociale par région

% de personnes ne bénéficiant d'aucun programme de protection sociale (ni assistance, ni assurance sociale) par région

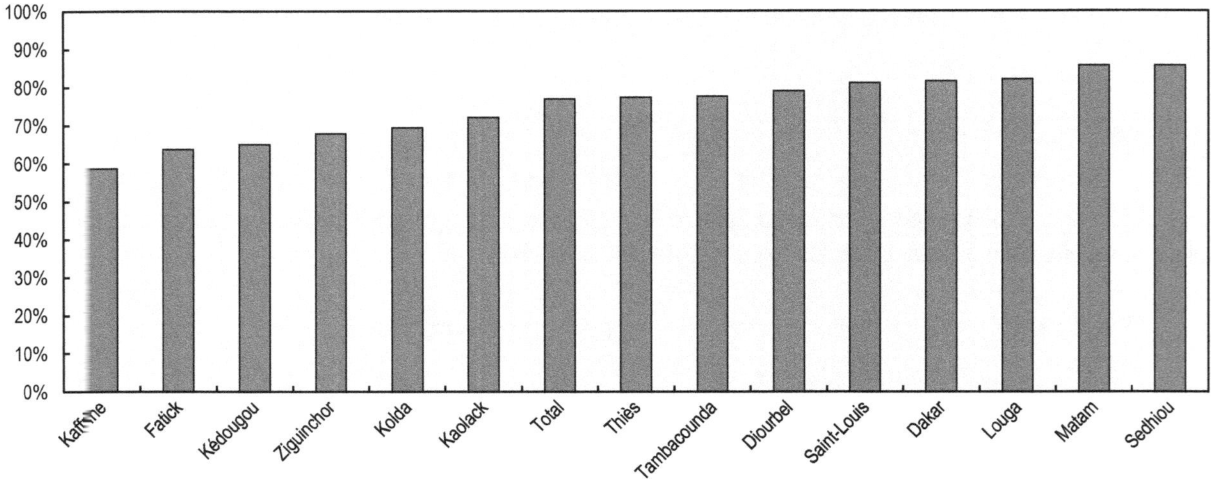

Note : La liste des programmes d'assistance sociale et d'assurance sociale considérée est celle utilisée par l'EHCVM qui n'est pas exhaustive. Voir note Graphique 1.4 pour le détail de ces programmes.
Source : EHCVM 2021-2022.

Les faiblesses du système de protection sociale sont une des explications à la hausse du nombre de pauvres et l'absence de réduction de la profondeur de la pauvreté. Le taux de pauvreté défini à partir du seuil de pauvreté national (Encadré 1.2) est passé de 43 % en 2011 à 37 % en 2022 (Graphique 1.7). Toutefois, compte tenu de la croissance démographique, le nombre de pauvres a augmenté au cours de la période (+14 %, soit +800 000 individus pour un total de 6,7 millions de pauvres en 2022). La pauvreté affecte davantage les populations en milieu rural, les enfants, surtout en bas âge, ainsi que les individus peu éduqués ou sans instruction. Les dépenses de consommation des pauvres sont en moyenne 10 % inférieures au seuil de pauvreté national. Ainsi, en 2019 les pauvres dépensaient en moyenne près de 34 300 FCFA de moins par an que les individus situés au seuil de pauvreté national, et 37 500 FCFA en 2022. Une des réponses apportées à l'évolution de la pauvreté réside dans l'extension du RNU pour couvrir l'ensemble des ménages pauvres et vulnérables (Encadré 1.3).

Encadré 1.2. Mesure de la pauvreté

Au Sénégal, la pauvreté est mesurée au niveau individuel à partir des dépenses de consommation des ménages par tête qui sont calculées comme une simple moyenne arithmétique non pondérée. Autrement dit, l'hypothèse est faite que tous les individus au sein d'un même ménage ont un niveau de dépenses de consommation identique. Il est également possible d'utiliser des échelles d'équivalence pour prendre en compte la composition des ménages dans la mesure des niveaux de vie. Par exemple, l'échelle « modifiée » de l'OCDE attribue un coefficient de pondération de 1 au premier adulte, de 0,5 aux autres personnes âgées de 14 ans et plus vivant dans le ménage, et de 0,3 aux enfants de moins de 14 ans (OCDE, 2008[4]). Compte tenu de la taille importante des ménages au Sénégal et de la forte présence d'enfants, l'application d'une échelle d'équivalence comme celle proposée par l'OCDE conduirait à une augmentation considérable du niveau de vie des ménages et à une chute du taux de pauvreté qui se réduirait à 2,5 % en 2022. Ce rapport s'appuie sur les statistiques officielles de la pauvreté et pour cette raison n'applique aucune échelle d'équivalence pour la mesure du niveau de vie des ménages.

Source : OCDE.

Des lignes de pauvreté différenciées permettraient de mieux rendre compte de la pauvreté, renforçant le ciblage et l'impact des politiques sociales. Le coût de la vie variant entre les régions, un même revenu peut correspondre à des niveaux de pouvoir d'achat différents. En particulier, les besoins essentiels sont souvent plus coûteux dans les grandes villes, et les capitales en particulier. Sur la base d'une analyse approfondie, le Sénégal pourrait envisager d'introduire une ligne de pauvreté spécifique pour la région de Dakar, et éventuellement une troisième pour les autres grandes villes. Ces lignes différenciées permettraient de mieux évaluer la pauvreté, d'affiner le ciblage des bénéficiaires des programmes de protection sociale et de limiter les erreurs, d'exclusion notamment.

Les dépenses de protection sociale sont amenées à augmenter dans le futur. Plusieurs facteurs entrent en jeu comme les évolutions démographiques (tels que la hausse de l'espérance de vie) ou le changement climatique. Par exemple, l'augmentation de la fréquence et de l'intensité des inondations et des épisodes de sécheresse accroit les risques de basculement dans la pauvreté ou la vulnérabilité.

Graphique 1.7. Évolution de la pauvreté

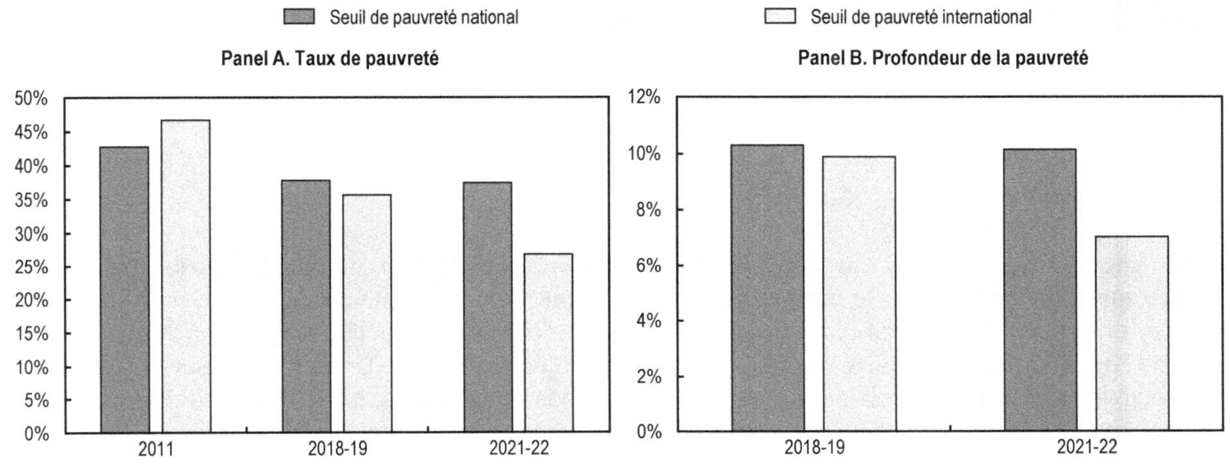

Note : Seuil de pauvreté national (annuel) : 333 440 FCFA en 2018-19 et 369 666 FCFA en 2021-22. Seuil de pauvreté international : dépenses de consommation du ménage par tête inférieures à 3,65 USD par jour (seuil pour les pays à revenu intermédiaire de la tranche inférieure). Le taux de pauvreté correspond au pourcentage de la population se trouvant sous le seuil de pauvreté. La profondeur de la pauvreté équivaut à la moyenne parmi les pauvres de l'écart entre les dépenses de consommation des ménages par tête et le seuil de pauvreté.
Source : EHCVM 2011, 2018-19 et 2021-22, et base de données KIIbIH de l'OCDE.

Encadré 1.3. Le Registre national unique

Le RNU, mis en place en 2015 est un instrument de ciblage des politiques sociales. En 2023, il comptabilise près de 542 000 ménages pauvres (29 % de l'ensemble des ménages sénégalais, 77 % des ménages pauvres). 31 projets et programmes s'appuient sur le RNU pour le ciblage des bénéficiaires. En outre, le RNU permet le ciblage de bénéficiaires dans le cas de situations exceptionnelles telles que des catastrophes naturelles et chocs économiques. Par exemple, en 2022, les ménages enregistrés dans le RNU ont bénéficié d'un transfert monétaire exceptionnel d'un montant de 80 000 FCFA pour faire face aux conséquences économiques de la crise du COVID-19 et de la hausse de prix des produits de première nécessité. La phase d'extension du RNU à un million de ménages (55 % des ménages) est en cours. Elle vise à couvrir l'ensemble des ménages pauvres, ainsi que les ménages vulnérables qui risquent de basculer dans la pauvreté en cas de choc. *In fine*, augmenter les ménages recensés dans le RNU permettra d'élargir le nombre de bénéficiaires des programmes de protection sociale qui ciblent leurs bénéficiaires via le RNU.

Source : DGPSN (2023[1]).

Le renforcement du financement de l'assistance sociale nécessite une estimation précise des besoins et des coûts

Cette section se focalise sur les programmes non contributifs et semi-contributifs, dont le financement est assuré par le budget général de l'État. Ces programmes, qui relèvent de l'assistance sociale, ont et continueront de jouer un grand rôle dans l'offre de protection sociale au Sénégal compte tenu de l'ampleur de l'informalité, la pauvreté et les défis économiques. Un état des lieux et une analyse des régimes d'assurance sociale sont par ailleurs réalisés dans le Chapitre 4. Cette section commence par donner des éléments sur les besoins de financement passés et actuels. Elle propose ensuite une estimation globale des coûts de réduction de la pauvreté, avant de se focaliser sur le coût de quelques mesures d'extension de programmes existants (PNBSF, allocations familiales) ou la mise en place de nouveaux programmes (pensions sociales, appelées minimum vieillesse au Sénégal).

Un préalable important réside dans le besoin de développement et renforcement des données sur la protection sociale. Il est encore difficile d'avoir une vue d'ensemble des niveaux de couverture, des recettes, dépenses et besoins de financement par programme. Les chiffres varient selon les acteurs, et ne sont pas toujours à jour. Or ceci est nécessaire pour un meilleur pilotage de la politique de protection sociale (suivi et évaluation des programmes, quantification des besoins, amélioration de l'efficacité et l'efficience des programmes, renforcement du plaidoyer au sein des arbitrages budgétaires). Pour ce faire, des investissements dans de meilleurs systèmes d'information, registres et bases de données sont nécessaires. Des systèmes d'information davantage intégrés entre administrations permettront une meilleure identification et ciblage des bénéficiaires, suivi des dépenses, et lutte contre l'évasion sociale. Par exemple, l'accélération du processus d'interfaçage des différentes plateformes informatiques (DGPSN, ANACMU, Ministère de la santé et de l'action sociale) permettrait de minimiser les risques de doublons dans la prise en charge des bénéficiaires du PNBSF et des Cartes d'égalités des chances. D'autres initiatives ou projets, comme la création d'un système d'information de gestion intégrée de la CMU avec l'utilisation à terme de la carte biométrique comme carte d'assuré, ou la mutualisation des systèmes d'information de la CSS et de l'IPRES avec l'immatriculation unique et le partage des guichets uniques, sont à saluer.

De meilleures données permettront en particulier de rationaliser les programmes d'assistance sociale. Il existe en effet des chevauchements entre programmes de protection sociale qui peuvent entraîner des inefficacités et des pertes de ressources. Il s'agirait ainsi d'exclure des programmes d'assistance sociale les individus déjà couverts à travers les régimes contributifs offrant les mêmes fonctions de protection sociale. Par exemple, la population cible de la gratuité des soins de santé de moins de 5 ans pourrait exclure les enfants des agents de l'État et des salariés affiliés à des IPM. De même, le Plan sésame pourrait exclure les retraités du FNR et de l'IPRES. Enfin, le programme de Cartes d'égalités des chances pourrait exclure les invalides militaires bénéficiant déjà d'une prise en charge médicale totale et d'une pension d'invalidité.

À cet effet, le projet d'élaboration des comptes satellites de la protection sociale pourrait être initié pour fournir un cadre d'analyse, un système d'information et une description complète et cohérente du système de protection sociale au Sénégal. Les comptes satellites de la protection sociale contribueraient ainsi à la définition des indicateurs de suivi et d'évaluation de la mise en œuvre des politiques, des programmes et des projets liés à la protection sociale et pourraient être utilisés comme inputs pour la confection d'un outil de micro-simulation et d'impact des réformes et interventions de protection sociale. La réalisation de ce projet permettra ainsi d'accompagner les pouvoirs publics, les partenaires financiers et techniques et le secteur privé dans les prises de décision pour une meilleure efficience des dépenses de protection sociale.

Besoins de financement actuels

La Stratégie nationale de protection sociale (SNPS) 2016-35 estime les besoins de financement des principaux programmes d'assistance sociale à 1 048 Mds FCFA pour la période 2017-21 (2,7 % du PIB) (DGPSN, 2016[5]). Ces besoins sont calculés sur la base d'une cible de 7 % du budget alloué à l'assistance sociale à horizon 2021 pour financer les programmes non contributifs et semi-contributifs (+0,5 % du budget alloué par an) et du budget projeté sur la période 2017-21 (Encadré 1.4). L'enveloppe globale (1 048 Mds FCFA) est répartie entre les différents programmes en fonction des besoins exprimés ou estimés et des cibles à atteindre (Tableau 1.3). Il est à noter que les programmes retenus par la SNPS diffèrent, dans une certaine mesure, de ceux retenus par la DGPSN ou le MFB (voir Annexe 1.A pour plus de détail).

Sur la période 2017-21, les dépenses en assistance sociale ont représenté en moyenne 3,5 % du budget, soit la moitié de la cible de 7 % du budget alloué à l'assistance sociale (AMD, 2023[2]). La Revue des dépenses publiques de protection sociale du Sénégal réalisée en 2023 estime que les dépenses assurées via le budget de l'État (hors dépenses relatives aux contributions du personnel de l'État) n'ont couvert que 3,5 % du budget. Ceci représente un manque de financement d'environ 500 Mds FCFA sur 5 ans (soit 100 Mds FCFA par an en moyenne). Toutefois, il est à noter que les chiffres de financement décaissés sur la période 2020-21 sont gonflés par les mesures d'urgence dans le cadre de la crise du COVID-19. Hors 2020-21, le budget moyen alloué à l'assistance sociale est de l'ordre de 70 Mds FCFA. Par ailleurs, la couverture des besoins de financement varie fortement d'un programme à l'autre. Avec les limites méthodologiques que l'exercice comporte, calculée sur la base de besoins projetés en 2016 pour la période 2017-21, la dépense réelle sur la période s'élève à 63 % de la dépense projetée pour le PNBSF, 53 % pour la CMU, 37 % pour le programme de crèche et garderie populaires, 33 % pour les programmes de filets sociaux productifs et résilience, et 9 % pour le programme de cantines scolaires.

Tableau 1.3. Évaluation des coûts des programmes phares de la SNPS

Programmes non contributifs et semi-contributifs inclus dans la SNPS

		2017	2018	2019	2020	2021	Total
Évaluation des coûts (réalisée en 2016)	Total (Mds FCFA)	157	179	208	236	268	1048
	% du budget projeté	5,0 %	5,5 %	6,0 %	6,5 %	7,0 %	6,1 %
	% du PIB projeté	2,3 %	2,5 %	2,7 %	2,8 %	3 %	2,7 %
Dépenses réellement effectuées	Mds FCFA	69	67	73	194	131*	534
Différence entre les coûts et les dépenses engagées	Mds FCFA	-88	-112	-135	-42	-137	-514

Note : L'évaluation des coûts inclut les programmes phares de la SNPS (programmes non contributifs et semi-contributifs). Voir Annexe 1.A pour la liste des programmes.
*Le chiffre utilisé dans AMD (2023[2]) diffère des chiffres d'exécution des dépenses de protection sociale communiquées par le MFB (112 Mds FCFA), ce qui s'explique par le différentiel dans le périmètre des dépenses de protection sociale retenu.
Source : DGPSN (2016[5]), AMD (2023[2]).

Sur la période 2022-23, à budget équivalent, atteindre la cible de 7 % des dépenses allouées aux programmes non contributifs et semi-contributifs aurait nécessité d'allouer environ 225 Mds FCFA supplémentaires par an. En 2022, les chiffres communiqués par le MFB indiquent des dépenses d'assistance sociale de 124 Mds FCFA (soit 2,5 % des dépenses totales) (Tableau 1.4) (MFB, 2024[6]). Dans ce contexte, atteindre la cible de 7 % des dépenses publiques allouées aux principaux programmes non contributifs et semi-contributifs, nécessiterait 227 Mds FCFA de financements supplémentaires (224 Mds FCFA en 2024).

Tableau 1.4. Dépenses d'assistance sociale réalisées

		2022	2023
Dépenses d'assistance sociale exécutées	Mds FCFA	124	129
	% dépenses totales	2,5 %	2,6 %
Dépenses d'assistance sociale si la cible de 7 % était respectée		351	353
Déficit de financement pour respecter la cible de 7 %		227	224

Note : Les dépenses de protection sociale, terminologie utilisée par le MFB, correspondent aux lignes de dépenses indiquées dans l'Annexe 1.A.
Source : MFB (2024[6]).

À court terme, le Sénégal devrait prioriser l'augmentation progressive des dépenses en assistance sociale. Pour se faire, la fixation d'une cible de dépense ambitieuse mais réaliste exprimée en pourcentage du PIB peut être utile. Sur la période 2010-23, le budget de l'État alloué à l'assistance sociale est de 2,5 % en moyenne (AMD, 2023[2]). La SNPS appelait à une officialisation de la cible de 7 % du budget dans la protection sociale dans une loi d'orientation relative à la protection sociale. Plus récemment, les discussions ont porté sur l'inclusion d'une cible de dépenses relatives à la protection sociale à 7 % du PIB, ce qui équivaudrait à allouer environ 40 % des recettes fiscales actuelles pour le financement de la protection sociale, ce qui apparaît ambitieux compte tenu de la situation budgétaire actuelle du Sénégal. Il est toutefois à noter que des pays ont atteint cette cible de 7 % du PIB en protection sociale, comme l'Afrique du Sud (Graphique 1.3). Un engagement budgétaire fort (i.e. une cible de dépense exprimée en pourcentage du PIB et/ou du budget) peut être bénéfique pour orienter les efforts de financement du secteur de la protection sociale et communiquer auprès des populations sur les orientations adoptées par les autorités. Par ailleurs, cela a également pour avantage d'éviter les rigidités budgétaires observées avec le fléchage (ou allocation) des recettes fiscales (voir Chapitre 3). Toutefois, l'engagement budgétaire peut, dans une certaine mesure, réduire la flexibilité budgétaire. Il s'agit alors d'assurer que les engagements soient ambitieux et réalistes pour ne pas entraver la crédibilité des ministères sectoriels lors des phases de préparation budgétaire. À long terme, l'extension des régimes contributifs, plus soutenable à long terme d'un point de vue budgétaire, sont à privilégier.

Encadré 1.4. Méthodologie relative à l'estimation des besoins de financement

Les besoins de financement de la SNPS pour la période 2017-21 se basent sur une cible de 7 % du budget alloué à la protection sociale. Cette enveloppe est répartie entre les principaux programmes. Les allocations aux programmes phares (PNBSF, CMU, CEC) sont réalisées en utilisant les budgets existants, les cibles à atteindre et les coûts unitaires. Le reste de l'enveloppe est alloué aux autres programmes (pension minimale pour handicapés, programme minimum vieillesse, revalorisation de la pension retraite, cantine scolaire, programme de promotion des crèches et garderies communautaires, RSPC, programme d'assurance chômage, plateforme des projets de filets sociaux productifs, résilience et relèvement, fonds de calamité) en se fondant sur les budgets fournis par les ministères de tutelles, ou des hypothèses de besoin de financement (détaillées en annexe de la SNPS).

L'approche pour l'estimation des besoins de financement retenue dans la SNPS (*top-down)* est sous-optimale. La SNPS part d'une cible de dépenses donnant lieu à une enveloppe budgétaire théorique globale, répartie ensuite entre différents programmes. Si la répartition de cette enveloppe globale, basée sur la quantification des besoins par programme en fonction des cibles à atteindre (i.e. objectifs de couverture, montants des prestations), est pertinente, le problème réside dans l'approche top-down. Une approche alternative (*bottom-up*) viserait à quantifier les besoins de financement actuels (i.e. montants non perçus aujourd'hui) et futurs (en fonction de cibles mises à jour, comme la couverture de la population ou le niveau ajusté de bénéfices) de chacun des programmes (une fois la liste bien établie et partagée entre les acteurs), et de les additionner. Ceci permettrait d'affiner, tout en remettant à jour, l'estimation des besoins de financement pour aboutir à un nouveau cadrage budgétaire de la SNPS pouvant alimenter les travaux en cours sur le référentiel de la SNPS. Toutefois, cet exercice requiert des données à jour relatives aux objectifs et dépenses réalisées sur chacun des programmes.

Source : OCDE à partir de DGPSN (2016[5]).

Tableau 1.5. Vue d'ensemble d'une sélection de programme non contributifs

	Couverture	Prestations	Financement	Dépenses	Situation budgétaire	Projection des besoins de financement additionnels
Régimes universels						
Couverture maladie universelle	Couverture : 53 % en 2022 Objectif : 75 % en 2027 et 80 % en 2033	Gratuité des soins pour les enfants de moins de 5 ans et les personnes âgées qui ne bénéficient pas d'une retraite (cadre du Plan SESAME), des accouchements par césarienne, des dialyses, etc.	Individus : 3 500 FCFA par an + État : 3 500 FCFA par an (total 24 Mds FCFA en 2023 d'après le MFB) Total : 30 Mds FCFA par an	89 Mds FCFA par an	Déficit de 60 Mds FCFA	150 Mds FCFA pour une couverture à 100 %
Cantines scolaires	Couverture : 11 % des enfants, et 20 % école Objectif : 50 % des écoles primaires en 2030	Repas du déjeuner à la cantine	État (1,4 Mds FCFA en 2024 par an) + Contribution communautaire (cotisation par enfant et par repas dont le montant est laissé à l'appréciation des communautés) + PTF (75 % du financement total)	Pas d'information	Pas d'information	Pas d'information
Filets sociaux						
Programme national de bourses de sécurité familiale (PNBSF)	Ménages les plus pauvres identifiés à travers le RNU : 316 000 ménages (2022)	Transferts monétaires : allocation de base de 35 000 FCFA par trimestre (140 000 FCFA par an). Automatiquement couverts par la CMU	Budget général	37 Mds FCFA en 2021	Pas d'information	Pas d'information
Carte d'égalité des chances (CEC)	7 % des personnes handicapées (70 000 sur 1.1 M)*	Gratuité des soins (CMU), transport, éducation, etc. Automatiquement couverts par le PNBSF	Budget général	Pas d'information	Pas d'information	Pas d'information

Note : * Le nombre de personnes handicapées varient selon la définition du handicap retenue. Ainsi, certaines ONG considèrent le nombre de personnes handicapées à 3 millions. Les chiffres du Ministère de la santé et de l'action sociale (MSAS) n'incluent pas les 3000 dossiers en attente.
Source : DGPSN (2023[1]), AMD (2023[2])

Besoins de financement futurs

À l'exception des rapports DGPSN (2016[5]) **et OIT** (2021[3])**, rares sont les exercices de chiffrage des besoins de protection sociale au Sénégal.** Ce dernier présente plusieurs scénarios variant en fonction du niveau de prestations offertes et du nombre potentiel de bénéficiaires pour plusieurs programmes de protection sociale (santé des enfants, cantines scolaires, allocations familiales, pensions universelles, CEC) et propose un socle de prestations sociales optimal représentant un coût de l'ordre de 1,6 % du PIB et 5,75 % des dépenses publiques en 2025 (Encadré 1.5). Au-delà des aspects techniques (chiffrage, hypothèses retenues, etc.), l'estimation des besoins de financement est intrinsèquement liée au type de système de protection sociale retenu (priorisation de l'assistance sociale vis-à-vis de l'assurance ; consolidation et expansion de programmes existants ; mise en place de nouveaux programmes).

Cette section se focalise sur quelques mesures et ne vise pas à donner une estimation exhaustive des besoins de financement en matière de protection sociale. Elle s'intéresse à l'extension de programmes existants (PNBSF, allocations familiales) et la mise en place de nouveaux programmes (pensions sociales, aussi appelées minimum vieillesse). Ce choix se justifie par l'approche cycle de vie de la protection sociale (enfance, famille, vieillesse), l'importance de ces programmes dans l'établissement des socles de protection sociale (Encadré 1.6) et l'attention politique qui leur est accordée. Ces trois programmes couvrent en outre des catégories d'individus qui devraient être ciblées en priorité par l'assistance sociale, à savoir les personnes dépendantes avec les enfants et les personnes âgées ainsi que les personnes vivant sous le seuil de pauvreté. Au Sénégal, les données attestent du lien étroit entre présence de personnes dépendantes et pauvreté des ménages. L'exercice de chiffrage réalisé autour de ces trois programmes est illustratif. D'autres programmes peuvent revêtir une importance de premier plan, comme la CMU (voir Encadré 1.7 pour une estimation des besoins de financement), qui n'est ici pas prise en compte, l'exercice de chiffrage présenté se limitant aux transferts monétaires. Enfin, le cas de la population en âge de travailler, qui se concentre essentiellement dans l'économie informelle, n'est pas considéré ici, mais est traité dans le chapitre 5 qui analyse en particulier le rôle du Régime simplifié pour les petits contribuables (RSPC).

Encadré 1.5. Scénarios pour le socle de protection sociale optimal

Le rapport OIT (2021[3]) présente 24 scénarios ayant trait aux soins de santé des 1 000 premiers jours des enfants et leurs mères, l'accès à la nutrition pour les élèves, les allocations familiales, l'extension de la protection sociale aux travailleurs informels, la garantie d'emplois aux personnes actives en situation de pauvreté permanente, une allocation pour handicap et une pension universelle. Les coûts sont estimés pour chacun des scénarios et exprimés en FCFA, part du PIB et part des dépenses publiques. Le rapport considère la combinaison de scénarios jugée optimale car permettant d'assurer l'extension des programmes en ligne avec les capacités du Sénégal (Tableau 1.5).

Tableau 1.6. Vue d'ensemble des six scénarios pour un socle de protection sociale optimal

Scénario	Couverture	Durée des prestations	Niveau de prestation	Taux de couverture
Prestations pour femmes enceintes et enfants 0-2 ans	Femmes enceintes et enfants 0-2 ans enregistrés au niveau du RNU	De la conception jusqu'au deux ans de l'enfant	Extension des allocations prénatales et de maternité de la CSS : - 2 500 FCFA pour chaque consultation prénatale - 4 500 FCFA à l'accouchement auprès d'une structure de santé - 4 500 FCFA pour chaque consultation postnatale	50 % année 1 50 % année 2
Les apprenants bénéficient de repas sains et nutritifs à l'école	Tous les enfants préscolarisés et scolarisés dans des structures publiques et les Daaras modernes	Niveaux couverts : préscolaire, élémentaire, moyen	5 petits déjeuners et 2 déjeuners par semaine (mardi et jeudi, journées entières)	25 % année 1 50 % année 2 75 % année 3 100 % année 4
Les ménages pauvres bénéficient d'une sécurité de revenu minimal et d'un accès aux facteurs de production	Ménages pauvres au sens de la définition de l'ANSD	5 ans	Allocation de 25 000 FCFA par trimestre et par ménages	33 % année 1 50 % année 2 60 % année 3 80 % année 4 100 % année 5
Extension de l'assurance sociale aux entrepreneurs de l'économie informelle	Entrepreneurs et travailleurs de l'économie informelle	Illimité	Soins médicaux et paramédicaux suivant le paquet de la CMU Subvention d'équilibre de l'État sur trois premières années (107 M FCFA) + Subventions sur les cotisations alignées à celle de la CMU	5 % année 1 10 % année 2 20 % année 3 30 % année 4 40 % année 5 50 % année 6
Les ménages pauvres bénéficient d'un revenu minimum à travers	Ménages pauvres enrôlés dans le RNU avec une personne d'âge actif des zones vulnérables	5 ans	20 jours de travail par an pendant 5 ans avec un revenu de 2 225 FCFA/jour	15 % 30 % 50 % 80 %

des programmes HIMO				100 %
Les personnes handicapées ou invalides bénéficient d'un paquet de prestations	Personnes vivant avec un handicap « lourd » détentrices de la CEC enregistrées dans le RNU. Les autres détentrices de CEC bénéficient de la CMU et transport.	Viagère jusqu'à l'éligibilité à la pension minimum universelle	Enrôlement dans le PNBSF Paquet de service : CMU, transport, priorité dans les services et espaces publics, financement de projet	20 % année 1 50 % année 2 70 % année 3 90 % année 4 100 % année 5
Les personnes âgées bénéficient d'une pension universelle	Toutes les personnes âgées non couvertes par un régime d'assurance vieillesse (scénario haut) ou uniquement celles appartenant aux ménages recensés dans le RNU (scénario bas)	À partir de 60 ans (scénario haut) ou 70 ans (scénario bas)	Rente viagère de 18 000 CFA par mois, soit 600 FCFA par jour équivalent ay seuil de pauvreté global en milieu rural	Scénario haut : 10 % année 1, 20 % année 2, 30 % année 3, 50 % année 4, 80 % année 5, 100 % année 6 Scenario bas : 25 % année 50 % année 2 75 % année 3, 100 % année 4

Source : OIT (2021[3]).

Encadré 1.6. Les socles de protection sociale

Extraits de la Recommandation n° 202 sur les socles de protection sociale de l'OIT :

« 4. Les Membres devraient, en fonction de leur situation nationale, établir aussi vite que possible et maintenir leurs socles de protection sociale qui devraient comporter des garanties élémentaires de sécurité sociale. Ces garanties devraient assurer au minimum à toute personne dans le besoin, tout au long de la vie, l'accès à des soins de santé essentiels et une sécurité élémentaire de revenu qui ensemble garantissent un accès effectif aux biens et services définis comme nécessaires à l'échelle nationale.

5. Les socles de protection sociale visés au paragraphe 4 devraient comporter au moins les garanties élémentaires de sécurité sociale suivantes :

a) Accès à un ensemble de biens et services définis à l'échelle nationale comme étant des soins de santé essentiels, y compris les soins de maternité, qui réponde aux critères de disponibilité, d'accessibilité, d'acceptabilité et de qualité ;
b) Sécurité élémentaire de revenu pour les enfants, se situant au moins à un niveau minimal défini à l'échelle nationale, assurant l'accès à l'alimentation, à l'éducation, aux soins et à tous autres biens et services nécessaires ;
c) Sécurité élémentaire de revenu, se situant au moins à un niveau minimal défini à l'échelle nationale, pour les personnes d'âge actif qui sont dans l'incapacité de gagner un revenu suffisant, en particulier dans les cas de maladie, de chômage, de maternité et d'invalidité ;
d) Sécurité élémentaire de revenu pour les personnes âgées, se situant au moins à un niveau minimal défini à l'échelle nationale. »

Source : Recommandation (n° 202) sur les socles de protection sociale, 2012 de l'OIT.

Encadré 1.7. Besoin de financement de la Couverture maladie universelle (CMU)

Le taux de couverture de la CMU s'élevait à 53 % en 2022. L'ANACMU a pour objectif d'atteindre un taux de couverture de 75 % en 2027 et de 80 % en 2033. La CMU est le programme le plus onéreux après le FNR et le PNBSF.

Les besoins de financement de la CMU sont estimés à 89 Mds FCFA par an (à taux de couverture constant) tandis que le budget de l'ANACMU est limité à 30 Mds FCFA. La CMU fait donc face à un déficit annuel de financement de près de 60 Mds FCFA. Sur la période 2017-2021, les besoins de financement de la CMU tels qu'estimés dans la SNPS n'ont été couverts qu'à hauteur de 53 %.

Selon l'ANACMU qui s'appuie sur des données de l'Organisation mondiale de la santé (OMS), 150 Mds FCFA seraient nécessaires pour couvrir intégralement les besoins annuels de financement de la CMU, c'est-à-dire pour atteindre un taux de couverture de 100 %.

Source : AMD (2023[2]) et informations recueillies auprès de l'ANACMU.

Élargir le Programme national de bourses de sécurité familiale (PNBSF)

Le PNBSF est le programme phare en matière d'assistance sociale. Ce programme de transferts monétaires octroie aux ménages extrêmement pauvres, identifiés à travers le RNU, une allocation de 35 000 FCFA par trimestre (140 000 FCFA par an). D'après l'EHCVM, 166 381 ménages auraient reçu l'allocation en 2022, soit un chiffre largement inférieur aux données administratives qui recensent 315 626 ménages bénéficiaires selon les chiffres officiels de la DGPSN. Selon cette dernière, en 2024, le nombre de ménages bénéficiaires du PNBSF a atteint 355 626 grâce à l'extension du programme aux détenteurs de la CEC. Il convient de noter que les données d'enquêtes telle que l'EHCVM ne permettent pas d'apprécier avec exactitude la couverture des programmes de protection sociale, notamment parce qu'elles reposent sur les déclarations des personnes échantillonnées. Le déficit de connaissance ou de notoriété du programme peuvent, en particulier, être à l'origine de la sous-déclaration constatée du nombre de ménages bénéficiaires. Le rapport se réfère donc aux chiffres de la DGPSN en la matière. Le PNBSF est un outil important dans la lutte contre la pauvreté au Sénégal. Une évaluation d'impact du programme conduite par la Banque mondiale indique que celui-ci a permis d'augmenter la dépense par tête des ménages bénéficiaires de 8 %, d'accroître leur résilience face aux chocs et de réduire la profondeur de la pauvreté de 10 % sur la période 2016-2019. En outre, il a contribué à 8 % de la réduction de la pauvreté et 13 % de l'extrême pauvreté observées entre 2011 et 2019 (Banque mondiale, 2023[7]). Sa paramétrisation actuelle (nombre de bénéficiaires, montants des bourses) ne permet néanmoins qu'une réduction limitée du taux de pauvreté dont les coûts annuels de l'élimination totale sont estimés à 3,9 % du PIB. Un renforcement de son efficacité pourrait par exemple passer par une augmentation du montant de la bourse, ou encore une expansion du nombre de bénéficiaires.

Dans la perspective d'extension des programmes d'assistance sociale tels que le PNBSF, il est essentiel de renforcer l'identification complète des ménages pauvres et vulnérables et de l'actualiser régulièrement. Cela passe notamment par la consolidation du RNU, à travers son extension et une amélioration de sa précision. En effet le RNU fait face à des défis relatifs au ciblage. Selon une enquête de la Banque Mondiale, en 2018, 15 % des ménages inclus dans le RNU n'étaient pas pauvres et n'auraient pas dû y figurer (erreurs d'inclusion) (Ferré, 2018[8]). Les erreurs d'exclusion sont plus importantes encore mais s'expliquent notamment par le fait que le nombre de ménages pauvres est bien supérieur au nombre de ménages représentés dans le RNU. Elles devraient donc être largement réduites par l'extension du RNU. En outre, une enquête de 2022 met en avant le rôle que le statut social ou les relations interpersonnelles avec des membres du comité de ciblage peut jouer en faveur de l'inclusion d'un ménage dans le RNU (Fall et al., 2022[9]). Si ce lien repose en premier lieu sur une appréciation personnelle des personnes enquêtées, qui peut être difficile d'objectiver à travers l'enquête, il invite à maintenir la vigilance et renforcer l'efficacité du mécanisme de ciblage communautaire. L'amélioration du ciblage et l'extension du RNU permettront d'envisager des évolutions telles qu'une nouvelle révision du montant des bourses, l'augmentation du nombre de bénéficiaires (Banque mondiale, 2023[7]), l'introduction de montants différenciés en fonction du niveau de revenu, ou encore le développement de mécanismes de redistribution complémentaires.

Si le PNBSF couvrait l'ensemble des ménages pauvres, le coût total annuel serait de 79 Mds FCFA (0,46 % du PIB) (Tableau 1.7). En tenant compte de la présence d'enfants, et selon les âges considérés (Encadré 1.8), le coût oscille entre 0,35 % et 0,45 % du PIB. Si le programme était restreint aux ménages en situation d'extrême pauvreté (73 000 ménages), le coût serait alors de 10 Mds FCFA (0,06 % du PIB). Ce coût passerait à près de 15 Mds FCFA (0,09 % du PIB) si l'allocation était augmentée à 50 000 FCFA par trimestre, comme recommandé par la Banque mondiale (Gueye, Dia et Brunelin, 2024[10]).

Tableau 1.7. Coût total de l'extension du PNBSF aux ménages dans l'extrême pauvreté et la pauvreté

	Nombre de ménages	Montant de l'allocation (FCFA)		Coût total annuel	
		Par trimestre	Par an	Mds FCFA	% du PIB
Ménages dans l'extrême pauvreté	73 342	35 000	140 000	10	0,1 %
		50 000	200 000	15	0,1 %
Ménages pauvres avec enfants de moins de 5 ans	434 288			60	0,4 %
Ménages pauvres avec enfants de moins de 10 ans	536 254	35 000	140 000	75	0,4 %
Ménages pauvres avec enfants de moins de 15 ans	557 457			78	0,5 %
Tous les ménages pauvres	565 269			79	0,5 %

Source : EHCVM 2021-22.

Les coûts *additionnels* (i.e. sans prendre en compte le coût relatif aux ménages pauvres ou dans l'extrême pauvreté bénéficiant déjà du programme) engendrés par l'extension du PNBSF sont estimés à 0,04 % - 0,34 % du PIB selon les options retenues (Tableau 1.8). Parmi les ménages en situation d'extrême pauvreté, 66 % ne sont pas boursiers (soit 48 565 ménages). Le coût additionnel annuel de l'extension du programme à tous les ménages dans l'extrême pauvreté non boursiers s'élèverait à 7 Mds FCFA pour une allocation trimestrielle de 35 000 FCFA, et 10 Mds FCFA pour une allocation trimestrielle de 50 000 FCFA (respectivement, 0,04 % et 0,06 % du PIB). Plus de 400 000 de ménages pauvres ne sont pas couverts par le PNBSF (73 % des ménages pauvres), dont 319 000 ménages avec des enfants de moins de 5 ans. Pour une allocation trimestrielle de 35 000 FCFA, le coût additionnel annuel de l'extension du PNBSF à tous les ménages pauvres serait de 58 Mds FCFA (soit 0,34 % du PIB) et de 45 Mds FCFA (0,26 % du PIB) lorsque seuls les ménages pauvres non boursiers avec des enfants de moins de 5 ans sont ciblés. Dans la mesure où, tel qu'évoqué précédemment, les données de l'EHCVM sous-estiment largement le nombre réel de ménages bénéficiaires du programme, les calculs sont effectués en utilisant le nombre total de ménages couverts recensés par les données administratives, pour rappel 315 626 en 2021 (voir la note du Tableau 1.8 pour le détail de la méthodologie appliquée).

Tableau 1.8. Coût additionnel de l'extension du PNBSF aux ménages dans l'extrême pauvreté et la pauvreté

	Nombre de ménage	Ménages non boursiers		Montant de l'allocation (FCFA)		Coût additionnel annuel	
		Nombre	Part	Par trimestre	Par an	Mds FCFA	% du PIB
Ménages dans l'extrême pauvreté	73 342	48 565	66 %	35 000	140 000	7	0,0 %
				50 000	200 000	10	0,1 %
Ménages pauvres avec enfants de moins de 5 ans	434 288	318 863	73 %			45	0,3 %
Ménages pauvres avec enfants de moins de 10 ans	536 254	397 599	74 %	35 000	140 000	56	0,3 %
Ménages pauvres avec enfants de moins de 15 ans	557 457	412 584	74 %			58	0,3 %
Tous les ménages pauvres	565 269	415 188	73 %			58	0,3 %

Note : Le nombre de ménages non boursiers pour chacune des catégories de ménages considérées est estimé à partir des données de l'EHCVM en considérant que le nombre total de ménages couverts correspond à celui recensé par les données administratives qui s'élève à 315 626 en 2021. Concrètement, et en prenant l'exemple des ménages dans l'extrême pauvreté, la part des ménages bénéficiaires du PNBSF appartenant à cette catégorie est dans un premier temps calculé avec l'EHCVM parmi les 166 381 ménages déclarant bénéficier du programme dans l'enquête. Le nombre de ménages boursiers vivant dans l'extrême pauvreté est ensuite extrapolé en appliquant ce taux, en l'occurrence 10,4 %, aux 315 626 ménages recensés dans les données administratives. Le nombre de ménages non boursiers est enfin obtenu en soustrayant le nombre estimé de ménages boursiers du nombre total de ménages dans l'extrême pauvreté. Le même procédé est appliqué aux autres catégories de ménages listées dans le tableau.
Source : EHCVM 2021-2022.

L'extension du PNBSF à l'ensemble des ménages pauvres porterait le coût total du programme à 74 Mds FCFA. Le coût global du programme s'élève à 39 Mds FCFA (DGPSN, 2023[1]), soit 0,3 % du PIB, pour 315 626 ménages couverts. Si le RNU ne contient aucune erreur d'inclusion et que, par conséquent, l'ensemble de ces ménages boursiers sont pauvres, il resterait 249 643 ménages non boursiers à couvrir parmi les 565 269 ménages pauvres identifiés par l'EHCVM. Étendre l'octroi de l'allocation trimestrielle de 35 000 FCFA à tous ces ménages engendrerait un coût annuel supplémentaire estimé à 35 Mds FCFA (0, 2 % du PIB), ce qui porterait le coût total du programme à 74 Mds FCFA par an.

Encadré 1.8. Justification des tranches d'âges des enfants considérées pour les mesures d'extension de l'assistance sociale

Trois tranches d'âges sont considérées :

- Les enfants de moins de 5 ans qui, du fait de leur jeune âge, sont éligibles à la CMU et doivent être protégés en priorité (55 % des ménages sénégalais ont au moins un enfant de moins de 5 ans en 2022 ; 77 % des ménages pauvres).
- Les enfants de moins de 10 ans, dont les besoins restent importants, et qui n'ont pas encore atteint l'âge d'achèvement de l'éducation de base (76 % des ménages sénégalais ; 95 % des ménages pauvres).
- Les enfants de moins de 15 ans qui n'ont pas encore atteint l'âge légal pour travailler et qui, par conséquent, ne sont pas censés participer pleinement à des activités productives (85 % des ménages sénégalais ; 99 % des ménages pauvres).

Source : OCDE.

Étendre les allocations familiales

Des allocations familiales universelles auraient un coût élevé (Encadré 1.9). Les estimations montrent que le coût total des allocations familiales serait de :

- 12 Mds FCFA (0,07 % du PIB) si tous les ménages en situation d'extrême pauvreté avec enfants (73 000 recensés dans l'EHCVM) en bénéficiaient. Il est à noter que la quasi-totalité des ménages en situation d'extrême pauvreté ont des enfants (contre 85 % pour l'ensemble des ménages) et 62 % ont six enfants ou plus (contre 19 % pour l'ensemble des ménages). Ces résultats viennent renforcer le lien déjà établi entre la présence d'enfants et l'incidence et la profondeur de la pauvreté.
- 80 Mds FCFA (0,47 % du PIB) si elles étaient versées aux 557 457 ménages pauvres avec enfants recensés.
- 198 Mds FCFA (1,15 % du PIB) si le principe d'universalité était appliqué (i.e. tous les ménages avec enfants en bénéficieraient, soit 1 794 863 ménages).

Toutefois, des allocations familiales auraient pour avantages de contourner la difficulté du ciblage des bénéficiaires, et d'être pro-pauvres (compte tenu du lien étroit entre présence d'enfants dans les ménages et pauvreté du ménage).

Encadré 1.9. Méthodologie sur le coût de l'extension des prestations familiales

Pour l'analyse du coût de l'extension des allocations familiales aux ménages non couverts, il est retenu le montant de l'allocation familiale de 2 600 FCFA par mois versée par la CSS pour chaque enfant âgé de moins de 15 ans jusqu'au sixième enfant, appliquée à tous les ménages de l'échantillon issu de l'EHCVM. Ce montant correspond au montant versé par la CSS aux salariés du secteur privé par mois et par enfant (de 2 à 14 ans – ou plus sous certaines conditions liées à l'éducation ou la santé de l'enfant) et jusqu'au sixième enfant, conditionnée à la scolarisation des enfants. Dans la mesure où l'EHCVM ne permet pas d'identifier les ménages qui perçoivent déjà cette allocation, le coût additionnel de l'extension de la couverture de l'allocation n'est pas calculé ; seul le coût total (incluant le coût additionnel) est calculé.

Il est à noter que le coût estimé est indépendant de celui des autres programmes. En d'autres termes, un ménage éligible au PNBSF et ayant des enfants pourrait bénéficier simultanément du montant de la bourse et des allocations familiales. Le cumul de ces prestations peut se justifier au regard de la forte corrélation entre la pauvreté et la composition des ménages d'une part, et de l'importance d'assurer un niveau de vie décent aux enfants et des conditions favorables à leur développement d'autre part. Il appartient néanmoins aux autorités nationales d'évaluer la pertinence du cumul des prestations sociales de façon générale, afin de déterminer des règles qui maximisent l'efficacité et l'équite du système de protection sociale.

Source : OCDE.

Tableau 1.9. Coût d'extension des allocations familiales

	Nombre d'enfants (0-14 ans)	Ménages concernés		Montant de l'allocation (FCFA)		Coût total annuel	
		Nombre	Part	Par mois	Par an	Mds FCFA	% du PIB
Tous les ménages	1	290 771	13,7 %	2 600	31 200	9	0,1 %
	2	333 299	15,7 %	5 200	62 400	21	0,1 %
	3	304 784	14,4 %	7 800	93 600	29	0,2 %
	4	266 687	12,6 %	10 400	12 800	33	0,2 %
	5	191 878	9,1 %	13000	156 000	30	0,2 %
	6 ou plus	407 443	19,2 %	15 600	187 200	767	0,4 %
	Total	1 794 863	84,8 %			198	1,2 %
Ménages en situation d'extrême pauvreté	1	1 067	1,5 %	2 600	31 200	0	0,0 %
	2	3 490	4,8 %	5 200	62 400	0	0,0 %
	3	5 506	7,5 %	7 800	93 600	1	0,0 %
	4	7 377	10,1 %	10 400	124 800	1	0,0 %
	5	9 780	13,3 %	13 000	156 000	2	0,0 %
	6 ou plus	45 791	62,4 %	15 600	187 200	9	0,1 %
	Total	73 011	99,6 %			12	0,1 %
Ménages pauvres	1	19 796	3,5 %	2 600	31 200	1	0,0 %
	2	55 948	9,9 %	5 200	62 400	3	0,0 %
	3	57 639	10,2 %	7 800	93 600	5	0,0 %
	4	96 728	17,1 %	10 400	12 800	12	0,1 %
	5	84 093	14,9 %	13 000	156 000	13	0,1 %
	6 ou plus	243 253	43,0 %	15 600	187 200	46	0,2 %
	Total	557 457	98,6 %			80	0,5 %

Source : EHCVM 2021-22 et ANSD (2023[11]).

Mettre en place une pension sociale

Seulement 12 % des plus de 60 ans bénéficient d'une pension de retraite selon l'EHCVM. Autrement dit, 1,15 million d'individus ne reçoivent pas de pension de vieillesse. Ce chiffre englobe plusieurs situations :

- Les personnes âgées qui n'ont pas cotisé à une caisse de retraite au cours de leur vie professionnelle (parce qu'elles n'ont pas travaillé ou ont occupé un emploi informel). Celles-ci pourraient être éligibles à une pension sociale – qui n'existe pas encore et qui entrerait dans le cadre de l'assistance sociale.
- Les personnes âgées, qui ont cotisé à l'IPRES mais pas suffisamment pour bénéficier d'une pension de retraite correspondant à une carrière pleine (10 ans ou 1000 points), et qui sont éligibles à la pension non contributive minimale payée par l'État. Cette population est estimée à 25 000 individus par l'IPRES qui évalue à 4,5 Mds FCFA par an le déficit de financement de cette pension financée par le budget général (soit un déficit de financement de 25 Mds FCFA depuis sa mise en place en 2018).

Le coût de mise en place d'une pension sociale repose sur deux critères : le nombre de personnes âgées (déterminé par l'âge à partir duquel l'individu est éligible) et le montant de la pension (qui ne doit pas créer de désincitation à cotiser). Plusieurs options sont envisagées dans le Tableau 1.10.

L'âge à partir duquel bénéficier de la pension sociale revêt une importance de premier ordre. La pension sociale ne doit pas créer de désincitation à travailler chez les personnes âgées encore en capacité de le faire. Par ailleurs, l'espérance de vie (68 ans en 2021 au Sénégal), et l'espérance de vie en bonne santé (59 ans) sont à prendre en compte.

Le montant de la pension sociale est important, notamment pour la lutte contre la pauvreté des personnes âgées, mais ne doit pas créer de désincitation à cotiser. En 2022, le taux de pauvreté des personnes âgées est de 29 % selon le seuil national, avec un taux plus faible chez les pensionnés (6,6 %) et plus élevé chez les personnes âgées non pensionnées (32 %). Un point de repère peut être le montant de la pension non contributive minimale (35 000 FCFA par mois, soit 420 000 FCFA par an), qui est supérieur au seuil de pauvreté national (369 666 FCFA par an en 2022). Pour ne pas créer de désincitation à cotiser auprès de l'IPRES, la SNPS avançait que le montant du minimum vieillesse devrait représenter environ 60 % de la retraite non contributive minimale. Le nombre de cotisants étant à ce jour limité et l'objectif de la pension non contributive minimale étant de lutter contre les aléas de carrière, cette proposition paraît judicieuse. Un montant de 20 000 FCFA par mois est ainsi retenu dans l'analyse de ce chapitre.

La pension sociale peut également jouer un rôle dans la réduction de la pauvreté d'autres personnes dépendantes, dont les enfants. En 2022, 28 % des ménages auxquels appartiennent les personnes âgées de plus de 60 ans incluent également au moins un enfant de moins de 5 ans (37 % et 42 % lorsque les enfants de moins de 10 ans et de moins de 15 ans sont considérés). La cohabitation entre les seniors et les enfants est corrélée à l'incidence et la profondeur de la pauvreté (41 % des ménages pauvres et 49 % des ménages en situation d'extrême pauvreté incluent au moins une personne de 60 ans ou plus et au moins un enfant de moins de 5 ans). Ainsi, dans le débat sur la mise en place d'une pension sociale, les effets redistributifs au sein des ménages ayant d'autres personnes dépendantes, en premier lieu les enfants, ne doivent pas être négligés.

La mise en place d'une pension sociale universelle est coûteuse. Celle-ci, appliquée à l'ensemble des personnes âgées de plus 60 ans ne percevant pas de pension de retraite, à raison de 20 000 FCFA par mois, requerrait un financement de l'ordre de 1,6 % du PIB, soit un montant équivalent à plus du double du financement actuel de l'assistance sociale. À court terme, cibler les personnes âgées en situation d'extrême pauvreté permettrait de rester dans l'enveloppe budgétaire prévue par la SNPS pour les pensions sociales de 30 Mds FCFA par an (DGPSN, 2016[5]).

Encadré 1.10. Pensions sociales : définition, impact et coûts

Définition

Les pensions sociales, telles que définies par Palacios et Knox-Vydmanov (2014[12]), désignent des pensions non contributives fournies par l'État sous forme de transferts monétaires réguliers pour les personnes âgées. Ces paiements ne dépendent pas des revenus ou contributions passés, les rendant accessibles à ceux qui ne disposent pas d'épargne-retraite formelle. Le terme "social" souligne ici leur objectif principal : la lutte contre la pauvreté parmi les populations âgées.

Actuellement, 110 pays dans le monde ont mis en place un système de pension sociale, bien que les taux de couverture varient considérablement. Par exemple, certains régimes atteignent seulement une fraction de la population éligible, ce qui met en lumière les défis liés à la sensibilisation et à la mise en œuvre (HelpAge International, 2018[13]).

Les pensions sociales jouent un rôle crucial pour combler le fossé auquel font face les individus exclus des systèmes de retraite contributifs. Dans de nombreux pays en développement, les personnes âgées figurent parmi les groupes les plus vulnérables économiquement, notamment en l'absence de programmes publics de retraite robustes. Les données de la base de données KIIbIH de l'OCDE montrent que 57 % des personnes âgées vivent dans des ménages où tous les travailleurs sont engagés dans l'économie informelle. Cela souligne l'importance des pensions sociales comme mesure complémentaire pour étendre la protection sociale aux ménages de travailleurs informels qui sont pour la plupart dans l'incapacité de payer des contributions. Lorsqu'elles sont bien conçues, ces prestations peuvent contribuer à réduire les vulnérabilités rencontrées par ces familles (OCDE, 2024[14]).

Impact et coûts en Afrique subsaharienne

En Afrique subsaharienne, les pensions sociales constituent un outil essentiel pour répondre aux vulnérabilités des populations âgées. Les régimes universels simplifient la mise en œuvre en utilisant l'âge comme seul critère d'éligibilité, réduisant ainsi les complexités administratives. Selon Guven et Leite (2016[15]), ces pensions ont amélioré le bien-être des personnes âgées et des ménages, et elles sont également associées à de meilleurs résultats en termes de capital humain pour les enfants. Par exemple, des données provenant de 12 enquêtes auprès des ménages dans la région ont montré comment ces pensions contribuent à la stabilité économique et à la cohésion sociale dans des configurations de vie diverses (voir base de données ASPIRE de la Banque mondiale).

Le coût des pensions sociales universelles a fait l'objet d'analyses approfondies. Les estimations de HelpAge International et de l'OIT suggèrent que l'introduction de pensions universelles dans les pays africains nécessiterait environ 1 % du PIB. Bien que cette dépense ne soit pas négligeable, les bénéfices sociaux et économiques qui en découlent, notamment en matière de réduction de la pauvreté et d'amélioration de l'équité, peuvent être très importants et surpasser les coûts (Guven et Leite, 2016[15]).

Source : OCDE.

Tableau 1.10. Coût de la mise en place d'une pension sociale de 20 000 FCFA par mois

Classe d'âge	Situation vis-à-vis de la pauvreté	Population totale		Personnes non pensionnées		Coût annuel du versement de la pension à toutes les personnes non pensionnées	
		Nombre	Part	Nombre	Part	Mds FCFA	% du PIB
60 ans ou plus	Tous les individus	1 306 504	7,3 %	1 151 012	88,1 %	**276**	**1,6 %**
	Extrêmes pauvres uniquement	53 520	4,1 %	53 347	99,7 %	**13**	**0,1 %**
	Pauvres uniquement	380 471	29,1 %	370 229	97,3 %	**89**	**0,5 %**
65 ans ou plus	Tous les individus	854 863	4,8 %	739 073	86,5 %	**177**	**1,0 %**
	Extrêmes pauvres uniquement	31 717	3,7 %	31 544	99,5 %	**8**	**0,0 %**
	Pauvres uniquement	251 985	29,5 %	244 286	96,9 %	**59**	**0,3 %**
70 ans ou plus	Tous les individus	532 504	3,0 %	458 002	86,0 %	**110**	**0,6 %**
	Extrêmes pauvres uniquement	20 123	3,8 %	19 950	99,1 %	**5**	**0,0 %**
	Pauvres uniquement	161 160	30,3 %	155 445	96,5 %	**37**	**0,2 %**

Note : (Extrêmes) pauvres uniquement : Pour chaque classe d'âge, seuls les (extrêmes) pauvres, tels que définis par le seuil de (extrême) pauvreté national, c'est-à-dire les individus dont les dépenses de consommation annuelles sont inférieures à (196 223) 369 666 FCFA, sont considérés. La 4ème colonne présente la proportion de (extrêmes) pauvres, et la 6ème colonne la proportion de non pensionnés parmi les (extrêmes) pauvres, dans chaque classe d'âge. Il est à noter que les chiffres présentés dans les scénarios du rapport OIT (2021[3]) correspondent à ceux de ce tableau. Le scénario 18 (tous les individus de plus de 60 ans ont une pension de 18 000 FCFA par mois), et le scénario 19 (tous les individus de plus de 70 ans ont une pension de 18 000 FCFA par mois) ont des coûts respectifs de 1,06 % du PIB (218 Mds FCFA) et 0,41 % du PIB (85 Mds FCFA), proches de ceux présentés ici aux lignes correspondantes (276 Mds FCFA ou 1,6 % du PIB ; 110 Mds FCFA ou 0,41 % du PIB).
Source : EHCVM 2021-22 et ANSD (2023[11]).

Vue d'ensemble des coûts des mesures d'assistance sociale proposées

Les programmes d'assistance sociale sont à développer. Au Sénégal, plus de 70 % de la population ne bénéficie d'aucune couverture de protection sociale. Seulement 22 % bénéficient d'au moins un programme d'assistance sociale et moins de 5 % de la population est couverte par l'assurance sociale. Les dépenses en protection sociale sont faibles, notamment en ce qui concerne l'assistance sociale (0,8 % du PIB). Avec des taux de pauvreté supérieurs à 37 % et la grande majorité de la population ne contribuant pas au système de sécurité sociale, il est crucial d'étendre la couverture des régimes de protection sociale non contributifs, ce qui engendrera des dépenses significatives.

Trois mesures prospectives d'extension de l'assistance sociale, se focalisant sur les extrêmes pauvres, ont été considérées dans ce chapitre. Ces mesures ne sont ni exclusives ni exhaustives d'extension d'autres programmes d'assistance sociale. Leur mise en place représenterait un coût additionnel de 32 Mds FCFA (0,2 % du PIB) :

- Inclusion de tous les ménages en situation d'extrême pauvreté dans le PNBSF (bourse trimestrielle de 35 000 FCFA) pour un coût additionnel estimé à 7 Mds FCFA (0,04 % du PIB).
- Versement d'allocations familiales (2 600 FCFA par mois et par enfant) à tous les ménages avec enfants en situation d'extrême pauvreté (12 Mds FCFA, 0,1 % du PIB).
- Versement de pensions sociales (20 000 FCFA par mois) à toutes les personnes âgées de 60 ans ou plus qui ne reçoivent pas de pension contributive et qui vivent dans l'extrême pauvreté (13 Mds FCFA, 0,1 % du PIB).

Si ces mesures étaient élargies à tous les ménages pauvres les plus vulnérables (i.e. ménages dans lesquels vivent des personnes dépendantes, en particulier les ménages pauvres avec des enfants), **le coût serait de 214 Mds FCFA (1,2 % du PIB)** :

- Inclusion de tous les ménages pauvres avec des enfants en bas âge (moins de 5 ans) dans le PNBSF (coût additionnel de 45 Mds FCFA, 0,3 % du PIB)
- Versement d'allocations familiales à tous les ménages pauvres avec enfants (80 Mds FCFA, 0,5 % du PIB)
- Versement de pensions sociales (20 000 FCFA par mois) aux personnes âgées de 60 ans ou plus qui sont pauvres et non pensionnés (89 Mds FCFA, 0,5 % du PIB).

Si ces mesures étaient élargies à l'ensemble des ménages vivant sous le seuil de pauvreté, le coût serait de 532 Mds FCFA (3,1 % du PIB). L'universalité des allocations familiales et des pensions sociales se justifie par la corrélation entre la présence de personnes dépendantes et la pauvreté au sein des ménages et le coût et la complexité du ciblage des programmes. Dans cette optique, les mesures considérées sont :

- Inclusion de tous les ménages pauvres sans exception dans le PNBSF (coût additionnel de 58 Mds FCFA, 0,3 % du PIB)
- Versement d'allocations familiales à tous les ménages avec enfants (198 Mds FCFA, 1,1 % du PIB)
- Versement de pensions sociales à toutes les personnes âgées de 60 ans ou plus qui ne sont pas pensionnées (276 Mds FCFA, 1,6 %).

Encadré 1.11. Recommandations

- Évaluer la qualité du ciblage des programmes existants.
- Rationaliser les programmes d'assistance sociale en excluant les individus déjà couverts à travers les régimes contributifs offrant les mêmes fonctions de protection sociale.
- Définir le périmètre des dépenses de protection sociale et développer une taxonomie des dépenses de protection sociale partagée entre toutes les parties prenantes.
- Investir dans les systèmes d'information pour améliorer la qualité des données en lien avec la protection sociale (couverture, recettes, dépenses, etc.), et partager ces données entre acteurs.
- Poursuivre le développement du RNU pour pouvoir, à terme, cibler toutes les personnes pauvres ou vulnérables à travers des programmes de protection sociale et procéder à son actualisation régulière.
- Réaliser une estimation des besoins de financement pour chaque programme de protection sociale (une fois la liste établie et partagée) sur la période 2025-35 pour actualiser le cadrage budgétaire de la SNPS.
- Définir une cible de dépenses de protection sociale augmentant de façon graduelle, ambitieuse et réaliste, basée sur les besoins estimés, et suivre sa réalisation dans le temps.
- Élaborer des comptes satellites de la protection sociale pour fournir un cadre d'analyse, un système d'information et une description complète et cohérente du système de protection sociale.
- Envisager la définition de lignes de pauvreté monétaire différenciées entre Dakar, les autres zones urbaines et les zones rurales.

Références

AMD (2023), *Revue des dépenses publiques de protection sociale du Sénégal*. [2]

ANSD (2023), *Comptes nationaux semi-définitifs de 2022 et définitifs de 2021 (base 2014)*, https://www.ansd.sn/sites/default/files/2023-12/Note_d%27analyse_comptes_nationaux_semi-definitif%202022_29_12_2023_V3.pdf (consulté le 3 octobre 2024). [11]

Banque mondiale (2023), *Rapport d'évaluation d'impact du programme national de bourses de sécurité familiale*, https://documents.banquemondiale.org/fr/publication/documents-reports/documentdetail/099534312062331367 (consulté le 25 septembre 2024). [7]

DGPSN (2023), *Revue annuelle de la protection sociale*. [1]

DGPSN (2016), *Stratégie Nationale de Protection Sociale (SNPS) du Sénégal 2016-2035*, https://faolex.fao.org/docs/pdf/sen176991.pdf (consulté le 25 septembre 2024). [5]

Fall, A. et al. (2022), *Etude sur l'efficacité et la durabilité financière des systèmes d'assistance sociale au Sénégal*, https://lartes-ifan.org/sites/default/files/2022-12/rapport_final_oscar_1_vf2.pdf (consulté le 25 septembre 2024). [9]

Ferré, C. (2018), *Résultats de l'enquête de mise à jour du Registre National Unique*, World Bank Group, https://documents.worldbank.org/en/publication/documents-reports/documentdetail/109291593165617977/s%C3%A9n%C3%A9gal-r%C3%A9sultats-de-l-enqu%C3%AAte-de-mise-%C3%A0-jour-du-rnu-registre-national-unique (consulté le 25 septembre 2024). [8]

Gueye, A., I. Dia et S. Brunelin (2024), *Résumé des rapports d'évaluation - Opération de transferts monétaires exceptionnels au Sénégal*, https://documents.banquemondiale.org/fr/publication/documents-reports/documentdetail/099658405232437341/idu1e5be7f9c11ebf143dc1a2a814f43c7d9e087 (consulté le 25 septembre 2024). [10]

Guven, M. et P. Leite (2016), « Benefits and Costs of Social Pensions in Sub-Saharan Africa », https://www.afd.fr/fr/ressources/analyse-de-lincidence-de-la-fiscalite-et-des-depenses-sociales-sur-la-pauvrete-et-les-inegalites-au-senegal (consulté le 20 janvier 2025). [15]

HelpAge International (2018), *New features and a refreshed look for Pension Watch!*, https://www.helpage.org/blog/new-features-and-a-refreshed-look-for-pension-watch/ (consulté le 25 septembre 2024). [13]

MFB (2024), *Document de Programmation budgétaire et économique pluriannuelle (DPBEP) 2025-2027*, https://www.finances.gouv.sn/publication/document-de-programmation-budgetaire-et-economique-pluriannuelle-dpbep-2025-2027/. [6]

OCDE (2024), *Breaking the Vicious Circles of Informal Employment and Low-Paying Work*, Éditions OCDE, Paris, https://doi.org/10.1787/f95c5a74-en. [14]

OCDE (2008), *Croissance et inégalités : Distribution des revenus et pauvreté dans les pays de l'OCDE*, Éditions OCDE, Paris, https://doi.org/10.1787/9789264044210-fr. [4]

OIT (2021), *Revue globale et analyse du système de protection sociale du Sénégal*, https://www.social-protection.org/gimi/gess/Media.action;jsessionid=nQljaG1RoUaboKq46DsF3spPNOWFEW5R_odXohUY7eE6kpLQg4dI!2094580544?id=18961 (consulté le 2024 septembre 2024). [3]

Palacios, R. et C. Knox-Vydmanov (2014), « The growing role of social pensions: history, taxonomy and key performance indicators », *Public Administration and Development*, vol. 34/4, pp. 251-264, https://doi.org/10.1002/pad.1682. [12]

Annexe 1.A. Périmètre des programmes de protection sociale selon les acteurs

Tableau d'annexe 1.A.1. Programmes considérés dans les dépenses de protection sociale par acteur

	DGPSN (2023)	SNPS (2016)	MFB (2024)	OIT (2021)
Institutions de prévoyance sociale (IPRES, CSS et IPM)	✓			✓
Fonds national de retraite (FNR)	✓			✓
Régime des fonctionnaires (Direction de la Solde)				✓
Mutuelles de santé				✓
Couverture maladie universelle	✓	✓	✓	✓
Cantines scolaires	✓	✓	✓	
Programme national de bourses de sécurité familiale (PNBSF)	✓	✓	✓	✓
Plan de riposte national à l'insécurité alimentaire	✓			✓
Programme d'appui aux pupilles de la Nation	✓	✓	✓	✓
Projet construction, équipement et réhabilitation de cases des tout-petits	✓		✓	
Centre d'accueil, d'information et d'orientation des enfants en situation difficile	✓		✓	
Programme de retrait et de réinsertion socio-économique des enfants en situation de rue	✓	✓	✓	
Éducation surveillée et protection judiciaire de l'enfant	✓			
Cellule d'appui à la protection de l'enfance	✓			
Appui à la promotion des aînés	✓		✓	
Observatoire national de la parité	✓			
Programme de renforcement de la nutrition / Phase II	✓		✓	
Reconstitution du stock de sécurité alimentaire	✓		✓	
Programme national de réadaptation à base communautaire des handicapés	✓		✓	✓
Cartes d'égalité des chances (CEC)	✓	✓		
Fonds de calamité	✓	✓	✓	
Lutte contre les inondations	✓		✓	
Prévention / maitrise des catastrophes	✓		✓	
Prime assurance agricole	✓			
Fonds de solidarité nationale	✓		✓	✓
Programme de Rréduction de la pauvreté et de renforcement des dynamiques de développement économique et social	✓			
Agence nationale de la promotion de l'emploi des jeunes				
Agence pour l'emploi des jeunes des banlieues				
Lutte contre la vulnérabilité des enfants	✓			
Programme de prise en charge des indigents	✓			
Projet de développement de la résilience pour la sécurité alimentaire et nutritionnelle	✓		✓	✓
Renforcement de la résilience pour la sécurité alimentaire et la nutrition	✓			

Projet de financement de la santé et de la nutrition	✓			
Programme sécurité civile	✓			
PRES – Volet assistance alimentaire	✓			
Programme 4R	✓	✓		
Compagnie nationale d'assurance agricole du Sénégal	✓			
Feed the Future Sénégal Nafoore Warsaaji (Jardins de l'abondance)	✓			
Projet d'appui à la Compagnie nationale d'assurance agricole du Sénégal	✓			
Projet de valorisation des eaux pour le développement des chaines de valeur	✓			
Projet d'appui à l'Insertion des Jeunes ruraux agri-preneurs	✓			
Projet des agropoles	✓			
Réseau multi-acteurs de protection sociale	✓			
Réseau international du droit à la protection sociale	✓			
Projet OSCAR (Organisation de la société civile pour la recherche action)	✓			
Coalition mondiale pour les socles de protection sociale	✓			
Programme de promotion des crèches et des garderies communautaires		✓		
Programme d'assurance perte emploi		✓		
Régime spécifique et simplifié d'assurance sociale		✓	✓	
Minimum vieillesse		✓		
Revalorisation des pensions IPRES		✓		
Pensions minimales personnes handicapées		✓		
Plateformes des projets de filets sociaux productifs, Résilience et Relèvement		✓		
Couts de gestion, de suivi, d'évaluation, d'appui à la recherche et diverses études		✓		
Diverses actions sociales et interventions régaliennes au bénéfice des personnes vulnérables		✓	✓	
Commissariat à la sécurité alimentaire			✓	
Subventions ciblées pour faciliter l'accès aux médicaments			✓	
Lutte contre le cancer			✓	
Action sociale			✓	
Lignes de financement pour l'agriculture			✓	
Fonds de financement de la formation professionnelle			✓	
Convention État -Employeur*			✓	
Développement intégré de la petite enfance				✓
Gratuité de l'école publique				✓
Programme national de l'alimentation scolaire				✓
Bourses de l'enseignement supérieur				✓
Programmes et projets de lutte contre la malnutrition				✓
Programme d'appui à l'émergence de familles productives				✓
Programme d'appui au développement économique et social				✓
Projet d'appui à la stratégie nationale pour l'équité et l'égalité des genres				✓
Programme enfance déshéritée				✓
Projet de lutte contre la vulnérabilité des enfants				✓
Action éducative en milieu ouvert				✓
Classes passerelles				✓
Programme d'autonomisation des personnes affectées par la lèpre et leurs familles				✓

Action sociale des collectivités locales				✓
Agence nationale de la promotion et de l'emploi des jeunes				✓
Missions locales pour l'emploi et l'entreprenariat				✓
Programme d'alphabétisation de métiers pour la lutte contre la pauvreté				✓
Programme de réduction de la pauvreté et de renforcement des dynamiques de développement économique et social				✓
Programme de développement des domaines agricoles communautaires				✓
Programme multinational de renforcement de la résilience à l'insécurité alimentaire et nutritionnel du Sénégal				✓

Note : Pour la SNPS, figurent les programmes phares ayant servi à l'évaluation des coûts. * Ceci pourrait correspondre aux cotisations payées par l'État pour ses fonctionnaires. Il n'est pas à exclure que les intitulés de mêmes programmes diffèrent selon les acteurs et soient ainsi répertoriés de manière distincte.

Source : DGPSN (2023[1]), DGPSN (2016[5]), MFB, OIT (2021[3]).

Annexe 1.B. Coût d'éradication de la pauvreté

En 2022, le coût d'éradication de l'extrême pauvreté est estimé à 0,2 % du PIB, et celui de la pauvreté à 3,9 % du PIB (Tableau 1.B.1). Le coût estimé de l'élimination de l'extrême pauvreté représente l'écart entre les dépenses de consommation des individus en situation d'extrême pauvreté et le seuil national d'extrême pauvreté. D'après les données issues de l'EHCVM de 2022, 5,5 % des Sénégalais seraient en situation d'extrême pauvreté en 2022, soit près d'un million de personnes. Les dépenses de consommation de ces derniers sont en moyenne 19 % inférieures au seuil national d'extrême pauvreté (37 169 FCFA). Relever le niveau de dépenses de consommation des extrêmes pauvres au niveau du seuil national d'extrême pauvreté requiert 37 Mds FCFA (soit 0,2 % du PIB). Avec un taux de pauvreté de 37,4 % et une profondeur moyenne de la pauvreté de 100 347 FCFA en 2022 (soit 27,1 % du seuil national de pauvreté), le coût d'éradication de la pauvreté représente quant à lui 668 Mds FCFA (3,9 % du PIB). Si le développement économique et la croissance contribuent à l'élimination de la pauvreté, le rôle de l'État reste primordial, à travers ses programmes d'assistance sociale.

Tableau d'annexe 1.B.1. Coût de l'éradication de l'extrême pauvreté et de la réduction de la pauvreté

Estimation sur la base des données de 2022

	Extrême pauvreté	Pauvreté : Tous les pauvres	Pauvreté : Pauvres avec enfants de moins de 5 ans	Pauvreté : Pauvres avec enfants de moins de 10 ans	Pauvreté : Pauvres avec enfants de moins de 15 ans
Seuil national de pauvreté (annuel, en FCFA)	196 223	369 666	369 666	369 666	369 666
Nombre d'individus	982 569	6 659 690	5 594 358	6 477 955	6 624 172
Taux de pauvreté (% de la population totale)	5,5 %	37,4 %	31,4 %	36,4 %	37,2 %
Profondeur de la pauvreté (population pauvre, % du seuil de pauvreté)	18,9 %	27,1 %	27,9 %	27,4 %	27,2 %
Profondeur de la pauvreté (moyenne, en FCFA)	37 169	100 347	103 005	101 139	100 594
Profondeur de la pauvreté (valeur totale, en Mds FCFA)	37	668	576	655	666
Profondeur de la pauvreté (valeur totale, en % du PIB nominal)	0,2 %	3,9 %	3,3 %	3,8 %	3,9 %

Note : La mesure conventionnelle de la profondeur de la pauvreté s'applique à l'ensemble de la population, c'est-à-dire en incluant les non-pauvres auxquels une profondeur équivalente à zéro est attribuée dans la mesure où leur niveau de dépenses de consommation dépasse le seuil de pauvreté. Toutefois, l'inclusion de ces derniers conduit à une sous-estimation importante de la profondeur réelle de la pauvreté. Ainsi, une mesure alternative de la profondeur de la pauvreté est proposée dans laquelle seuls les pauvres sont pris en compte. Cette mesure alternative, excluant les non-pauvres, est également considérée pour le calcul des autres indicateurs de la profondeur de la pauvreté. La même démarche est adoptée pour la profondeur de l'extrême pauvreté.
Le PIB nominal retenu pour 2022 est 17 228 Mds FCFA.
Source : EHCVM 2021-22, base de données KIIbIH de l'OCDE et ANSD (2023[11]).

2 Mobiliser plus de recettes fiscales pour le financement de la protection sociale

Ce chapitre analyse l'évolution des recettes fiscales puis aborde une série de mesures fiscales que le Sénégal pourrait mettre en place et des taxes qui pourraient être renforcées pour élargir l'assiette fiscale. Le chapitre discute ensuite des recettes attendues de l'exploitation des hydrocarbures, et des économies réalisées par l'élimination progressive des subventions à l'énergie.

Des mesures visant à accroître les recettes fiscales et élargir l'espace budgétaire pour mieux financer l'assistance sociale sont nécessaires

Le développement limité des régimes contributifs et la difficulté de leur extension à court terme, confère à l'assistance sociale un rôle prépondérant dans les politiques et la stratégie globale de protection sociale. Or, les recettes fiscales actuelles sont insuffisantes pour répondre aux besoins de financement en matière d'assistance sociale. Ce chapitre explore des mesures permettant de renforcer la mobilisation des recettes fiscales, telles que l'élargissement des bases fiscales et le renforcement des taxes sur les produits néfastes à la santé. Des mesures concourant à l'élargissement de l'espace budgétaire disponible pour l'assistance sociale, telles que la réduction progressive et la réorientation des ressources engagées à travers les subventions à l'énergie, sont également discutées.

Les recettes fiscales sont significatives mais encore insuffisantes pour le financement de la protection sociale

Le taux de pression fiscale augmente

Le taux de pression fiscale du Sénégal compte parmi les plus hauts des pays d'Afrique subsaharienne (Graphique 2.1). Selon les statistiques de la base de données mondiale des recettes publiques de l'OCDE, le taux de pression fiscale du Sénégal est de 19,8 % du PIB en 2022 (18,6 % hors cotisations sociales), ce qui le place au-delà de la moyenne des pays d'Afrique subsaharienne (15,1 %) et des pays à revenu intermédiaire de la tranche inférieure (17,1 %). Le taux hors cotisations sociales s'établit par ailleurs à 18,8 % en 2023 (MFB, 2024[1]).

Graphique 2.1. Taux de pression fiscale

Recettes fiscales exprimées en % du PIB, 2022

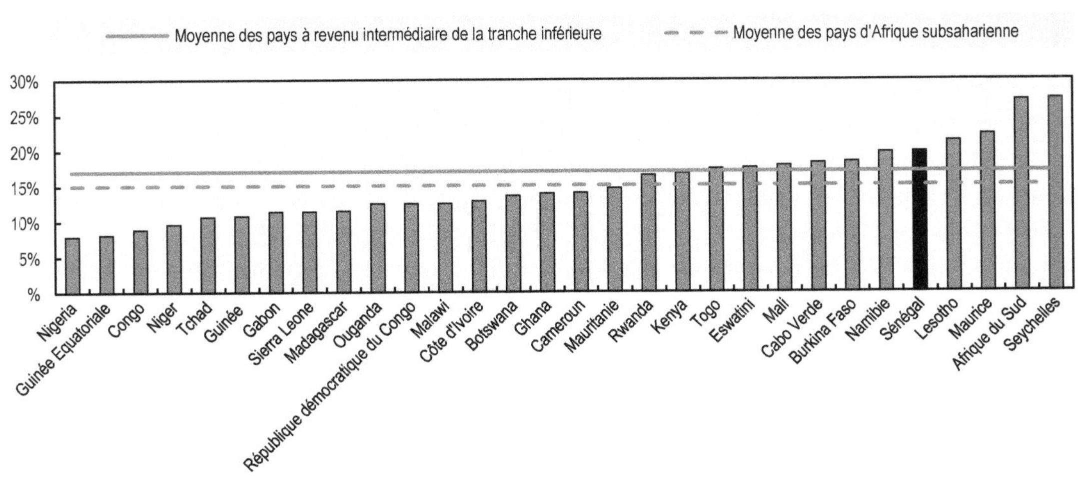

Note : Les recettes fiscales incluent les cotisations de sécurité sociale.
Source : OCDE, Base de données mondiale des statistiques des recettes publiques.

Les recettes fiscales du Sénégal sont dynamiques. Sur la période 2011-2021, l'activité économique a cru de façon substantielle induisant une hausse continue et soutenue des recettes fiscales en valeur absolue. Le taux de croissance nominal annuel moyen est de 6,2 % pour le PIB et 7,8 % pour les recettes fiscales. Ainsi, les recettes fiscales réagissent de façon plus que proportionnelle à la croissance économique, ce qui témoigne de leur dynamisme (Encadré 2.1). Ceci est reflété dans l'évolution positive du taux de pression fiscale du Sénégal (Graphique 2.2) qui se démarque de pays pairs. La révision du Code général des impôts (CGI) entreprise en 2012 - visant notamment à rendre les dispositions fiscales plus simples et plus claires -, la stratégie de mobilisation des recettes à moyen terme et les améliorations organisationnelles des services des impôts concourent notamment à ce dynamisme. La création du régime réel simplifié -qui allège les obligations fiscales des contribuables-, le lancement de plateformes de télé-procédures, ou encore le renforcement de l'équité du système fiscal ont pu également soutenir la mise en conformité et le dynamisme des recettes.

Graphique 2.2. Évolution du taux de pression fiscale

Recettes fiscales exprimées en % du PIB

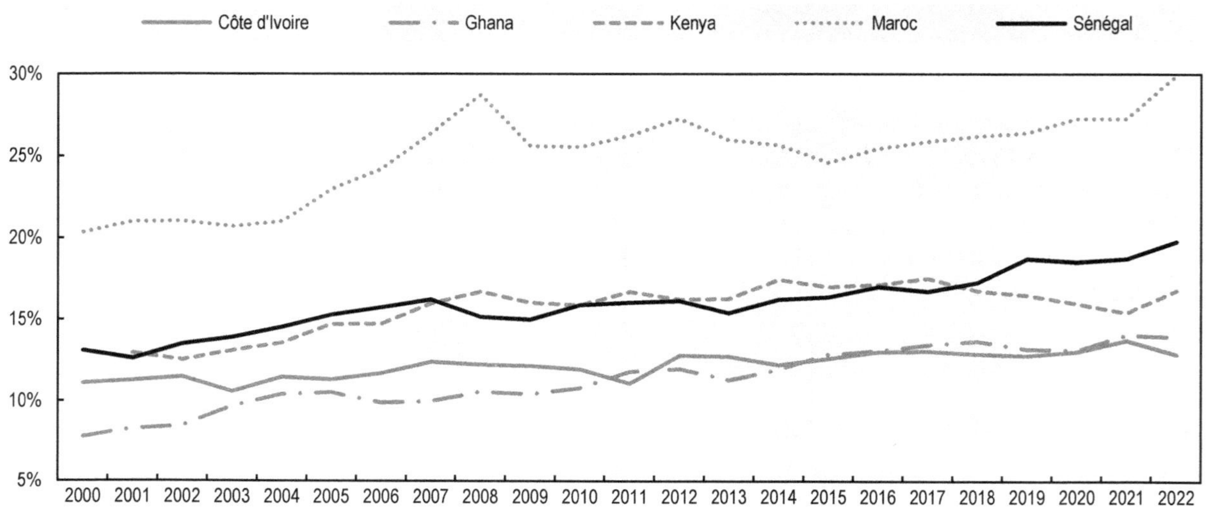

Note : Les recettes fiscales incluent les cotisations de sécurité sociale.
Source : OCDE, Base de données mondiale des statistiques des recettes publiques.

Les prévisions indiquent une poursuite de la hausse du taux de pression fiscale dans les années à venir. Les prévisions établies au niveau national, alignées avec celles du Fonds monétaire international (FMI), tablent sur des taux de croissance annuels soutenus, celui des recettes fiscales (hors cotisations sociales) étant supérieur à celui du PIB sur la période 2025-2027 (MFB, 2024[1]). Ainsi, le taux de pression fiscale devrait mécaniquement augmenter sur la période. Toutefois, la poursuite de la mise en œuvre des mesures de politique et d'administration fiscales prévues (simplification des règles fiscales et des procédures, digitalisation, gouvernance et contrôles renforcés, etc.) seront nécessaires pour renforcer cette tendance. À titre illustratif, la mise en place de la plateforme numérique DGID-digitale permettant de soumettre différentes demandes de services et de documents en ligne, est à saluer, et devrait soutenir la mise en conformité et une mobilisation accrue des recettes fiscales.

Encadré 2.1. Dynamisme des recettes fiscales

Un système fiscal et les recettes fiscales associées sont dits dynamiques (ou *buoyant* dans la littérature anglosaxonne) lorsque que ces dernières augmentent relativement plus vite que l'activité économique (mesurée par le PIB) durant une période donnée. Sur la dernière décennie (2011-2021), la croissance relative des recettes fiscales totales incluant les cotisations sociales est de 27 % supérieure à celle du PIB (contre 10 % pour les pays à revenu intermédiaire de la tranche inférieure et 17 % pour les pays d'Afrique subsaharienne (Graphique 2.3)).

Graphique 2.3. Dynamisme des recettes fiscales

Rapport des taux de croissance annuels moyens des recettes fiscales et du PIB sur la période 2011-2021

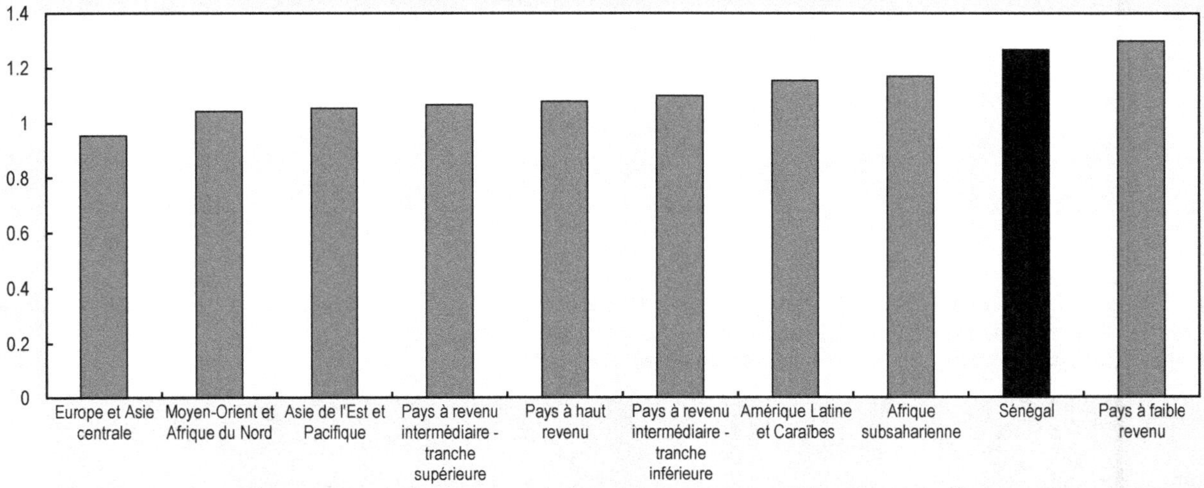

Note : Les valeurs reportées correspondent à la moyenne de chaque groupe de pays dont les données sont disponibles dans la base de données mondiale des statistiques des recettes publiques de l'OCDE. Pays à revenus élevés hors OCDE (12 pays) ; Pays à revenus faibles (11 pays) ; Pays à revenus intermédiaires de la tranche inférieure (27 pays) ; Pays à revenus intermédiaires de la tranche supérieure (26 pays) ; Asie de l'Est et Pacifique (14 pays) ; Europe et Asie centrale (8 pays) ; Amérique Latine et Caraïbes (21 pays) ; Moyen-Orient et Afrique du Nord (4 pays) ; Afrique subsaharienne (27 pays). Une valeur supérieure à 1 indique une croissance des recettes fiscales supérieure à celle de l'activité économique.

Source : OCDE, base de données mondiale des statistiques des recettes publiques.

L'analyse du dynamisme des recettes du Sénégal par type d'impôts révèle des différences significatives (Graphique 2.4). Les recettes associées à la fiscalité indirecte ont augmenté à un rythme comparable à celui de la croissance économique (légèrement inférieur pour la taxe sur la valeur ajoutée (TVA), légèrement supérieur pour les recettes douanières), au contraire des impôts directs qui ont cru à un rythme 44 % plus rapide. Ceci suggère la pertinence de développer la fiscalité directe dans le cadre de la mobilisation des recettes fiscales et le besoin d'une réforme afin de rendre la TVA plus dynamique. L'impôt sur le revenu des personnes physiques a augmenté à un rythme 19 % plus rapide que le PIB. Le taux de croissance annuel moyen des recettes issues des cotisations sociales a été 55 % plus rapide que celui du PIB. Cette performance peut s'expliquer par le développement de l'emploi formel et la réduction de l'évasion sociale -qui reste cependant à des niveaux importants-, ainsi que d'autres facteurs tels que les réformes de la retraite qui affectent le niveau de cotisations sociales collectées par les caisses de retraite. Les progressions les plus rapides sont celles des recettes liées aux droits d'accise et à l'impôt sur les sociétés (progression plus de deux fois plus rapide que la croissance économique). Les recettes liées aux droits d'accise ont été tirées par l'imposition des corps gras alimentaires, du ciment, des cosmétiques et du tabac. Par ailleurs, les résultats relatifs à l'imposition du revenu sont cohérents avec la littérature, à savoir, une réactivité à la conjoncture économique plus marquée pour l'impôt sur les sociétés que pour l'impôt sur le revenu des personnes physiques, ceux-ci étant généralement moins sensibles aux fluctuations court-termistes.

Graphique 2.4. Dynamisme des recettes fiscales du Sénégal par impôt

Rapport des taux de croissance annuels moyens des recettes fiscales par impôt et du PIB sur la période 2011-2021

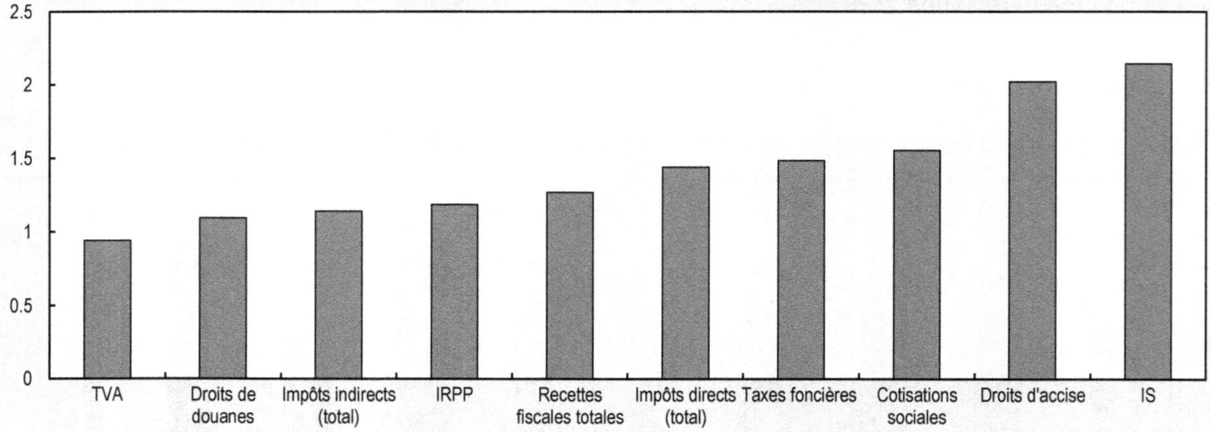

Note : TVA : taxe sur la valeur ajoutée ; IRPP : impôt sur le revenu des personnes physiques ; IS : impôt sur les sociétés. Une valeur supérieure à 1 indique une croissance des recettes fiscales supérieure à celle de l'activité économique.
Source : OCDE, base de données mondiale des statistiques des recettes publiques.

Malgré de bonnes performances relatives au niveau régional, le Sénégal possède un potentiel de recettes fiscales à réaliser

Le dynamisme du système fiscal, conjugué aux perspectives de croissance économique, ne doit pas minimiser l'importance de mettre en œuvre des mesures fiscales. La mobilisation des recettes fiscales reste trop limitée pour financer l'action publique, dont l'assistance sociale. Les besoins de financement substantiels, notamment pour la protection sociale, encouragent ainsi à accroître l'espace budgétaire et à davantage mobiliser les recettes fiscales. Par ailleurs, le taux de pression fiscale demeure en deçà de l'objectif communautaire fixé par l'Union économique et monétaire ouest-africaine (UEMOA) à 20 % du PIB (hors cotisations sociales).

Le Sénégal peut mobiliser des recettes fiscales supplémentaires à hauteur de près de 3 points de PIB. Pour un niveau de développement économique inchangé, un modèle statistique basé sur les données de 115 pays suggère que le taux de pression fiscale du Sénégal se trouve 2,6 points de PIB en deçà de son potentiel (Graphique 2.5 et Encadré 2.2). Ceci ferait passer le taux de pression fiscale de 18,7 à 21,3 % du PIB. Ce potentiel d'augmentation des recettes fiscales pourrait être réévalué à la hausse en considérant les perspectives de croissance économique (compte tenu du dynamisme du système fiscal) et de réduction progressive de l'économie informelle. Par ailleurs, le système fiscal peut contribuer à dynamiser l'activité économique, qui induit en retour des recettes fiscales. En d'autres termes, le Sénégal dispose d'un important potentiel de recettes fiscales que des mesures fiscales stratégiques, associées à une croissance économique soutenue, pourraient pleinement exploiter.

Graphique 2.5. Potentiel de recettes fiscales additionnelles

Recettes fiscales de 2021 et potentiel additionnel exprimés en % du PIB (axe de gauche), et effort fiscal (axe de droite)

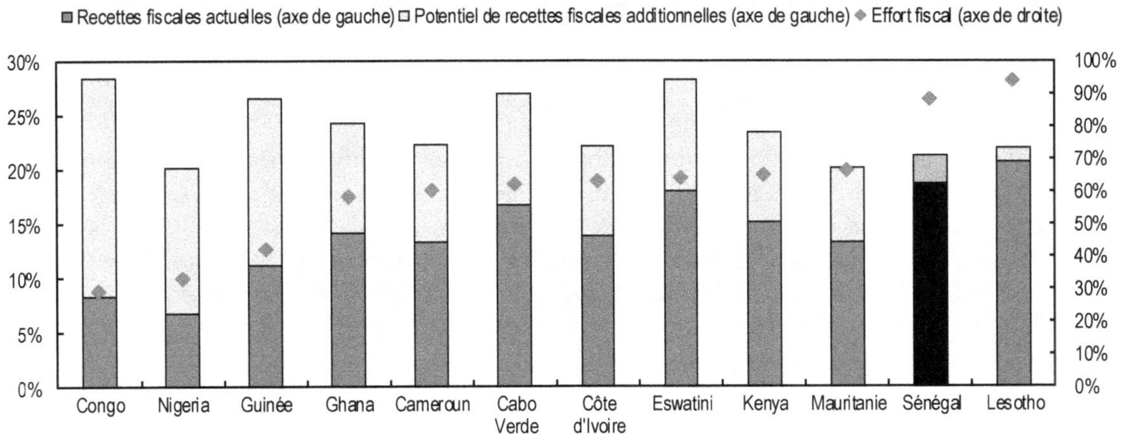

Note : L'effort fiscal est défini par la distance relative des recettes fiscales actuelles à la frontière fiscale. Il se calcule comme le rapport des recettes fiscales actuelles et des recettes fiscales potentielles totales.
Source : OCDE, Base de données mondiale des statistiques des recettes publiques.

Encadré 2.2. Évaluation du potentiel de recettes fiscales

L'analyse de la frontière fiscale permet d'estimer le potentiel de recettes fiscales des pays. La frontière fiscale représente le niveau de recettes qu'un pays peut atteindre compte tenu de ses caractéristiques économiques et sociales. Le rapport entre le niveau de recettes fiscales réalisé et celui qu'un pays peut atteindre (sa frontière fiscale) constitue son effort fiscal. L'effort fiscal du Sénégal est relativement élevé (88 % en 2021), ce qui témoigne de sa relative bonne performance en matière de collecte de recettes fiscales étant donné son niveau de développement (Graphique 2.5).

Les estimations réalisées dans ce rapport reposent sur un modèle économétrique de frontière stochastique. Le niveau de recettes fiscales y est expliqué par quatre variables indépendantes capturant le niveau de développement économique et social et ayant un impact sur le niveau des recettes : le PIB par habitant, le taux d'informalité, les rentes de ressources naturelles et l'ouverture commerciale. L'essence de ce modèle est de comparer des juridictions entre elles et d'en déduire la frontière fiscale de chacune en supposant des performances de mobilisation de recettes fiscales comparables aux juridictions les plus performantes.

Les estimations réalisées dans la littérature ne sont pas unanimes. L'ampleur du potentiel de recettes peut varier significativement d'une étude à l'autre, selon les hypothèses et les spécifications du modèle retenues. Néanmoins, dans le cas du Sénégal, la dispersion des estimations est limitée, variant entre 2 et 3 points de PIB de recettes supplémentaires (voir notamment Evans *et al.* (2023[2])), conférant une robustesse à l'estimation présentée dans ce rapport.

Il convient en outre d'apporter un certain nombre de précautions :

Le modèle indique le potentiel de recettes additionnelles mais pas la manière de l'atteindre. Le modèle raisonne à assiettes d'imposition constantes. La mobilisation de recettes fiscales supplémentaires repose alors, par exemple, sur la révision des taux d'imposition, la rationalisation des dépenses fiscales, ou encore l'amélioration de la collecte. Cette dernière peut être atteinte à travers (i) des procédures et une administration plus efficientes, (ii) le développement du civisme fiscal et (iii) la réduction de la corruption. Or, ces éléments reposent moins sur des réformes de politique fiscale que d'administration fiscale, dont la mise en place et les effets s'inscrivent sur le moyen voire long terme.

Le potentiel de recettes additionnelles estimé repose sur un niveau de développement donné. Le modèle contrôle notamment pour le niveau de PIB par tête et d'informalité. Or, les politiques de développement menées peuvent contribuer à améliorer ces indicateurs. Ceux-ci étant des approximations des assiettes d'imposition réelles, le potentiel de recettes fiscales devrait mécaniquement augmenter lui aussi. Cependant, le potentiel lié à l'élargissement des assiettes d'imposition (marge extensive) n'est pas calculé par le modèle. Le potentiel de recettes estimé (marge intensive) peut donc être considéré comme minoré.

La frontière estimée par le modèle sur la base des meilleures performances internationales indique moins un objectif qu'un potentiel. Il appartient alors aux autorités de déterminer un objectif de mobilisation de recettes à court, moyen et long terme qui soit réaliste et repose sur des réformes de politique et d'administration fiscales crédibles, qui ne mettent pas en péril le développement économique et social (Bastagli et al., 2015[3] ; Long et Miller, 2017[4] ; Banque mondiale, 2022[5]). Par ailleurs, le modèle définit, sur la base des meilleures performances internationales, une borne que rien n'interdit de dépasser. En mobilisant suffisamment de recettes, un pays peut déplacer ces meilleures performances et donc repousser sa propre frontière fiscale.

Source : OCDE.

Mener une réforme fiscale permettrait d'élargir l'espace budgétaire

Atteindre le potentiel de recettes fiscales nécessite une approche globale, plutôt qu'une multitude de mesures fiscales *ad hoc*. Le Sénégal est confronté à une forte informalité, ce qui limite sa capacité à élargir son espace budgétaire. Le défi pour le Sénégal est donc à la fois de déterminer comment réduire l'informalité et, en même temps, d'augmenter les recettes en ciblant à la fois les acteurs informels ayant une capacité de paiement et les acteurs formels en situation de non-conformité fiscale. À ce titre, la recommandation émise dans OCDE (2017[6]) de mener une réforme fiscale globale pour établir un système simplifié, cohérent et adapté au niveau de développement du pays et aux besoins d'une économie émergente, reste valide. La décision du Sénégal de mettre en place une réforme systémique et profonde du CGI apparaît ainsi comme une opportunité de développer un système fiscal simple, juste et permettant une mobilisation de recettes fiscales accrues sans pénaliser la croissance.

Une évaluation comparative, par impôt, de la performance du Sénégal en matière de mobilisation des recettes fiscales peut orienter la réforme. Ceci est rendu possible par l'approche développée par l'OCDE. Celle-ci permet notamment d'identifier comment le Sénégal se classe relativement aux pays de sa catégorie de revenu (revenu intermédiaire de la tranche inférieure) sur une série d'indicateurs relatifs au système fiscal, et d'identifier son potentiel de recettes par type d'impôt (Tableau 2.1). Il apparaît ainsi que :

- Le Sénégal collecte près d'un point et demi de PIB de recettes fiscales de plus que la moyenne des pays à revenu intermédiaire de la tranche inférieure (17,3 %).

- Le Sénégal est performant en matière de mobilisation de recettes pour la plupart des catégories de taxes (première ligne du Tableau 2.1).
- En revanche, le Sénégal est relativement moins performant pour l'impôt sur les sociétés (IS), les droits d'accise et taxes sur les produits néfastes à la santé (première ligne du Tableau 2.1). Le potentiel de recettes fiscales additionnelles est le plus marqué pour les cotisations sociales et l'IS (dernière ligne du Tableau 2.1).

Toutefois, l'analyse par type d'impôt est à considérer avec prudence. Ces résultats sont indicatifs et une analyse plus fine du système fiscal est nécessaire pour identifier les options de réformes pertinentes pour chaque impôt, leurs interactions et leur potentiel en termes de recettes fiscales. En particulier, de potentiels effets indésirables sur les indicateurs clés de développement, tels que la pauvreté ou les inégalités, sont à éviter. À ce titre, il est important de veiller à ce que les mesures n'augmentent pas le fardeau fiscal sur les plus pauvres, ne nuisent pas à l'activité économique et l'investissement, ne découragent pas le civisme fiscal et la formalisation, pour ne pas avoir d'effets limités (voire négatifs) en termes de recettes fiscales à moyen ou long terme.

Tableau 2.1. Positionnement du Sénégal en matière de recettes fiscales réalisées et potentielles

Recettes fiscales et potentiel de recettes additionnelles (en % du PIB) du Sénégal par rapport aux pays à revenu intermédiaire de la tranche inférieure

		Cotisations de sécurité sociale	IRPP	IS	Impôts indirects			Taxes foncières	Taxes sur les produits néfastes à la santé	Taxes environnementales*
					TVA	Droits d'accise	Autres taxes indirectes			
Recettes en % du PIB	Sénégal	1,2 %	2,8 %	2,2 %	6,1 %	1,6 %	3,8 %	0,6 %	0,3 %	1,3 %
	Moyenne des pays à revenu intermédiaire de la tranche inférieure	2,0 %	2,5 %	3,0 %	5,3 %	1,9 %	2,1 %	0,3 %	0,7 %	1,0 %
Potentiel de recettes fiscales additionnelles estimé par le modèle de frontière		+5.0 %	+1.0 %	+1.1 %	+2.0 %	+1.1 %	+0.9 %	+0.3 %	+0.5 %	-

Note : Les couleurs indiquent comment, pour chaque indicateur, le Sénégal se classe au sein des pays à revenu intermédiaire de la tranche inférieure. Les quintiles, du premier au cinquième, sont représentés respectivement par les couleurs suivantes : rouge, orange foncé, orange clair (quintile médian), vert clair, vert foncé. Le vert foncé indique ainsi par exemple que le Sénégal se classe dans le premier cinquième des pays de la catégorie de revenu en termes de mobilisation des recettes d'un impôt (ligne 1) ou d'effort fiscal réalisé (ligne 3), se traduisant par un moindre potentiel de recettes fiscales additionnelles pour l'impôt considéré. *Les taxes environnementales incluent une variété de taxes sur les transports, l'énergie, les ressources naturelles et la pollution, dont l'introduction ne répond pas nécessairement à un objectif environnemental.
Source : OCDE.

Le reste de ce chapitre discute une liste non exhaustive de mesures fiscales propices à accroître la mobilisation des recettes fiscales et à rééquilibrer la structure fiscale, encore très axée sur les impôts indirects (Graphique 2.6). Le rapport OCDE (2017[6]) fournit des recommandations complémentaires dont la pertinence reste valide. Par exemple, il souligne la nécessité d'améliorer le climat des affaires en réduisant la complexité et en augmentant la transparence et la sécurité juridique dans le domaine fiscal. Il met également en avant l'importance de renforcer l'administration fiscale à travers une coopération améliorée au sein des administrations et un système d'informations et de gestion modernisé.

Enfin, le chapitre discute du potentiel budgétaire lié à la rationalisation des subventions à l'énergie et de la pertinence d'affecter des recettes spécifiques à la protection sociale.

Graphique 2.6. Structure des recettes fiscales dans une sélection de pays comparateurs

% du total des recettes fiscales, 2022

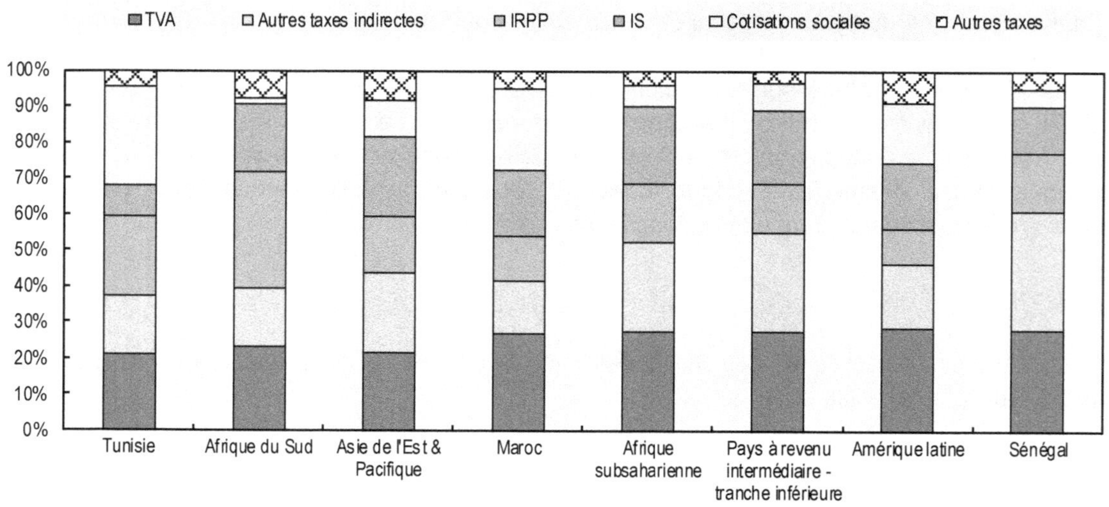

Source : OCDE, base de données mondiale des statistiques des recettes publiques.

L'élargissement des assiettes d'imposition est préférable à la hausse des taux

Les taux d'imposition sont élevés

Les taux de l'IRPP sont élevés. Le taux marginal d'imposition de la dernière tranche de l'IRPP est très élevé (43 %, réhaussé en 2022). Seules l'Afrique du Sud (45 %) et la Côte d'Ivoire (60 %) ont un taux maximal supérieur à celui du Sénégal au sein des pays d'Afrique subsaharienne (Graphique 2.7). La première tranche d'imposition (pour les revenus supérieurs à 630 000 FCFA) est quant à elle soumise à un taux d'imposition de 20 %, taux le plus élevé des pays d'Afrique subsaharienne à revenu intermédiaire de la tranche inférieure (Graphique 2.8).

Le taux légal d'impôt sur les sociétés est le plus élevé parmi les pays à revenu faible et intermédiaire (à 30 % depuis 2019 ; anciennement 25 %), après le Brésil (34 %) et la Namibie (32 %) (Graphique 2.9). Le taux d'imposition effectif moyen sur les sociétés (28,6 % en 2023) fait partie des 10 plus élevés des pays couverts dans la publication *Corporate Tax Statistics* (OCDE, 2024[7]). Il convient toutefois de noter que, selon leurs caractéristiques, certaines entreprises peuvent bénéficier de réductions et d'incitations fiscales importantes (par exemple, l'Article 253 autorise les entreprises qui exportent plus de 80 % de leur production à déduire 50 % de leur bénéfice imposable), ce qui engendre une hétérogénéité des taux effectifs appliqués.

Le taux de TVA normal est de 18 %, de façon similaire aux autres pays de l'UEMOA (la directive autorisant des taux compris entre 15 et 20 %), à l'exception du Niger (19 %). Outre le Niger, seuls Madagascar (20 %) et le Cameroun (19,25 %) ont un taux de TVA normal supérieur à celui du Sénégal en Afrique subsaharienne.

Augmenter davantage les taux d'imposition apparaît peu judicieux. Une augmentation des taux d'imposition sur le revenu, en particulier ceux auxquels font face les individus modestes, se heurterait à une faible acceptabilité sociale, et pourrait en outre être préjudiciable à l'investissement et au développement du secteur formel. En ce qui concerne la TVA, la hausse du taux dans un contexte inflationniste n'apparaît pas opportune.

Dans ce contexte, l'élargissement des assiettes d'imposition est à privilégier. Les perspectives d'une croissance économique soutenue à court et moyen terme contribueront à élargir les diverses assiettes d'imposition (telles que la masse salariale, la consommation des ménages, les bénéfices des entreprises, etc.). Toutes choses égales par ailleurs, conjuguée à des recettes fiscales dynamiques, la croissance économique devrait ainsi mécaniquement porter le taux de pression fiscale à la hausse. Néanmoins, une politique fiscale active devra contribuer à cet élargissement des assiettes pour permettre une mobilisation des recettes accrue susceptible de soutenir le financement des dépenses publiques, dont celles de protection sociale. En particulier, l'élargissement des assiettes d'imposition passera par la rationalisation des dépenses fiscales -dont la suppression de certains avantages fiscaux liés à l'IRPP et le renforcement de la neutralité de la TVA dans le secteur agricole (voir sections suivantes)-, la réduction de la part des travailleurs informels (voir Chapitre 5), et la réduction de l'évasion fiscale et sociale (voir Chapitre 6).

Graphique 2.7. Taux marginal supérieur de l'IRPP

Exprimé en %, 2023

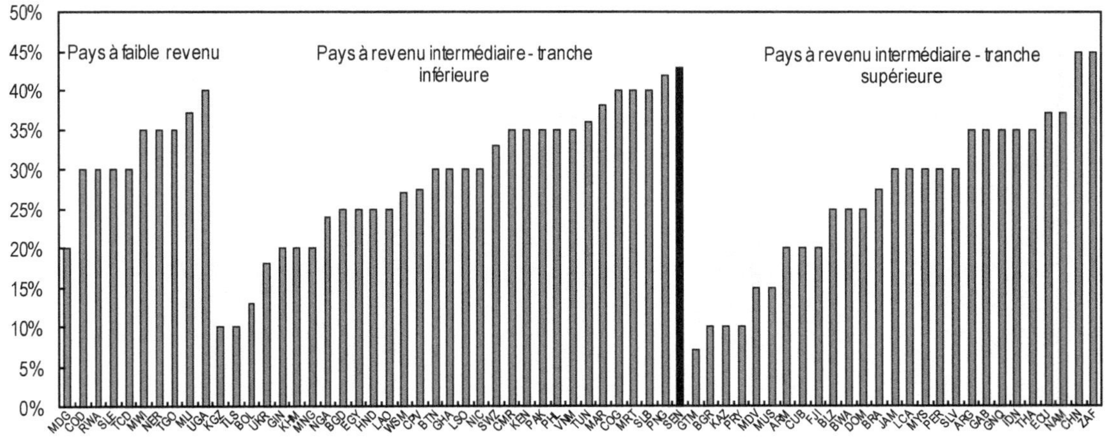

Source : IBFD.

Graphique 2.8. Taux marginal inférieur de l'IRPP

Exprimé en %, 2023

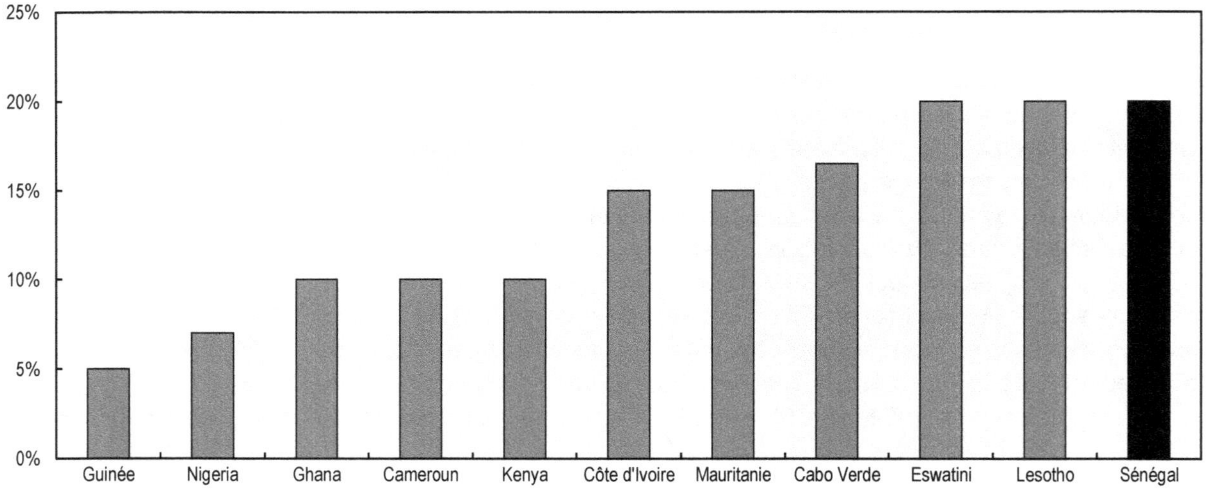

Source : PwC.

Graphique 2.9. Taux d'impôt sur les sociétés

Exprimé en %, 2023

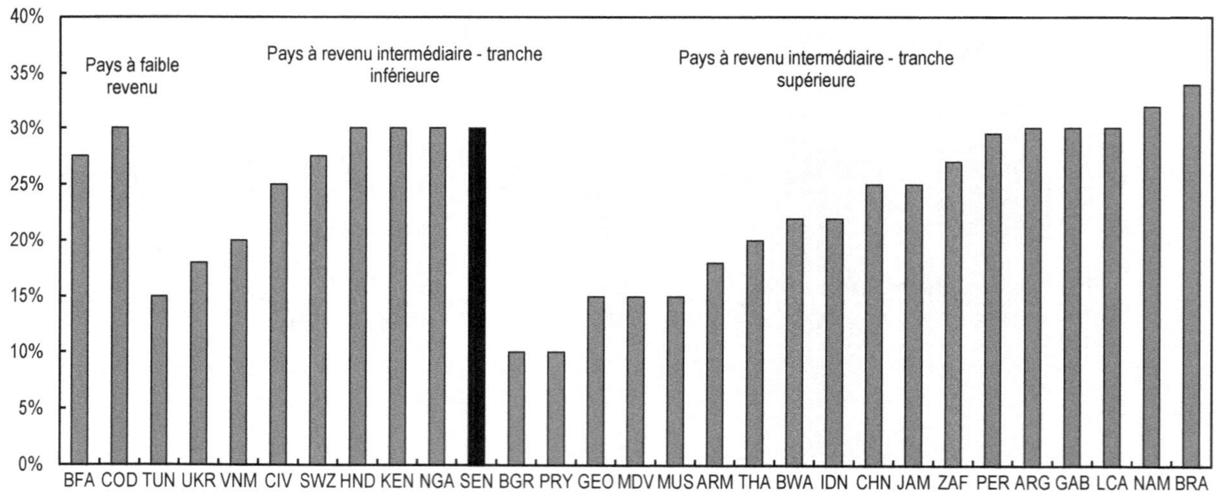

Source : Statistiques fiscales de l'OCDE.

La rationalisation des dépenses fiscales est nécessaire

Les dépenses fiscales représentent 37 % du montant des recettes fiscales au Sénégal en 2021. S'il est difficile de quantifier, d'apprécier et de comparer le niveau des dépenses fiscales d'une juridiction (OCDE, 2010[8]), celui-ci apparaît comme étant substantiel au Sénégal (6,2 % du PIB en 2021), bien au-delà de la moyenne des pays d'Afrique subsaharienne (2,6 % du PIB) et des pays à revenu intermédiaire de la tranche inférieure (2,7 % du PIB) (Graphique 2.10). Par ailleurs, les dépenses fiscales suivent une tendance haussière sensible au Sénégal (Graphique 2.11).

Graphique 2.10. Dépenses fiscales

Exprimées en % du PIB, 2020

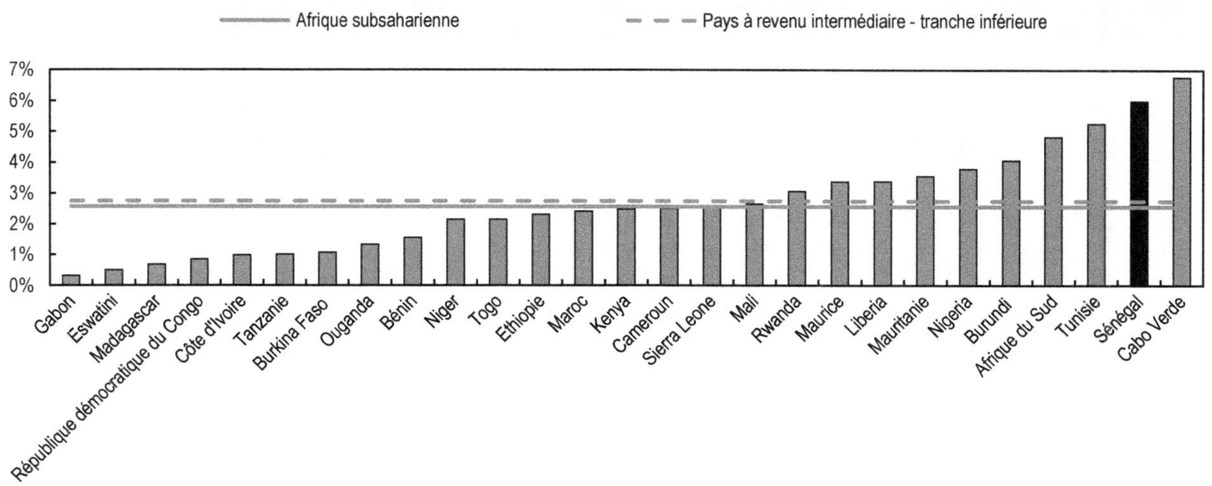

Source : Global Tax Expenditure Database.

Graphique 2.11. Évolution des dépenses fiscales

Exprimées en % du PIB

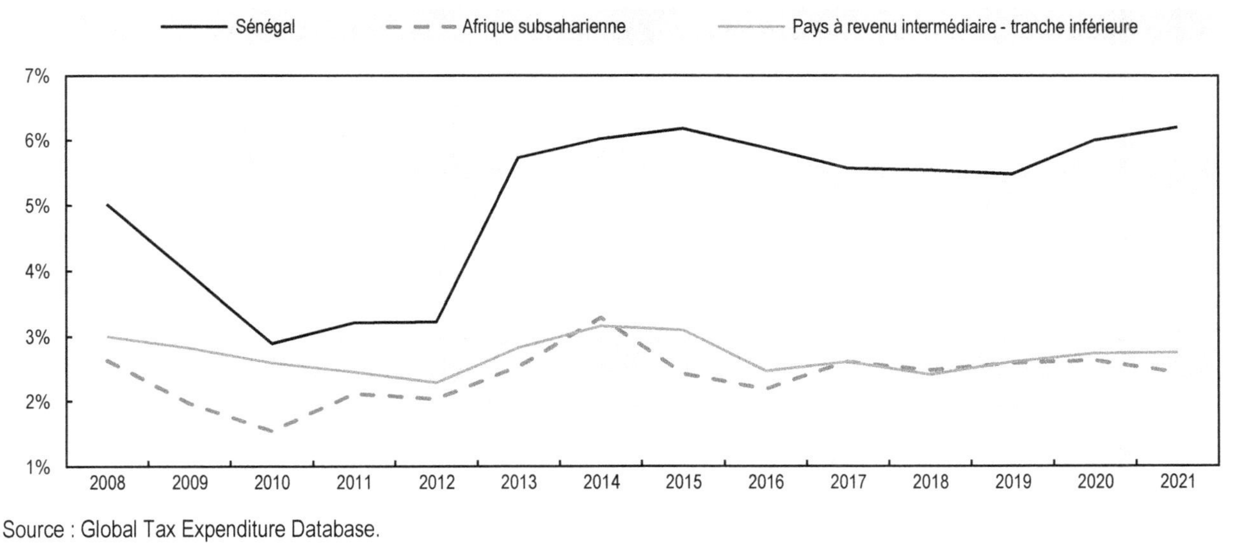

Source : Global Tax Expenditure Database.

Encadré 2.3. Définition des dépenses fiscales au Sénégal

Une dépense fiscale résulte d'une disposition fiscale dérogatoire. Elle induit un manque à gagner pour le Trésor public, auquel l'État consent dans le but de soutenir le secteur productif ou à des fins sociales. Toute disposition générant un allègement de la charge fiscale établie par le droit commun constitue une dépense fiscale. Une dépense fiscale s'apprécie donc au regard du système fiscal de référence.

Conformément à l'Article 5 de la Décision N°08/2015/CM/UEMOA du 02 juillet 2015, le système fiscal de référence du Sénégal est défini comme « le régime fiscal le plus neutre possible s'appliquant à tous les contribuables ou toutes les opérations économiques avec le moins de discrimination possible ». Il repose d'une part sur le Code général des impôts régissant la fiscalité intérieure et sur le Code des douanes régissant la fiscalité aux frontières d'autre part,

Les mesures dérogatoires caractérisant les dépenses fiscales au sein de ces deux Codes de droit commun regroupent les exonérations, les abattements, réductions et déductions de la base d'imposition, les réductions de taux d'imposition, les reports de paiement de l'impôt et les crédits d'impôt. D'autres dépenses fiscales résultent par ailleurs de mesures dérogatoires prévues des textes, lois et règlements particuliers, tels que les Codes minier et pétrolier, le statut de l'entreprise franche d'exportation, la loi sur la zone franche industrielle, les conventions, traités et accords internationaux, les conventions d'établissement, les accords de siège, les accords de financement, les conventions particulières signées avec l'État.

Source : (MFB, 2023[9]).

La croissance économique entraîne une augmentation des dépenses fiscales et des recettes fiscales non perçues associées. En effet, l'investissement ou la consommation par exemple étant à la fois des moteurs et des conséquences de la croissance économique, cette dernière conduit à ce que davantage d'entreprises bénéficient d'incitations fiscales, ou encore à ce que le volume consommé des produits exonérés de TVA augmente, ce qui se traduit par un accroissement des dépenses fiscales et du manque à gagner pour l'État. Cette mécanique réduit ainsi la capacité du gouvernement à profiter pleinement de la croissance pour accroître ses ressources et les réinjecter dans des politiques de développement économique qui stimuleront à leur tour la croissance et donc les recettes fiscales. Bien que certaines dépenses fiscales puissent effectivement encourager la croissance et par là même soutenir la progression du taux de pression fiscale si les recettes fiscales sont dynamiques, elles n'atteignent souvent pas cet objectif. Dans un contexte de croissance économique soutenue, ceci plaide en faveur d'une rationalisation de leur utilisation pour ne pas affaiblir le potentiel de mobilisation des recettes fiscales.

Les dépenses fiscales au Sénégal présentent les caractéristiques suivantes :

- **Elles se concentrent sur les mesures liées à la TVA** (90 % du volume) (Tableau 2.2). Il convient de noter que l'évaluation des dépenses fiscales associées à l'IRPP et à l'IS est généralement contrainte par la disponibilité des données, conduisant à une potentielle sous-estimation.
- **Elles se concentrent dans le secteur primaire.** Le secteur primaire génère 48 % du volume total des dépenses fiscales (tirées par le secteur extractif et plus particulièrement le secteur minier), tandis que les secteurs secondaire et tertiaire consacrent respectivement 14 % et 38 % du volume (tiré par les secteurs de la construction et de l'électricité d'une part ; et l'administration publique et l'enseignement d'autre part, la classification de ces dernières en tant que dépenses fiscales étant discutable).

L'octroi d'exonérations et avantages fiscaux nuit à la simplicité et la neutralité du système fiscal. Au-delà du coût pour les finances publiques, le recours aux exonérations fiscales présente de nombreux désavantages du fait des distorsions économiques et de la complexité qu'elles génèrent, qui sont dommageables pour la croissance de long terme et rendent le système difficile à administrer.

Le Sénégal doit poursuivre ses efforts en matière de rationalisation des dépenses fiscales. Les autorités se sont engagées à supprimer l'exonération de TVA sur les ventes et prestations de services faites par des services ou organismes administratifs sauf celles effectuées par des établissements publics à caractère industriel et commercial ou celles présentant un caractère similaire à celles effectuées par une entreprise privée (FMI, 2023[10]). En 2021, cette exonération a généré des dépenses fiscales pour un montant de 148 Mds FCFA (Tableau 2.3). En la supprimant, à court terme, le Sénégal peut donc espérer réduire ses dépenses fiscales de l'ordre de 0,8 points de pourcentage de PIB. De façon générale, le Sénégal doit procéder à une analyse approfondie de ses dépenses fiscales en vue d'un plan de rationalisation. Celle-ci devra être effectuée avec précaution, d'une part car une portion significative des dépenses fiscales vise à soutenir les ménages et/ou revêtent un caractère social, et d'autre part afin de ne pas décourager l'investissement, éroder la compétitivité et la formalisation des entreprises.

Tableau 2.2. Répartition des dépenses fiscales par type de bénéficiaire et d'impôt

Coût des dépenses fiscales relevant du droit commun (2021) et du régime particulier (2020), en milliards de FCFA

		DD	DE	IRCM	IS	TAF	TCA	TVA	Total	Poids
Droit commun	Collectivités publiques	0,0	0,0	0,0	0,0	9,4	0,0	147,8	157,3	37,3 %
	Entreprises	3,3	0,0	0,0	1,0	1,8	3,5	6,9	16,4	3,9 %
	Entreprises, ménages	0,0	0,0	0,0	0,0	2,0	0,5	0,0	2,4	0,6 %
	Ménages	0,0	0,0	0,5	0,0	1,5	3,1	240,0	245,1	58,2 %
	Total	**3,3**	**0,0**	**0,5**	**1,0**	**14,7**	**7,0**	**394,8**	**421,2**	
	Poids	0,8 %	0,0 %	0,1 %	0,2 %	3,5 %	1,7 %	93,7 %		
Régime particulier	Accords de siège	0,0	0,0	0,0	0,0	0,0	0,0	8,3	8,3	1,6 %
	Accords particuliers internationaux	39,6	0,0	0,0	0,0	0,0	0,0	59,8	99,4	18,7 %
	Accords particuliers nationaux	0,0	0,0	0,0	0,0	0,0	0,0	1,5	1,5	0,3 %
	Collectivités publiques	0,0	0,0	0,0	0,0	0,0	0,0	18,2	18,2	3,4 %
	Entreprises	26,5	0,0	0,0	0,0	0,0	0,0	364,8	391,3	73,7 %
	Entreprises, ménages	0,0	0,0	0,0	0,0	0,0	0,0	0,0	0,0	0,0 %
	Ménages	0,0	0,0	0,0	0,0	0,0	0,0	12,3	12,3	2,3 %
	Organismes privés d'intérêt général	0,0	0,0	0,0	0,0	0,0	0,0	0,0	0,0	0,0 %
	Total	**66,1**	**0,0**	**0,0**	**0,0**	**0,0**	**0,0**	**464,9**	**531,0**	
	Poids	12,4 %	0,0 %	0,0 %	0,0 %	0,0 %	0,0 %	87,6 %		

Note : DD : Droits de douane ; DE : Droits d'enregistrement ; IRCM : Impôt sur le revenu des capitaux mobiliers ; IS : Impôt sur les sociétés ; TAF : Taxe sur les activités financières ; TCA : Taxe sur le chiffre d'affaires ; TVA : Taxe sur la valeur ajoutée.
Source : MFB (2023[9]).

La mesure des dépenses fiscales liées à l'IS pourrait être améliorée pour accroître la transparence et mieux informer les politiques. Les dépenses fiscales liées à l'IS sont évaluées à 1 Mds FCFA en 2021, soit 0,007 % du PIB (MFB, 2023[9]), un montant qui semble faible au regard du grand nombre d'incitations fiscales relatives à l'IS en place. Certaines incitations clés pourraient être davantage documentées. Par exemple, les pertes de recettes fiscales associées aux entreprises qui exportent au moins 80 % de leur production et qui sont autorisées à déduire 50 % de leur bénéfice imposable pour le calcul de l'IS ne sont pas évaluées. De même, les recettes fiscales perdues en raison du taux réduit de 15 % appliqué dans les zones économiques spéciales ne sont pas estimées. Il serait également important de quantifier les recettes perdues liées au crédit d'impôt accordé dans le cadre de l'IS aux entreprises bénéficiant des dispositions du Code des investissements.

Les incitations fiscales basées sur les bénéfices, telles que les taux réduits offerts aux entreprises exportatrices et aux zones économiques spéciales, sont généralement considérées comme une pratique à éviter. Elles tendent à bénéficier de manière disproportionnée aux investissements avec des marges bénéficiaires élevées, qui auraient probablement été réalisés même en l'absence de telles incitations, et peuvent faciliter le transfert de bénéfices au sein des entreprises (Andersen, Kett et von Uexkull, 2017[11]). Les meilleures pratiques en matière d'incitations fiscales privilégient des incitations basées sur les dépenses, c'est-à-dire directement liées aux investissements, comme les provisions pour amortissement accéléré ou les dépenses immédiates.

Tableau 2.3. Coût des principales dépenses fiscales

Principales dépenses fiscales relevant du droit commun (2021) et du régime particulier (2020)

	Nature de l'exonération	Impôt	Montant (Mds FCFA)
Droit commun	Exonération des prestations de service réalisées dans le domaine de l'enseignement scolaire ou universitaire par des établissements publics ou privés ou par des organismes assimilés	TVA	116,9
	Exonération des consommations de la tranche sociale des livraisons d'eau et d'électricité	TVA	28,0
	Exonération des ventes, importations, impressions et compositions de livres, journaux et publications périodiques d'information, à l'exception des recettes de publicité ainsi que les ventes ou importations de papier journal de presse et autres papiers d'impression utilisés dans la fabrication de journaux et autres périodiques	TVA	11,6
	Exonération des locations d'immeubles nus à usage d'habitation	TVA	81,9
	Exonération des ventes et prestations de services faites par des services ou organismes administratifs sauf celles effectuées par des établissements publics à caractère industriel et commercial ou celles présentant un caractère similaire à celles effectuées par une entreprise privée	TVA	147,8
	Réduction de 18 % à 10 % de la TVA pour les prestations fournies par les établissements d'hébergement touristiques agréés	TVA	6,9
	Exonération des marges réalisées par les banques sur les opérations de change autres que manuelles	TAF	2,0
	Exonération des opérations réalisées par la BCEAO	TAF	3,9
	Exonération des intérêts et commissions sur prêts et avances consentis à l'État	TAF	5,6
	Exonération des assurances bénéficiant, en vertu de dispositions exceptionnelles, de l'exonération des droits de timbre et d'enregistrement	TAF	1,9
	Exonération de TCA des assurances sur la vie et assimilés	TAF	2,2
Régime particulier	Code minier	TVA	178,0
	Code pétrolier	TVA	126,0
	Accords particuliers nationaux	TVA	1,5
	Accords de coopération	TVA	8,3
	Exonération totale de droits de douane perçus à l'entrée pour les titulaires de permis d'exploitation ou concession, le bénéficiaire d'autorisation d'exploitation de petite mine et les entreprises travaillant pour leur compte (pendant la phase d'exploitation)	DD	24,2
	Exonération de droits de douane	DD	2,3

Note : TVA : Taxe sur la valeur ajoutée ; TAF : Taxe sur les activités financières ; DD : Droits de douane ; TCA : Taxe sur le chiffre d'affaires.
Source : MFB (2023[9]).

L'assiette de l'impôt sur le revenu des personnes physiques est étroite

Le Sénégal pourrait examiner la conception des avantages fiscaux accordés aux individus pouvant avoir des effets régressifs (OCDE, 2017[6]). Plusieurs réductions d'impôt – par exemple sur les versements volontaires de pensions de retraite (10 % du salaire imposable) ou sur les intérêts d'emprunt pour l'achat de résidence principale – profitent principalement aux individus aux revenus élevés. Par ailleurs, les réductions pour charge de famille représentent un pourcentage du montant de l'impôt liquidé, plafonné par des montants minimum et maximum. Cet avantage bénéficie particulièrement aux contribuables aux revenus élevés, dont les réductions d'impôts sont plus importantes. De façon générale, il convient de ne pas introduire de nouvelles déductions et de considérer réduire les déductions existantes aux effets régressifs. En outre, les déductions liées aux versements effectuées au profit d'œuvres, d'organismes, associations et fondations pourraient être limitées à un montant plutôt qu'à 0,5 % du revenu net comme prévu actuellement par l'Article 55 du CGI. Enfin, la rémunération des membres des conseils d'administration, actuellement taxée selon un taux forfaitaire pourrait être soumise à des taux progressifs.

Enfin, le Sénégal pourrait envisager de réglementer l'usage privé des biens à destination professionnelle. Pour le calcul du revenu imposable, le CGI prévoit que les charges sont déductibles uniquement si elles sont liées à l'activité professionnelle. Toutefois, il n'existe aucune disposition fiscale qui réglemente l'usage privé d'un bien à destination professionnelle. Un contribuable pourrait utiliser une voiture ou un téléphone professionnel à titre privé, puis déduire des charges sans que l'administration fiscale puisse contrôler le bien-fondé de ces charges. La mise en place de contrôles pourrait compliquer l'administration de l'IRPP car elle engendre des coûts, tant pour l'administration en termes de contrôles, que pour les contribuables en termes de conservation des documents justificatifs. Cependant, de telles règles sont nécessaires pour protéger la base imposable et empêcher les entrepreneurs de faire passer des frais personnels en frais professionnels. Alternativement, ou de manière complémentaire, la déduction des frais professionnels pour certains biens pourrait être limitée. Une autre approche consisterait à inclure les avantages en nature dans le calcul de l'IRPP, par exemple sur une base présumée, afin de simplifier l'administration de l'impôt.

La neutralité du régime de TVA est insuffisante

Plusieurs régimes incitatifs engendrent des dépenses fiscales liées à la TVA. C'est par exemple le cas du régime de suspension de la TVA, qui entraîne des dépenses fiscales et complique le fonctionnement de l'administration fiscale. Le Code des investissements permet aux entreprises de bénéficier de ce régime lors de l'importation de biens dédiés à la production, ainsi que sur les biens, services et travaux fournis localement nécessaires à la réalisation du programme agréé pour trois ans. Du fait de ce régime, les fournisseurs ne collectent pas de TVA sur leurs ventes aux entreprises bénéficiant de cette disposition du Code des investissements, ce qui peut se traduire par des crédits de TVA. Cette incitation ne conduit pas seulement à une perte de recettes, mais complique également le travail de l'administration fiscale, qui doit identifier les ventes soumises ou non à la TVA afin de calculer correctement la TVA due.

Les exonérations de TVA dans le secteur agricole réduisent la compétitivité de la production agricole locale, la neutralité de la TVA, et encouragent l'informalité (OCDE, 2017[6]). Le secteur agricole concentre une grande partie de la population dont les revenus sont faibles. Afin de stimuler ce secteur et de rendre accessibles les produits agricoles locaux, les ventes des agriculteurs sont exonérées de TVA. Toutefois, il est probable que certains produits intermédiaires non spécifiques à l'agriculture et qui ne sont pas exonérés de TVA, soient utilisés dans la production locale. Ceci constitue un coût pour le producteur local dans la mesure où il ne peut pas déduire la TVA de ses ventes. Ce coût est répercuté sur le prix de vente au consommateur final, ou est supporté par les producteurs locaux. Cette situation désavantage la production locale par rapport à la production importée, qui ne subit aucune charge de TVA et peut être vendue à un prix plus bas au consommateur final. De plus, les exonérations de TVA dans le secteur agricole contribuent à encourager l'informalité : les producteurs auront en effet tendance à acheter leurs intrants auprès de fournisseurs du secteur informel pour éviter d'avoir à supporter de la TVA irrécupérable. Dans ce contexte, et dans la mesure où les importations de produits agricoles sont importantes, le Sénégal pourrait ambitionner de restaurer progressivement la chaîne de TVA dans le secteur agricole (i.e. à tous les maillons de la chaîne de production, jusqu'au consommateur final) sur le moyen/long terme. Pour cela, il conviendrait au préalable d'analyser la pertinence d'appliquer aux produits agricoles un taux de TVA de 0 % ou un taux réduit (entre 5 et 10 % par exemple), et d'estimer le coût budgétaire associé. En effet, en soumettant les produits agricoles à la TVA, les producteurs pourraient alors récupérer la TVA sur les intrants non exonérés achetés auprès de fournisseurs formels, ce qu'ils ne peuvent faire jusqu'à présent. Une analyse appuyée par des micro-données serait dès lors nécessaire pour évaluer le bénéfice ou coût budgétaire net de la mise en place d'un taux nul ou réduit sur les produits agricoles. Enfin, la révision de la TVA dans le secteur agricole étant sensible, elle devrait, le cas échéant, faire l'objet d'une analyse d'impact *ex ante* sur les prix, et pourrait s'envisager progressivement sur le moyen et long termes.

Renforcer les impôts sur le patrimoine pour augmenter les recettes en réduisant les inégalités

Le Sénégal pourrait envisager de réduire le seuil d'exonération des droits de mutation par décès et d'augmenter légèrement le taux appliqué aux parties non liées. Dans un contexte d'accroissement des inégalités de richesse, le renforcement des droits de mutation par décès pourrait contribuer à améliorer la progressivité du système fiscal et à cibler les revenus les plus élevés. Bien que le Sénégal dispose d'un impôt sur les successions sous la forme de droits de mutation par décès, celui-ci génère des recettes limitées (6 Mds FCFA, soit 0,04 % du PIB). L'abattement s'élève à 200 M FCFA. Un taux de 2 % s'applique aux transferts entre époux et en ligne directe, tandis qu'un taux de 5 % s'applique aux autres bénéficiaires. Ce dernier taux, de 5 %, est faible comparé aux pratiques internationales. Dans les pays de l'OCDE, le taux le plus bas pour les parties non liées est celui de l'Italie et s'élève à 8 % (OCDE, 2021[12]).

Un renforcement de la fiscalité sur les propriétés immobilières pourrait accroître les recettes en limitant les distorsions. La fiscalité sur les propriétés immobilières contribue généralement à l'équité du système fiscal et est considérée comme l'une des moins néfastes à la croissance économique (Brys et al., 2016[13]). Taxer les biens immobiliers est également plus simple que d'imposer d'autres formes de richesse, car ils sont difficiles à dissimuler ou à déplacer. Actuellement, le Sénégal ne collecte que 0,6 % du PIB de recettes issues d'impôts sur le patrimoine, dont 0,5 % proviennent des impôts sur les transactions mobilières et immobilières. Il serait pertinent pour le Sénégal de renforcer la taxation récurrente des propriétés, c'est-à-dire la taxe foncière. Les recettes de cette taxe bénéficient majoritairement aux communes (75 %) conformément au décret n°2013-1162 du 23 août 2013 fixant la répartition des recettes. Néanmoins, une part significative, 25 % des recettes, demeure allouée à l'État. Même en conservant cette répartition, le renforcement de la fiscalité foncière sur les propriétés des ménages aisés pourrait ainsi réduire les inégalités et contribuer à renforcer le budget général.

L'imposition des produits néfastes à la santé peut être renforcée

La fiscalité sur les produits néfastes à la santé s'inscrit dans un double objectif complémentaire : de mobilisation des recettes fiscales et de réduction des coûts pour la société. En ciblant les produits du tabac, l'alcool ou les boissons sucrées, ces taxes permettent non seulement de générer des revenus supplémentaires pour le budget de l'État, mais aussi d'alléger les dépenses publiques en santé en incitant les consommateurs à réduire leur consommation et les producteurs à rendre leur offre plus saine. La fiscalité sur les produits néfastes à la santé doit ainsi faire partie intégrante de la politique de protection sociale.

La consommation de ces produits génère des coûts pour la société. Drope et Schluger (2018[14]) évaluent à 4 100 le nombre de décès annuels attribuables à la consommation de tabac au Sénégal, et 900 imputés à la consommation d'alcool. Le coût direct du tabagisme (qui se résume essentiellement à des dépenses de santé) s'élève à 74 Mds FCFA en 2017, auxquels il convient d'ajouter 48 Mds FCFA de coûts indirects (perte de productivité) pour un total de 122 Mds FCFA, soit 1 % du PIB (Diagne et al., 2018[15]). La prévalence du tabagisme relativement plus marquée chez les jeunes (13-15 ans ; 9,2 %) que dans la population de plus de 15 ans (6,5 %) suggère en outre que les coûts économiques et humains pourraient s'accroître (OMS, 2024[16] ; GYTS, 2020[17]).

Les recettes de droits d'accise sur les produits néfastes à la santé sont limitées. Elles représentent 0,3 % du PIB au Sénégal en 2021, soit 1,4 % des recettes fiscales (Graphique 2.12). La prévalence du tabagisme et la consommation d'alcool sont modérées. En 2022, 6,5 % des adultes de plus de 15 ans déclarent être consommateur d'au moins un produit lié au tabac (12,3 % des hommes et 0,7 % des femmes) contre une moyenne africaine près de deux fois plus élevée (11,8 %). De façon similaire, relativement stable depuis 20 ans, la consommation d'alcool pur au Sénégal s'élève à 0,4 litre par habitant de 15 ans et plus, soit 10 fois moins que la moyenne subsaharienne (4,5 litres) ou encore des pays à revenu intermédiaire de la tranche inférieure (4,0 litres).

Graphique 2.12. Recettes issues des droits d'accise sur les produits néfastes à la santé

Recettes de droits d'accise portant sur les produits du tabac, les boissons alcoolisées et les boissons sucrees

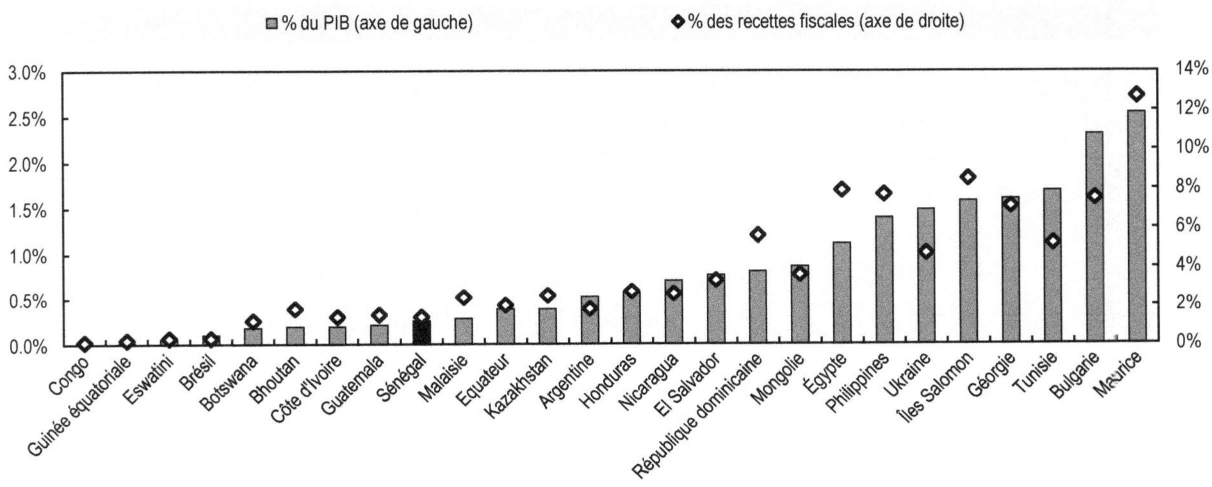

Note : Pour chaque pays, les valeurs disponibles les plus récentes disponibles au sein de la période 2020-22 sont utilisées.
Source : OCDE, Base de données mondiale des statistiques des recettes publiques ; OMS.

Tabac

La fiscalité du tabac est encadrée par deux directives régionales :

- La Directive C/DIR.1/12/17 du 13-14 décembre 2017 de la Communauté économique des états d'Afrique de l'Ouest (CEDEAO, 2017[18]) qui harmonise les droits d'accise sur le tabac dans la zone. La directive fixe un droit *ad valorem* minimum de 50 % (contre 15 % auparavant, et supprime le maximum de 100 %) du prix de vente ex-usine à l'exclusion de la TVA pour les produits fabriqués localement, et de la valeur en douane majorée des droits et taxes perçus à l'entrée à l'exclusion de la TVA pour les produits importés ; et un droit spécifique (minimum 0,02 USD par tige – soit 0,40 USD par paquet - et de 20 USD par kilogramme net pour tous les autres produits du tabac, i.e. tabacs à rouler, à fumer, à priser, à chiquer, pour pipe, etc.).
- La Directive n°01/2017/CM/UEMOA du 22 décembre 2017 de l'UEMOA (2017[19]) qui détermine un taux *ad valorem* de minimum 50 % (15 % par le passé) et maximum 150 % (45 % par le passé) du prix de vente ex-usine à l'exclusion de la TVA pour les produits fabriqués localement, et de la valeur en douane majorée des droits et taxes perçus à l'entrée à l'exclusion de la TVA pour les produits importés. Les droits d'accise sur les tabacs s'appliquent aux tabacs, produits du tabac et

produits assimilés fabriqués ou importés (i.e. cigarettes, cigares, cigarillos, tabacs à rouler, à fumer, à priser, à chiquer et les cigarettes électroniques).

La fiscalité du tabac au Sénégal est composée de deux éléments :

- Un taux *ad valorem* de 70 % appliqué au prix de vente ex-usine à l'exclusion de la TVA pour les produits fabriqués localement, et de la valeur en douane majorée des droits et taxes perçus à l'entrée à l'exclusion de la TVA pour les produits importés. Ce taux était de 45 % avant 2018. Se situant dans la partie basse de la fourchette de 50 à 150 % fixée par la Directive UEMOA, ce taux est néanmoins le deuxième plus élevé de l'Union (Graphique 2.13).
- Un prix minimum sortie d'usine fixé à 280 FCFA par paquet de 20 cigarettes. En pratique, ce prix minimum sortie d'usine constitue un plancher fiscal de 182 FCFA (soit 0,30 USD) sur la base d'un taux de taxe *ad valorem* de 65 %.

Le Sénégal apparaît ainsi conforme aux Directives en ce qui concerne au taux *ad valorem* minimum, mais pas pour la composante spécifique. Les droits d'accise s'élèvent à 23 % du prix au détail en 2024 pour une recommandation minimale de l'OMS de 70 %, ce qui explique son faible score en matière de fiscalité dans la matrice MPOWER de l'OMS (Tableau 2.4 dimension R). Même si les prix des cigarettes ont augmenté au fil du temps, elles restent relativement peu chères (3,4 USD exprimés en parité pouvoir d'achat pour la marque la plus vendue en 2022, contre 3,6 en moyenne dans la CEDEAO ou 4,5 dans les pays africains non-membres de la CEDEAO).

Graphique 2.13. Fiscalité du tabac dans les pays des zones UEMOA et CEDEAO

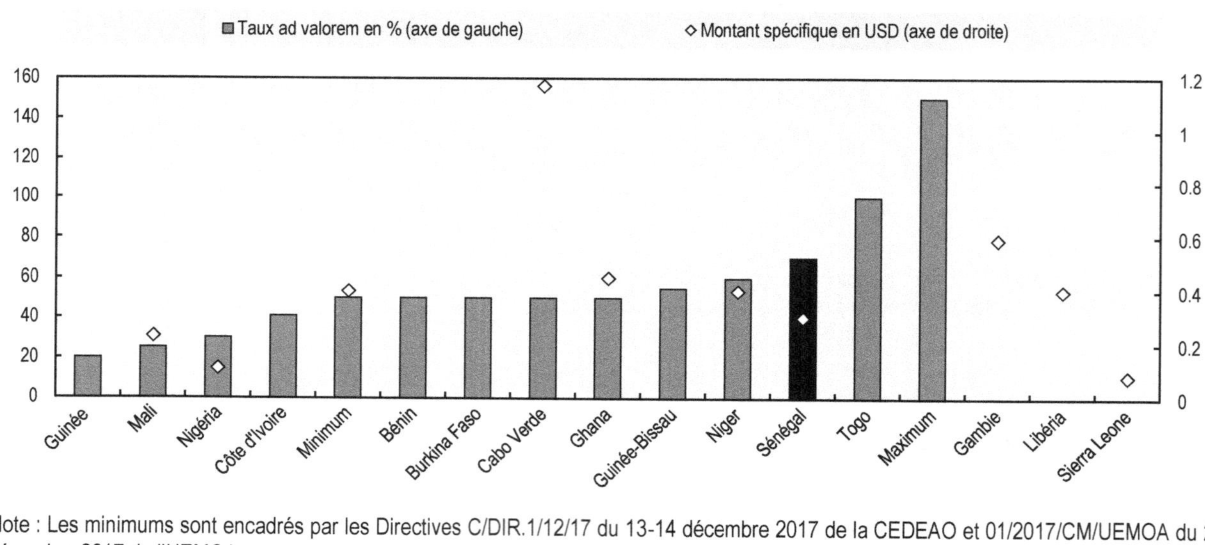

Note : Les minimums sont encadrés par les Directives C/DIR.1/12/17 du 13-14 décembre 2017 de la CEDEAO et 01/2017/CM/UEMOA du 22 décembre 2017 de l'UEMOA.
Source : OCDE.

La fiscalité du tabac pourrait être renforcée. Un cadre d'évaluation a été développé par l'OCDE pour mesurer le degré de conformité des pays avec les meilleures pratiques relatives à la fiscalité du tabac de l'OMS (Encadré 2.4 ; OCDE (2024[7])). L'analyse appliquée au Sénégal (Tableau 2.5) révèle :

- De bonnes performances dans les domaines suivants :
  - L'accessibilité économique des cigarettes de la marque la plus vendue s'est réduite depuis 2012 (autrement dit acheter des cigarettes nécessite plus de moyens qu'avant) (même si elles demeurent plus accessibles que dans la plupart des pays africains) (meilleure pratique 1).

  - Les droits d'accise ont un poids élevé au sein de la fiscalité du tabac (69 %) qui a augmenté significativement depuis 2008 (et davantage que dans les pays africains) (MP2).
  - L'ensemble des produits traditionnels du tabac sont imposés (MP4) et la fiscalité entre les différents produits du tabac est harmonisée (MP8).
  - Les nouveaux produits de l'industrie du tabac sont soumis à des droits d'accise (MP5), depuis l'élargissement récent du champ de la fiscalité du tabac à la cigarette électronique, les pipes et leurs parties, les préparations pour pipes, les produits et matériels de la chicha et de la cigarette électronique.
  - Les taux de droits d'accise sont uniformes (MP9).
- Des performances insuffisantes dans les domaines suivants :
  - Les droits d'accise reposent sur une composante ad valorem uniquement (MP3).
  - Les droits d'accise sont calculés sur une assiette d'imposition étroite (prix sortie usine) (MP6)
  - Il n'existe pas de mécanismes d'indexation sur l'inflation du prix minimum et celui-ci n'a été ajusté qu'une seule fois depuis son adoption en 2018 (MP10).
  - Il n'y a pas de droit d'accise plancher (même s'il est à noter que le prix minimum sortie d'usine, introduit en 2018 et jamais réévalué depuis, peut faire office de plancher dans les faits pour les cigarettes uniquement) (MP11).
  - Il n'y a pas de mesures non fiscales régulant les ventes ou la consommation du tabac qui renforceraient l'efficacité de la politique fiscale (OMS, 2023[20]) (MP12).

Le Sénégal pourrait ainsi faire évoluer sa fiscalité du tabac en :

- Augmentant le taux *ad valorem*, comme l'autorisent les directives.
- Introduisant un taux spécifique (et idéalement en l'indexant sur l'inflation ou la croissance des revenus), tel que le préconise la Directive CEDEAO. Le Sénégal disposerait alors d'une fiscalité du tabac mixte, la composante spécifique ayant un certain nombre de propriétés salutaires en termes de stabilité des recettes fiscales, de réduction des écarts de prix entre marques de cigarettes et de santé publique. Une alternative serait d'augmenter le prix minimum sortie d'usine.
- Mettant en œuvre de manière effective le dispositif de suivi et traçage des produits du tabac, institué par l'Arrêté interministériel 018228 du 04 mai 2021.
- Renforçant les capacités des administrations fiscale et douanière pour lutter contre le commerce illicite de produits du tabac. Sur ce point, une approche régionale serait bénéfique compte tenu de la porosité des frontières et des défis communs auxquels sont confrontés les pays de la sous-région en matière d'administration de la fiscalité du tabac (Encadré 2.5).
- De façon plus générale, une réflexion pourrait être menée par les Ministères des Finances des zones CEDEAO et UEMOA sur la nécessité d'harmoniser les Directives, de les rendre plus ambitieuses en matière de fiscalité (hausse des taux, évolutions des structures, indexation sur l'inflation, établissement de plancher), et d'inclure des éléments encore absents (tels que relatifs à l'administration des impôts, ou l'élargissement à de nouveaux produits du tabac) (Encadré 2.5). Parallèlement une réflexion pourrait être engagée sur le suivi de la fiscalité du tabac et de l'alcool par les pays de la zone. Des rapports annuels sur la conformité vis-à-vis des directives pourraient par exemple être réalisés.

Tableau 2.4. Métrique MPOWER appliquée au Sénégal

Évaluation du degré d'application des bonnes pratiques MPOWER de l'OMS en matière de tabac

M Contrôle	P Interdiction	O Sevrage	W Mise en garde	E Publicité interdite	R Fiscalité	Convention-cadre de l'OMS pour la lutte antitabac		Protocole pour éliminer le commerce illicite des produits du tabac	
						Date de signature	Date de ratification	Date de signature	Date de ratification
						19-06-2003	27-01-2005		31-08-2016

Niveau d'application des bonnes pratiques | Non applicable / pas de données | Absence | Faible | Modéré | Complet

Source : OMS (2023[20]).

Tableau 2.5. Vue d'ensemble de la mise en œuvre des meilleures pratiques de l'OMS en matière de fiscalité du tabac au Sénégal

Accessibilité économique MP1	Type de prélèvement MP2	Structure des droits d'accise MP3	Produits imposables		Base d'imposition des droits d'accise		Taux des droits d'accise		Indexation MP10	Droit d'accise plancher MP11	Réglementation des ventes MP12
			MP4	MP5	MP6	MP7	MP8	MP9			

Niveau d'application des bonnes pratiques | Non applicable / pas de données | Absence | Faible | Modéré | Complet

Note : Voir Encadré 3.3 et OCDE (2024[7]) pour plus d'informations sur les critères d'évaluation.
Source : OCDE (2024[7]).

Encadré 2.4. Meilleures pratiques de l'OMS en matière de fiscalité du tabac

- Meilleure pratique (MP) 1 : Augmenter significativement les impôts sur le tabac pour rendre les produits du tabac moins accessibles financièrement. À cette fin, les hausses d'impôts doivent se traduire par une augmentation des prix de détail nominaux qui soit supérieure à la progression des revenus nominaux.
- MP2 : Privilégier les hausses des droits d'accise sur le tabac plutôt que les augmentations d'autres impôts indirects (et directs) dans la mesure où ils constituent l'instrument le plus efficace pour faire augmenter les prix absolus et relatifs des produits du tabac.
- MP3 : Privilégier les droits d'accise spécifiques sur le tabac plutôt que ceux *ad valorem* ; dans les structures fiscales mixtes, accorder plus de poids à la composante spécifique qu'à la composante *ad valorem*.
- MP4 : Assujettir tous les produits du tabac traditionnels (cigarettes, cigares, cigarillos, tabac à rouler) à un droit d'accise.

- MP5 : Assujettir les nouveaux produits à base de nicotine et de tabac (les produits de tabac chauffés et les inhalateurs électroniques avec ou sans nicotine) à un droit d'accise lorsque leur vente n'est pas interdite.
- MP6 : Dans les structures *ad valorem*, retenir le prix de détail comme base d'imposition plutôt que, par exemple, le prix coût, assurance et fret (CAF) ou le prix de production.
- MP7 : Dans les structures spécifiques, définir clairement la base d'imposition des droits d'accise (nombre de cigarettes, cigares ou cigarillos ; poids du tabac pour les autres produits tels que le tabac sans fumée ou le tabac à rouler).
- MP8 : Imposer de manière similaire tous les produits à base de tabac ou de nicotine (structure fiscale et taux d'imposition similaires).
- MP9 : Privilégier des taux d'accise uniformes plutôt que des taux différenciés.
- MP10 : Ajuster régulièrement les impôts spécifiques sur le tabac en fonction de l'inflation et de la croissance des revenus réels (les prix ne sont pas réduits en période de déflation).
- MP11 : Compléter le droit d'accise *ad valorem* par un droit d'accise plancher (droit d'accise minimum ou prix de détail minimum).
- MP12 : Mettre en place des mesures non fiscales influant sur le niveau des prix des produits du tabac (restriction de la vente de cigarettes à l'unité, interdiction des remises promotionnelles sur les produits du tabac, nombre minimum de cigarettes par paquet) pour renforcer l'efficacité de la fiscalité du tabac.

Source : OCDE (2024[7]).

Encadré 2.5. Vers une plus grande harmonisation à l'échelle régionale en matière de fiscalité du tabac et de l'alcool

Si les Directives UEMOA et CEDEAO en matière de fiscalité du tabac et de l'alcool ne sont pas en contradiction, des divergences sont néanmoins observées entre les directives. Au sein des Unions, des divergences sont également observées entre produits. Cette absence d'harmonisation ne constitue pas de problème juridique en soi, mais ne facilite ni n'incite à l'alignement de la fiscalité du tabac et de l'alcool entre les pays, et peut, dans une certaine mesure, conduire à des pratiques diverses, parfois non alignées avec les directives. Ainsi, au sein de chaque Union, les décisions de hausses des droits d'accise sur le tabac et l'alcool sont prises unilatéralement, sans coordination entre pays. Ceci peut conduire à des situations de concurrence fiscale qui ne facilitent pas la convergence des taux.

Les questions relatives à l'administration des droits d'accise sur le tabac (par exemple en ce qui concerne les mécanismes de traçage des produits du tabac, les contrôles conjoints aux frontières, l'échange d'information et renseignement entre douanes, etc.) et l'alcool ne sont pas inclus dans les directives.

Source : OCDE.

Alcool

Le Sénégal respecte les directives en matière d'imposition de l'alcool. Les taux *ad valorem* sur la bière, le vin et les spiritueux s'élèvent à 50 %, soit bien supérieurs au taux minimum des directives et à la limite supérieur de la Directive UEMOA, ce qui place le Sénégal parmi les pays ayant des taux les plus élevés (Graphique 2.14). Le Sénégal a également introduit une composante spécifique pour le vin (3,29 USD par litre) et les spiritueux (9,87 USD par litre), qui ne fait pas partie des recommandations des directives.

Il apparaît que les directives pourraient être revues pour une fiscalité de l'alcool plus ambitieuse dans la sous-région. En effet, presque tous les pays sont en conformité avec les directives, avec des taux souvent très largement supérieurs au taux minimum, et ont parfois recours à des composantes spécifiques (Graphique 2.14). Dans le cas de la bière, produit alcoolisé plus consommé dans la région que le vin ou les spiritueux, malgré des taux largement au-dessus des minima des directives, les droits d'accise représentent une faible part des prix de vente (en moyenne 22 %), ce qui suggère un potentiel important de hausse des taux.

Indépendamment des directives, le Sénégal pourrait continuer d'augmenter ses taux de droits d'accise sur l'alcool (possiblement en introduisant des taux différenciés entre produits, avec des taux plus élevés sur les produits ayant une concentration en éthanol plus forte) en se référant à la Directive CEDEAO qui n'instaure pas de taux maximum. Le Sénégal pourrait également introduire une composante spécifique pour la bière, et renforcer les capacités de la Direction générale des impôts et des domaines (DGID) à administrer les droits d'accise sur l'alcool.

Graphique 2.14. Taux appliqués à l'alcool dans les zones UEMOA et CEDEAO

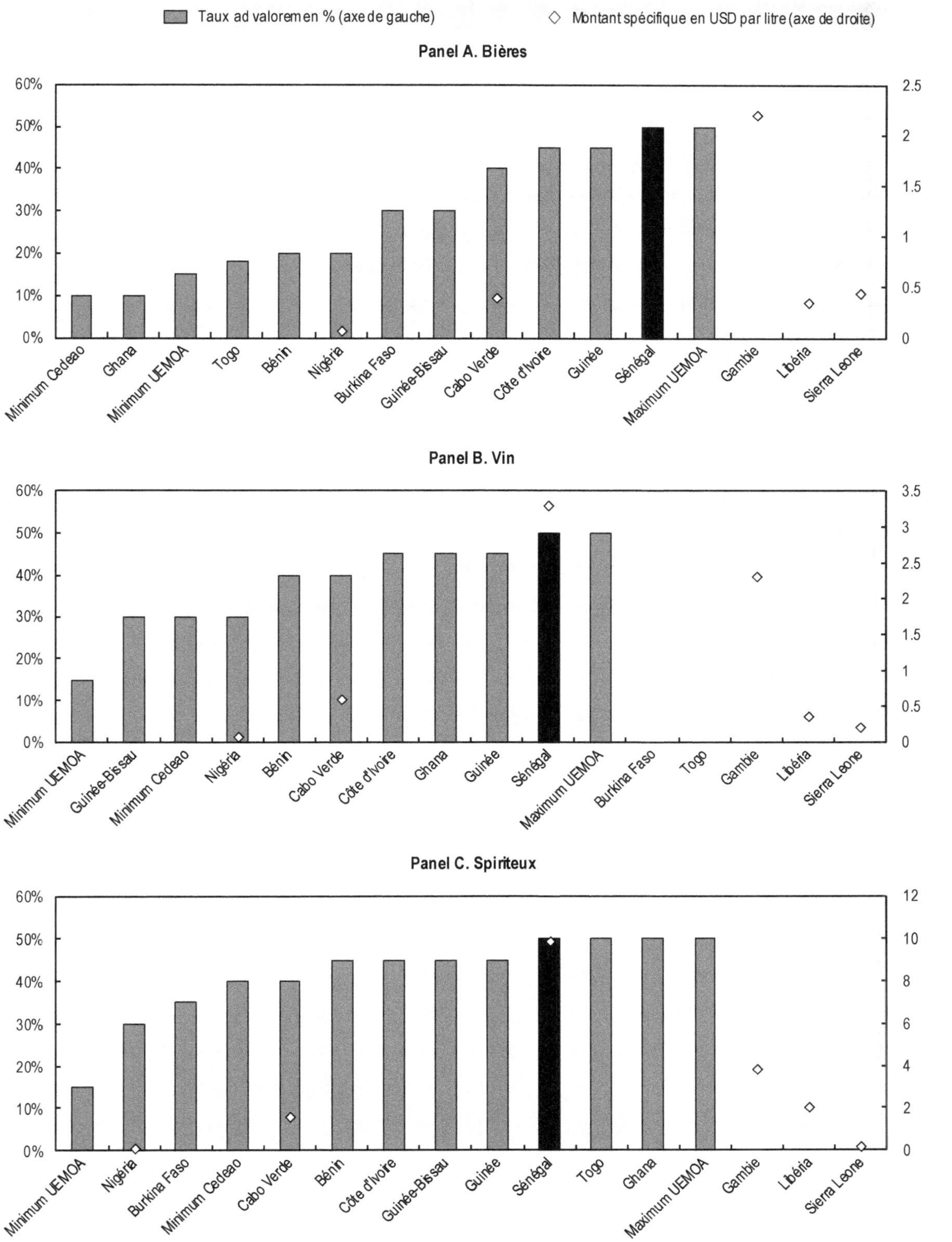

Note : Pas d'information sur le Mali et le Niger. Lorsque des pays ont des fourchettes de taux, le taux inférieur est présenté (Ghana, Libéria).
Source : OCDE.

Boissons sucrées

Le Sénégal a introduit un impôt sur les boissons sucrées en 2001 pour des considérations budgétaires. Il concerne les boissons non alcoolisées à l'exclusion de l'eau, l'eau contenant gaz (naturel ou artificiel), les limonades, soda et autres boissons gazéifiées sans alcool, et les jus de fruits et légumes. Le taux *ad valorem* est de 5 %. La base d'imposition est le prix sortie usine. Le Sénégal ne publie pas séparément les recettes fiscales générées par cet impôt, mais les incluent au sein d'une catégorie plus générale incluant les boissons alcoolisées. À titre de comparaison, les recettes issues des impôts sur les boissons sucrées représentent en moyenne 0,08 % du PIB et 0,36 % des recettes fiscales totales (pour un échantillon de 29 pays qui publient ces informations au sein de la Base de données mondiale des statistiques des recettes publiques).

Plusieurs observations peuvent être émises sur la conception de cet impôt au Sénégal :

- La structure *ad valorem* avec un taux unique est similaire à celle de nombreux pays africains (Burkina Faso, Côte d'Ivoire, Gabon, Mali, République centrafricaine, Tchad, Togo, Tunisie). Au niveau international, la structure *ad valorem* n'est pas la plus courante pour l'imposition des boissons sucrées (moins de 40 pays), plus de juridictions ayant recours à une structure spécifique (60). Les taux uniformes sont les plus répandus (près de 50 juridictions). Il est toutefois à noter que le Sénégal applique un taux très faible en comparaison internationale (Graphique 2.15).
- La base d'imposition (prix sortie usine) est similaire à ce qui est observé dans plus de deux tiers des pays qui ont un impôt *ad valorem* sur les boissons sucrées. Cette base d'imposition est plus facile à administrer qu'une base sur le prix de vente au détail mais se traduit par une part de l'impôt dans le prix de vente au consommateur plus faible (réduisant ainsi le rôle de l'impôt dans la hausse du prix final et ainsi dans le changement de comportement du consommateur).
- La couverture des produits imposables est très large. Le Sénégal n'impose pas, à juste titre, l'eau plate en bouteille.

Graphique 2.15. Taux d'accise *ad valorem* sur les boissons sucrées

Taux de droits d'accise sur les prix sortie d'usine de pays ayant des droits d'accise *ad valorem* sur les boissons sucrées, 2023

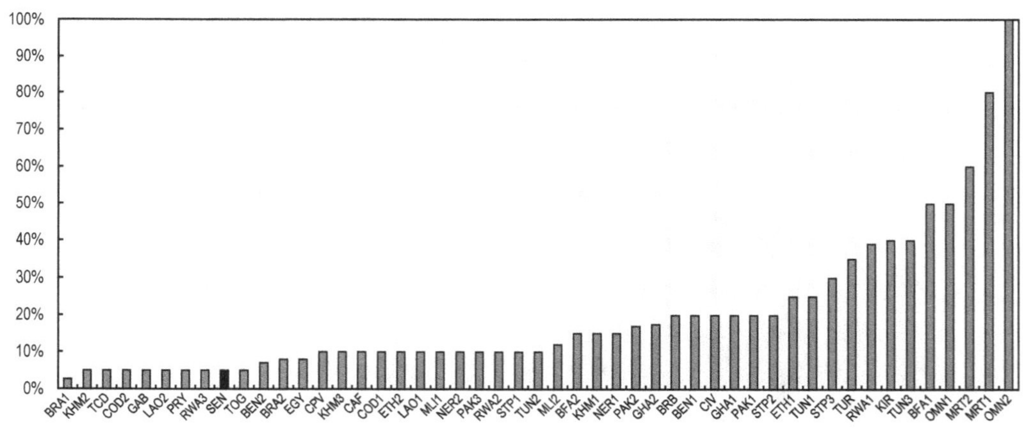

Note: BRA indique Brésil, KHM Cambodge, TCD Tchad, COD République Démocratique du Congo, GAB Gabon, LAO Laos, PRY Paraguay, RWA Rwanda, SEN Sénégal, TOG Togo, BEN Bénin, EGY Egypte, CPV Cap-Vert, CAF République centrafricaine, MLI Mali, NER Niger, PAK Pakistan, STP Sao Tomé-et-Principe, TUN Tunisie, BFA Burkina Faso, GHA Ghana, BRB Barbade, CIV Côte d'Ivoire, ETH Ethiopie, KIR Kiribati, OMN Oman, MRT Mauritanie. Lorsqu'un pays dispose de plusieurs taux, le pays apparaît plusieurs fois, avec un numéro différent pour chaque taux.
Source: World Bank Global SSB Tax database.

Au Sénégal, la conception de l'impôt sur les boissons sucrées n'incite pas à la reformulation des produits par les industriels. Or, l'obésité plus marquée chez les femmes (16 % des femmes de plus de 20 ans en 2020), affiche une projection de hausse à 28 % en 2035 (Graphique 2.16). Dans ce contexte, le Sénégal pourrait faire évoluer cet impôt pour favoriser la reformulation des boissons sucrées et ainsi privilégier l'objectif de santé publique sur celui de recettes fiscales, comme réalisé dans d'autres pays (Encadré 2.6). Cela nécessiterait ainsi de faire évoluer cet impôt comme décrit ci-dessous :

- Maintenir la structure *ad valorem* en replaçant le taux uniforme par un taux différencié selon la teneur en sucre. Toutefois, en pratique peu de pays ont adopté ce schéma (uniquement le Chili et le Pérou).
- Passer d'une structure *ad valorem* à une structure spécifique (ou mixte), avec un taux uniforme (comme actuellement) ou avec des taux différenciés (plusieurs critères de différenciation sont possibles).

Si une évolution de l'impôt vers un objectif de reformulation des produits était retenue, des discussions entre le Ministère de la Santé et de l'action sociale et le MFB, incluant la DGID (dont l'avis en matière de faisabilité administrative serait nécessaire), permettraient d'arbitrer entre les différentes options. Si cela n'était pas retenu, alors le Sénégal pourrait, *a minima*, augmenter le taux *ad valorem*. Un changement de la base d'imposition, vers un prix de vente au détail, aurait un plus grand impact en termes de hausse de prix, mais serait également plus difficile à mettre en œuvre et doit ainsi faire l'objet d'une discussion avec la DGID.

Graphique 2.16. Projections de la prévalence de l'obésité au Sénégal

Projections de la part de la population en situation d'obésité

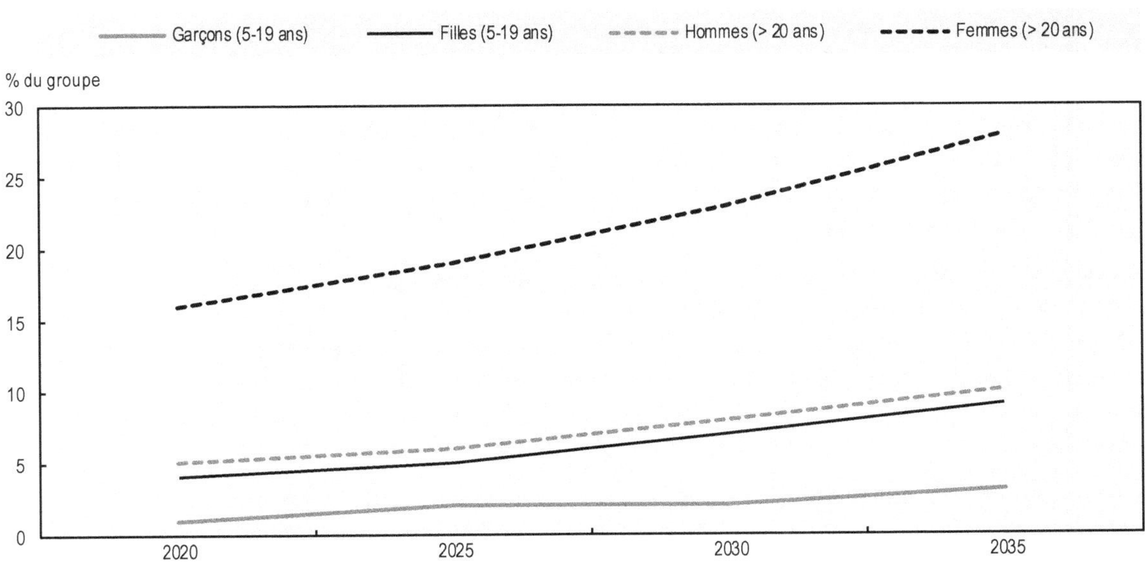

Source : World Obesity Atlas.

Encadré 2.6. Reformulation des boissons sucrées

Dans une optique de réduction du surpoids, certains pays cherchent à inciter fiscalement à la reformulation des boissons sucrées.

- Pour réduire la densité de sucre dans les boissons, plusieurs options sont possibles : le type de structure fiscale, des taux progressifs, un seuil minimum d'exemption basé sur la teneur en sucre de la boisson ; des taux différenciés en fonction du type d'édulcorant contenu dans la boisson ; ou encore un taux réduit ou nul sur les boissons contenant du sucre intrinsèque.
- Pour réduire la taille des boissons sucrées, des impôts spécifiques basés sur le volume sont les plus adaptés.

Au niveau international, deux tiers des pays ont mis en place un impôt sur les boissons sucrées visant à inciter la reformulation des produits par les industriels. En Afrique, il s'agit de l'Afrique du Sud (expérience particulièrement réussie), du Cameroun, de la Gambie, de la Guinée Équatoriale, du Kenya, du Libéria de Madagascar, de Maurice, du Mozambique, du Nigéria, de l'Ouganda, des Seychelles, de la Tanzanie et de la Zambie.

Source : OCDE.

Des recettes fiscales issues de l'exploitation des hydrocarbures pourront élargir l'espace budgétaire

Des recettes fiscales liées à l'exploitation des hydrocarbures sont attendues. Les simulations actualisées en 2024 à l'aide du modèle FARI (*Fiscal Analysis of Resource Industries*) du FMI relatives à l'exploitation des gisements de Grand Tortue Ahmeyim (gaz naturel), Sangomar (pétrole) et Yakaar-Teranga (gaz naturel) prévoient des recettes de 576 Mds FCFA sur la période 2025-27, soit 192 Mds FCFA annuels (1 % du PIB de 2023) (MFB, 2024[1]). À titre indicatif, ces recettes annuelles additionnelles représenteraient ainsi 6 % du niveau des recettes fiscales de 2023 et élargiraient de façon substantielle l'espace budgétaire sénégalais.

Il convient de rester prudent sur le potentiel de ces recettes à divers égards. La Loi n°2022-09 du 19 avril 2022 évoque notamment « la quantité relativement modérée des ressources d'hydrocarbures ainsi que l'horizon limité d'exploitation », posant la question du volume réel et de la pérennité des gisements. Par ailleurs, des retards significatifs dans l'exploitation des hydrocarbures ont été enregistrés, ajournant la réception des recettes anticipées. Enfin les cours des matières premières sont volatiles. En conséquence, une certaine incertitude entoure les prévisions de recettes réalisées.

Le financement de la protection sociale, et notamment les programmes en lien avec les catastrophes climatiques, pourrait bénéficier de l'élargissement budgétaire permis par les recettes issues de l'exploitation des hydrocarbures. La répartition et l'utilisation des recettes issues de l'exploitation des hydrocarbures sont définies par la Loi n°2022-09 du 19 avril 2022. L'Article 14 stipule que les recettes allouées au budget général (maximum 90 % des recettes, le reste allant au Fonds intergénérationnel – Article 12) devront financer les dépenses d'investissement prioritaires du programme d'investissement public et financer des dépenses courantes, notamment à caractère social. La criticité de la protection sociale, reconnue lors du Conseil des Ministres du 9 avril 2024, et sa valeur d'investissement économique et social de premier plan la qualifient à bénéficier de l'élargissement de l'espace budgétaire en lien avec l'exploitation des hydrocarbures. Une récente étude du Bureau opérationnel de suivi du Plan Sénégal émergent montre en particulier comment un « scénario social » dans lequel les nouvelles ressources permettraient d'augmenter significativement les investissements sociaux aurait un effet fort sur la réduction de la pauvreté (BOS, 2023[21]). Si le fléchage des recettes issues de l'exploitation des hydrocarbures n'est pas recommandé (voir Chapitre 3), ces recettes additionnelles pourraient faciliter l'atteinte d'une cible de dépenses de protection sociale plus ambitieuse que réalisée jusqu'à présent. En particulier, en raison du rôle joué par l'exploitation des hydrocarbures dans les changements climatiques dont le Sénégal subit fortement les effets (sécheresse, aridification des sols, inondations, etc.), elles pourraient servir à soutenir les programmes en lien avec les catastrophes climatiques (voir Tableau 1.1), et plus généralement les politiques d'adaptation au changement climatique.

L'élimination des subventions à l'énergie constitue une opportunité pour des mesures de protection sociale plus ciblées

Les subventions à l'énergie représentent un coût important pour les finances publiques. Les subventions pour maîtriser les prix de l'électricité, du gaz butane et du carburant représentent des dépenses de l'ordre de 800 Mds FCFA en 2023, soit plus de 4 % du PIB et plus de 6 fois le montant des dépenses publiques de protection sociale engagées dans les programmes non contributifs et semi-contributifs. Plus de 50 % du coût des subventions prend la forme de plafonnements des prix accordés aux compagnies pétrolières. En outre, la consommation d'énergies fossiles est associée à des coûts environnementaux et en termes de santé conséquents. La rationalisation des subventions à l'énergie laisse ainsi entrevoir un élargissement de l'espace budgétaire conséquent.

L'élimination des subventions à l'énergie constitue une opportunité de passer d'une politique dispendieuse de soutien des prix généralisée à une politique ciblée de protection sociale. Malgré leur objectif de soutien au pouvoir d'achat, ces subventions profitent généralement principalement aux ménages les plus riches, grands consommateurs d'énergie (Coxhead et Grainger, 2018[22]), ce qui aggrave l'injustice sociale (Moerenhout, Sharma et Urpelainen, 2019[23] ; Rentschler, Kornejew et Bazilian, 2017[24]). L'analyse de l'incidence fiscale des subventions à l'énergie au Sénégal confirme leur caractère régressif (Gueye, 2025[25]). Ainsi, au Sénégal, 41 % de ces subventions bénéficient aux 20 % des individus les plus aisés, soit 2 à 3,5 fois plus que les quintiles moins favorisés (Diémé et Gueye, 2024[26]). La transition consistant en un réinvestissement progressif des ressources publiques induites par les subventions vers des dépenses de protection sociale ciblées, requiert un renforcement des capacités de l'administration en charge des programmes associés en matière de ciblage des ménages bénéficiaires (voir Chapitre 1).

Un processus de réduction des subventions à l'énergie est en cours. Conscient des enjeux suscités, le Sénégal ambitionne de renforcer les filets sociaux et de recourir à des mécanismes de soutien ciblant les populations pauvres et vulnérables plutôt qu'à des subventions généralisées (MFB, 2024[27]) (MFB, 2024[1]). Une feuille de route établie par le MFB fixe le cap et donne des orientations jusqu'en 2025. En particulier, l'objectif est d'éliminer d'ici 2025 les subventions sur l'électricité, le supercarburant et le gasoil. Le prix de l'essence - jugée cruciale pour l'économie sénégalaise (en particulier pour le secteur de la pêche) et subventionnée à hauteur de 24 % - et le prix du gaz butane - n'ayant guère que le charbon de bois, très polluant, comme alternative crédible d'énergie domestique, subventionné à hauteur de 55 % - ne seraient pas concernés par cette rationalisation des subventions. Cependant, cette feuille de route donne essentiellement des indications pour 2023, et il conviendrait d'établir un calendrier clair et actualisé programmant la réduction progressive des subventions prenant en compte les sources d'énergie alternatives disponibles.

La rationalisation des subventions à l'énergie s'accompagne, à juste titre, de mesures compensatoires à destination des ménages vulnérables. L'élimination (totale ou partielle) des subventions à l'énergie fait peser un coût significatif sur les ménages pauvres et vulnérables à travers le renchérissement des prix de l'énergie et de potentiels effets inflationnistes qu'il convient de mesurer. Le Sénégal accompagne cette rationalisation, de mesures et de transferts ciblés permettant de compenser leurs pertes de revenu, augmentant ainsi les dépenses de protection sociale à destination des plus modestes ce qui contribue à réduire la pauvreté et les inégalités. À cet effet, les dispositions suivantes prévues par la feuille de route du MFB sont à saluer :

- La mise en place d'un tarif social auquel seront éligibles 880 000 clients particuliers (45 % des clients de la SENELEC) dont la consommation est inférieure à 150 kWh par mois (soit environ 10 % de l'électricité vendue par la SENELEC). En outre, le tarif social est exonéré de TVA et de la taxe sur la consommation d'électricité reversée aux communes.
- Une baisse moindre de la subvention au gasoil et supercarburant pour les transports publics de voyageurs, de sorte que leurs passagers, en moyenne moins aisés que les propriétaires de véhicules personnels, subissent moins la hausse de prix associée.
- La revalorisation des bourses de sécurité familiale de 25 000 à 35 000 FCFA trimestriels.

Les mesures compensatoires et la communication sont clés dans l'acceptabilité de la réforme. Hoy *et al.* (2023[28]), à travers un panel représentatif d'individus de 12 pays à revenu intermédiaire, montrent ainsi que seuls 30 % sont spontanément favorables à une réduction des subventions à l'énergie. Une fois informés du caractère inéquitable de subventions ou de leur impact environnemental, cette proportion augmente significativement. Enfin, elle devient très forte en cas de mise en place de mesures compensatoires et notamment d'un réinvestissement des économies réalisées dans les secteurs de l'éducation et de la santé, recevant alors les faveurs de 95 % des répondants.

Une fois que les subventions seront supprimées, les recettes fiscales pourraient être augmentées soit en augmentant la taxe spécifique sur les produits pétroliers, soit en introduisant une taxe carbone (AIE, 2024[29]). Actuellement, les recettes de la taxe sur les carburants représentent 0,6 % du PIB, bien en dessous des recettes de cette taxe au Ghana (1,2 %) et en Afrique du Sud (1,4 %) (Graphique 2.17). Une taxe carbone, d'un taux initial faible, pourrait ainsi être introduite puis augmentée graduellement.

Graphique 2.17. Recettes issues de la taxe sur les carburants

Recettes issues de la taxe sur les carburants, exprimées en % du PIB, 2021

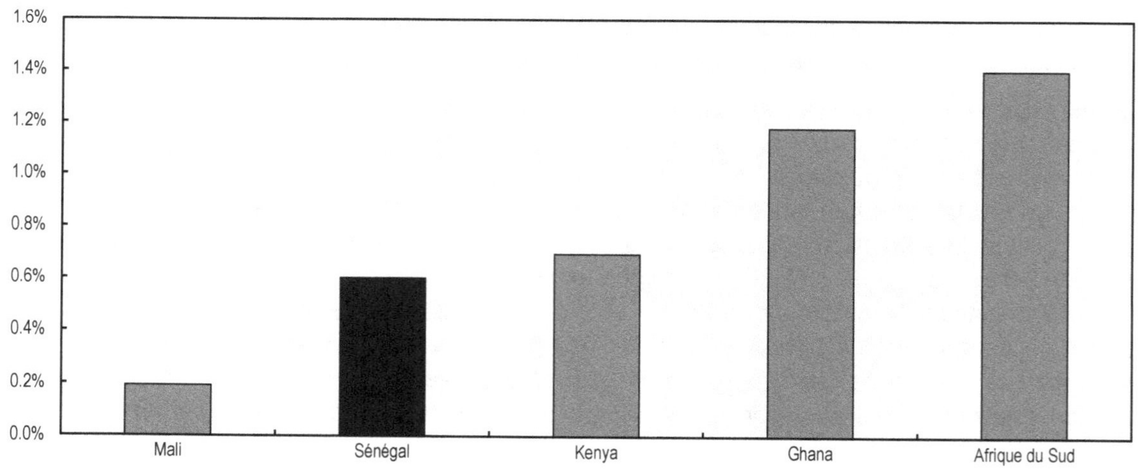

Source : OCDE, Base de données mondiale des statistiques des recettes publiques.

Encadré 2.7. Recommandations

- Mener une réforme fiscale qui privilégiera un élargissement des bases plutôt qu'une hausse des taux d'imposition.
- Améliorer la mesure et l'évaluation des dépenses fiscales (en particulier liées à l'impôt sur les sociétés et la taxe sur la valeur ajoutée) en vue d'un plan de rationalisation.
- Dans le cadre de l'impôt sur les sociétés, privilégier les incitations basées sur les investissements, aux taux réduits ou incitations basées sur les bénéfices.
- Dans le cadre de l'impôt sur les revenus des personnes physiques, considérer rationaliser les réductions fiscales régressives.
- À moyen terme, envisager de renforcer la neutralité de la TVA, en particulier dans le secteur agricole en restaurant la TVA le long de la chaîne de production, jusqu'au consommateur final.
- Envisager l'élimination du régime de suspension de TVA pour les entreprises bénéficiant d'un agrément du Code des investissements.
- Droits d'accise sur le tabac :
    - Augmenter le taux ad valorem, introduire un taux spécifique ou augmenter le prix minimum sortie d'usine (idéalement l'indexer sur l'inflation ou la croissance des revenus).
    - Mettre en œuvre le dispositif de suivi et traçage des produits du tabac, institué par l'Arrêté interministériel du 4 mai 2021, renforcer les capacités des administrations fiscale et douanière pour lutter contre le commerce illicite de produits du tabac, et développer une approche régionale compte tenu de la porosité des frontières et des défis communs.
- Dans le cadre des droits d'accise sur l'alcool, augmenter les taux, possiblement en introduisant des taux différenciés entre produits, introduire une composante spécifique pour la bière, et renforcer les capacités de la DGID à administrer cet impôt.
- Mener une réflexion à haut niveau politique sur la révision des Directives CEDEAO et UEMOA sur le tabac et l'alcool pour les rendre plus ambitieuses et harmonisées.
- Considérer l'évolution du droit d'accise sur les boissons sucrées pour inciter à la reformulation des produits par les industriels ; et a minima augmenter le taux ad valorem.
- Faire bénéficier le financement de la protection sociale, ainsi que les programmes en lien avec les catastrophes climatiques, de l'élargissement budgétaire permis par les recettes issues de l'exploitation des hydrocarbures pour financer les dépenses à caractère social selon les modalités de la Loi du 19 avril 2022.
- Maintenir les mesures compensatoires à destination des ménages vulnérables adoptées dans le cadre de la rationalisation des subventions à l'énergie, tout en assurant une communication claire et transparente.
- Introduire une taxe carbone sur tous les carburants, d'un taux faible, qui sera augmenté progressivement.

Références

AIE (2024), *Senegal 2023 Energy policy review*, https://www.iea.org/reports/senegal-2023?language=fr. [29]

Andersen, M., B. Kett et E. von Uexkull (2017), *Corporate tax incentives and FDI in developing countries*, 2017/2018 Global Investment Competitiveness Report: Foreign Investor Perspectives and Policy Implications, 73 -100. World Bank group., https://hdl.handle.net/10986/28493 (consulté le 14 juillet 2024). [11]

Banque mondiale (2022), *Poverty and Shared Prosperity 2022: Correcting Course*, The World Bank, https://doi.org/10.1596/978-1-4648-1893-6. [5]

Bastagli, F. et al. (2015), « Working paper 421 Shaping policy for development Bringing taxation into social protection analysis and planning Acknowledgements », https://odi.org/en/publications/bringing-taxation-into-social-protection-analysis-and-planning-working-paper/ (consulté le 29 juillet 2024). [3]

BOS (2023), « Etude d'impact de l'allocation optimale des ressources pétrolières et gazières au Sénégal », Bureau Opérationnel de Suivi du Plan Sénégal Emergent. [21]

Brys, B. et al. (2016), « Fiscalité et croissance économique inclusive », *Documents de travail de l'OCDE sur la fiscalité*, n° 26, Éditions OCDE, Paris, https://doi.org/10.1787/5jlv74ggk0g7-en. [13]

CEDEAO (2017), *Directive C/DIR.1/12/17 on the harmonization of excise duties on tobacco products in Ecows member states*, https://untobaccocontrol.org/impldb/wp-content/uploads/sierra_leone_2018_annex-5_ECOWAS_directive_tobacco_2017.pdf. [18]

Coxhead, I. et C. Grainger (2018), « Fossil Fuel Subsidy Reform in the Developing World: Who Wins, Who Loses, and Why? », *Asian Development Review*, vol. 35/2, pp. 180-203, https://doi.org/10.1162/adev_a_00119. [22]

Diagne, A. et al. (2018), « Evaluation des coûts des maladies liées au tabac au Sénégal », *Les notes politiques du CRES*, https://www.cres-sn.org/wp-content/uploads/2018/08/Mont-Note-de-politique_Co%C3%BBt-tabac_SenegalVal.pdf (consulté le 25 septembre 2024). [15]

Diémé, M. et M. Gueye (2024), *Incidence distributive des subventions aux énergies: cas du Sénégal*, Ministère de l'économie, de la planification et de la coopération - Direction Générale de la planification et des politiques économiques, https://d1wqtxts1xzle7.cloudfront.net/115091595/Incidence_distributive_des_subventions_aux_carburants_Cas_du_Senegal-libre.pdf?1716280724=&response-content-disposition=inline%3B+filename%3DIncidence_distributive_des_subventions_a.pdf&Expires=1745416590&Si (consulté le 25 septembre 2024). [26]

Drope, J. et N. Schluger (2018), *The tobacco atlas, sixth edition*, http://www.tobaccoatlas.org. [14]

Evans, M. et al. (2023), « An exploration of realistic options », http://www.odi.org/en/publications/ (consulté le 29 juillet 2024). [2]

FMI (2023), *Premières revues des accords au titre du mécanisme élargi de crédit, de la facilité élargie de crédit et de la facilité pour la résilience et la durabilité ; demandes de modification de critères de réalisation quantitatifs et de rééchelonnement de l'accès*, IMF Country Report No. 23/435, https://www.imf.org/en/Publications/CR/Issues/2023/12/19/Senegal-First-Reviews-Under-the-Extended-Fund-Facility-the-Extended-Credit-Facility-and-the-542659. [10]

Gueye, E. (2025), *Analyse de l'incidence de la fiscalité et des dépenses sociales sur la pauvreté et les inégalités au Sénégal*, Agence Française de Développement, https://www.afd.fr/fr/ressources/analyse-de-lincidence-de-la-fiscalite-et-des-depenses-sociales-sur-la-pauvrete-et-les-inegalites-au-senegal (consulté le 25 février 2025). [25]

GYTS (2020), « Global Youth Tabacco Survey, Senegal 2020 Fact Sheet », https://www.who.int/publications/m/item/2020-gyts-fact-sheet-senegal ((consulté le 17 octobre 2024). [17]

Hoy, C. et al. (2023), « Building Public Support for Reducing Fossil Fuel Subsidies Evidence across 12 Middle-Income Countries », http://reproducibility.worldbank.org, (consulté le 28 janvier 2025). [28]

Long, C. et M. Miller (2017), « Briefing note Shaping policy for development Taxation and the Sustainable Development Goals Do good things come to those who tax more? », https://www.gov.uk/government/news/greening-tax-generation-key-to-ending-poverty (consulté le 29 juillet 2024). [4]

MFB (2024), *Document de Programmation budgétaire et économique pluriannuelle (DPBEP) 2025-2027*, https://www.finances.gouv.sn/publication/document-de-programmation-budgetaire-et-economique-pluriannuelle-dpbep-2025-2027/ (consulté le 10 octobre 2024). [1]

MFB (2023), *Rapport d'évaluation des dépenses fiscales - édition 2021*, https://www.finances.gouv.sn/publication/rapport-depenses-fiscales-2021-2/ (consulté le 25 septembre 2024). [9]

Moerenhout, T., S. Sharma et J. Urpelainen (2019), « Commercial and industrial consumers' perspectives on electricity pricing reform: Evidence from India », *Energy Policy*, vol. 130, pp. 162-171, https://doi.org/10.1016/j.enpol.2019.03.046. [23]

OCDE (2024), *Tobacco Taxation in Latin America and the Caribbean : A Call for Tobacco Tax Reform*, Éditions OCDE, Paris, https://doi.org/10.1787/080cd662-en. [7]

OCDE (2021), *Inheritance Taxation in OECD Countries*, Éditions OCDE, Paris, https://doi.org/10.1787/e2879a7d-en. [12]

OCDE (2017), *Examen multidimensionnel du Sénégal : Volume 2. Analyse approfondie et recommandations*, Éditions OCDE, Paris, https://doi.org/10.1787/9789264287082-fr. [6]

OCDE (2010), *Tax Expenditures in OECD Countries*, Éditions OCDE, Paris, https://doi.org/10.1787/9789264076907-en. [8]

OMS (2024), *Age-standardized estimates of current tobacco use, tobacco smoking and cigarette smoking (Tobacco control: Monitor)*, https://www.who.int/data/gho/data/indicators/indicator-details/GHO/gho-tobacco-control-monitor-current-tobaccouse-tobaccosmoking-cigarrettesmoking-agestd-tobagestdcurr (consulté le 12 février 2025). [16]

OMS (2023), *WHO report on the global tobacco epidemic, 2023 Protect people from tobacco smoke fresh and alive*, https://iris.who.int/bitstream/handle/10665/372043/9789240077164-eng.pdf?sequence=1 (consulté le 25 septembre 2024). [20]

Rentschler, J., M. Kornejew et M. Bazilian (2017), « Fossil fuel subsidy reforms and their impacts on firms », *Energy Policy*, vol. 108, pp. 617-623, https://doi.org/10.1016/j.enpol.2017.06.036. [24]

UEMOA (2017), *Harmonisation des législations en matière de droits d'accise applicables aux tabacs*, https://www.droit-afrique.com/uploads/UEMOA-Directive-2017-01-droits-accise-tabacs.pdf. [19]

Annexe 2.A. Cadre d'évaluation de la fiscalité du tabac développé par l'OCDE

Le cadre d'évaluation de la fiscalité du tabac développé par l'OCDE fournit une base objective permettant d'examiner dans quelle mesure la fiscalité du tabac d'un pays est conforme aux meilleures pratiques (MP) de l'OMS. Il s'appuie sur une méthodologie fondée sur des critères et un code couleur détaillés (voir Tableau 2.A.1)

Tableau d'annexe 2.A.1. Critères d'évaluation de la mise en œuvre des meilleures pratiques de l'OMS en matière de fiscalité du tabac

		Pas de politique ou politique insuffisante	Politique minimale	Politique modérée	Politique complète	Sénégal
Accessibilité économique	MP1	Les cigarettes ne sont pas moins accessibles financièrement depuis 2012 et la part des impôts dans le prix de vente n'a pas augmenté	Les cigarettes ne sont pas moins accessibles financièrement depuis 2012 malgré une augmentation de la part des impôts dans le prix de vente	Les cigarettes sont moins accessibles financièrement depuis 2012, mais la part des impôts dans le prix de vente n'a pas augmenté	Les cigarettes sont moins accessibles financièrement depuis 2012 et la part des impôts dans le prix de vente a augmenté	Les cigarettes sont moins accessibles financièrement depuis 2012 et la part des impôts dans le prix de vente a augmenté (+18 pp)
Type de prélèvement	MP2	La part des droits d'accise dans l'ensemble des impôts sur le tabac est égale à 0 %	La part des droits d'accise dans l'ensemble des impôts sur le tabac est inférieure à 50 %.	La part des droits d'accise dans l'ensemble des impôts sur le tabac se situe entre 50 % et 66 %	La part des droits d'accise dans l'ensemble des impôts sur le tabac est supérieure à 66 %	La part des droits d'accise dans l'ensemble des impôts sur le tabac est de 68 %
Structure des droits d'accise	MP3	La structure des droits d'accise est *ad valorem* uniquement	La structure des droits d'accise est mixte, avec un moindre rôle de la composante spécifique	La structure des droits d'accise est mixte, avec un plus grand rôle de la composante spécifique	La structure des droits d'accise est spécifique uniquement	La structure des droits d'accise est *ad valorem* uniquement
Produits imposables	MP4	Aucun des produits du tabac traditionnels n'est soumis à des droits d'accise	Un maximum de 2 produits du tabac traditionnels sur 4 sont soumis à des droits d'accise	3 produits du tabac traditionnels sur 4 sont soumis à des droits d'accise	Tous les produits du tabac traditionnels sont soumis à des droits d'accise	Tous les produits du tabac traditionnels sont soumis à des droits d'accise

	MP5	Les ventes des nouveaux produits à base de nicotine et de tabac sont autorisées, et les produits ne sont pas soumis à des droits d'accise	La vente de nouveaux produits à base de nicotine et de tabac est réglementée, mais ces produits ne sont pas soumis à des droits d'accise	Au moins un type de nouveaux produits à base de nicotine et de tabac est imposé. Si plusieurs nouveaux produits sont imposés, le taux d'imposition est inférieur à celui appliqué aux cigarettes conventionnelles. S'ils ne sont pas imposés, la vente d'au moins un type de nouveaux produits à base de nicotine et de tabac est interdite	Au moins deux types de nouveaux produits à base de nicotine et de tabac sont imposés à un taux similaire à celui appliqué aux cigarettes conventionnelles. S'ils ne sont pas imposés, la vente des nouveaux produits à base de nicotine et de tabac est interdite	Les nouveaux produits à base de nicotine et de tabac sont imposés à un taux similaire à celui appliqué aux cigarettes conventionnelles
Base d'imposition des droits d'accise	MP6	Le droit d'accise *ad valorem* est prélevé sur le prix sortie d'usine hors taxe/valeur CAF	Le droit d'accise *ad valorem* est prélevé sur le prix de détail hors taxe du producteur/importateur	Le droit d'accise *ad valorem* est prélevé sur le prix de détail suggéré par le producteur/importateur, taxes incluses	Le droit d'accise *ad valorem* est prélevé sur le prix de détail (observé) toutes taxes incluses	Le droit d'accise *ad valorem* est prélevé sur le prix sortie d'usine hors taxe/valeur CAF
	MP7	Le droit d'accise spécifique est prélevé en fonction du poids ou de l'une des caractéristiques du produit (ex., qualité, longueur)	Le droit d'accise spécifique est prélevé en fonction d'une unité : un paquet de produits du tabac (sans préciser le nombre d'unités) ou 1 000 tiges	Le droit d'accise spécifique est prélevé en fonction d'une unité : un paquet de produits du tabac avec un nombre de tiges prévu par la loi.	Le droit d'accise spécifique est prélevé en fonction d'une unité : une tige de tabac, dont les caractéristiques sont définies dans la loi	Ne s'applique pas au cas du Sénégal
Taux des droits d'accise	MP8	Les structures des droits d'accise diffèrent selon les produits du tabac	Les produits du tabac sont soumis à la même structure de droits d'accise mais avec des taux d'imposition différents	Les produits du tabac sont soumis à la même structure de droits d'accise et aux mêmes taux d'imposition. Toutefois, lorsqu'ils sont prélevés en fonction du poids, les taux d'imposition par paquet de 20 unités diffèrent significativement	Les produits du tabac sont soumis à la même structure de droits d'accise et aux mêmes taux d'imposition par paquet de 20 unités	Tous les produits du tabac sont soumis à la même structure de droits d'accise et aux mêmes taux d'imposition
	MP9	Taux d'imposition différenciés pour la plupart des produits du tabac	Taux d'imposition différenciés pour quelques produits du tabac	Taux d'imposition différenciés pour un produit du tabac	Taux d'imposition uniformes pour tous les produits du tabac	Taux d'imposition uniformes pour tous les produits du tabac
Indexation	MP10	Pas d'indexation	Ajustements réguliers mais pas nécessairement d'indexation annuelle sur l'inflation	Indexation sur l'inflation uniquement	Indexation annuelle sur l'inflation et la croissance du revenu réel	Pas d'indexation du prix minimum sortie d'usine
Droit d'accise plancher	MP11	Pas de droit d'accise plancher	Droits d'accise plancher pour certains produits du tabac, mais qui ne sont pas exprimés en montant (i.e. spécifique)	Droits d'accise plancher pour certains produits du tabac, exprimés en montant (i.e. spécifique)	Droits d'accise plancher pour tous les produits du tabac, exprimés en montant (i.e. spécifique)	Droit d'accise plancher exprimé en prix minimum sortie d'usine

Réglementation des ventes	MP12	Pas de mesures de réglementation des ventes	L'une des trois mesures principales de réglementation des ventes influant sur le niveau des prix des produits du tabac est en place	Deux des trois mesures principales de réglementation des ventes influant sur le niveau des prix des produits du tabac sont en place	Les trois mesures principales de réglementation des ventes influant sur le niveau des prix des produits du tabac sont en place	Pas de mesures de réglementation des ventes (ou mesure non mise en œuvre dans les faits)

Note : Les mesures principales de réglementation des ventes considérées dans la MP12 sont la restriction de la vente de cigarettes à l'unité, l'interdiction des remises promotionnelles sur les produits du tabac, et le nombre minimum de cigarettes par paquet.
Source : OCDE (2024[7]).

3 Privilégier un engagement budgétaire au profit de la protection sociale au fléchage des recettes

Ce chapitre discute du fléchage des recettes pour le financement de la protection sociale, et des limites de ce mécanisme vis-à-vis d'autres, tels que les engagements budgétaires. Il aborde ensuite la future mise en place de la Caisse autonome de protection sociale universelle (CAPSU) qui vise à assurer le financement des programmes de filets sociaux, ainsi que des régimes semi contributifs et non contributifs, et dont un tiers des financements serait affecté.

Une approche précautionneuse en matière de fléchage des recettes est conseillée

Le concept « d'utilisation des recettes fiscales » (ou « revenue use ») décrit les mécanismes de direction des recettes fiscales à des dépenses spécifiques (Banque mondiale, à paraître[1]). Ce mécanisme est souvent considéré lorsque le processus budgétaire ne permet pas de financer les postes prioritaires (Ozer et al., 2020[2]). Les objectifs sont d'assurer un financement minimum à un secteur ou un programme donné et de renforcer la prévisibilité des financements. Ce mécanisme ne garantit pas une hausse des financements en raison de la fongibilité des fonds (i.e. d'autres sources de financement étant parfois réduites en compensation, de sorte que le niveau de financement puisse rester inchangé, voire parfois réduit). Plusieurs mécanismes existent (l'affectation stricte ou souple des recettes, ou les engagements budgétaires avec ou sans mécanisme de traçage budgétaire spécifique) dont le choix se fonde sur les règles fiscales en vigueur, les capacités budgétaires, et l'acceptation de la population (Encadré 3.1).

Au Sénégal le fléchage (ou affectation) des recettes est juridiquement possible, mais limité en pratique. Abstraction faite des comptes d'affectation spéciale (Fonds intergénérationnel, Fonds de stabilisation, Fonds national de retraites) qui représenteront environ 3,6 % du budget en 2025 (MFB, 2024[3]), la contribution forfaitaire à la charge de l'employeur dont les recettes sont affectées à la formation professionnelle, ou encore le décret n°2020-986, qui institue une taxe parafiscale sur le ciment, constituent des exceptions. Cette dernière, imposant la tonne de ciment à hauteur de 2 000 FCFA, génère des recettes (0,1 % du PIB en 2021) qui abondent le Fonds pour l'habitat social, ayant pour vocation de financer la construction de 100 000 logements sociaux.

Les acteurs sénégalais de la protection sociale plaident pour un fléchage des recettes afin de résoudre les insuffisances de financement du secteur, qui n'est pas sans risque. Ceci se traduit dans le plan de financement de la future CAPSU (voir-ci-dessous), les appels à la mise en place d'une taxe sur la valeur ajoutée (TVA) sociale (défini comme le processus d'affectation d'une partie des recettes de TVA à la protection sociale), et des récents travaux menés par le Consortium pour la recherche économique et sociale. Ces derniers estiment que le fléchage des recettes issues d'impôts sur des consommations alimentaires importées (riz, huile, sucre), les transferts monétaires, les télécommunications, les produits miniers et hydrocarbures, les activités financières, le pétrole raffiné importé, les passeports, les jeux de hasard, le tabac et l'alcool pourraient augmenter les ressources disponibles pour le financement de la protection sociale de 1,5 point de PIB supplémentaires et même de 2 points de PIB supplémentaires en 2024 en incluant la TVA sociale (OIT, 2021[4]). Néanmoins, la logique d'affectation de l'ensemble de ces recettes crée des rigidités et induit des coûts de gestion (Encadré 3.1). En outre, elle ne résout pas le problème du niveau global de financement, mais plutôt celui de la prévisibilité des ressources et de l'acceptabilité sociale.

La priorité devrait donc rester l'accroissement du budget général de l'État et l'augmentation de la part allouée à la protection sociale. Une exception pourrait être faite pour les recettes issues des droits d'accise sur les produits néfastes à la santé - voire des taxes environnementales -, qui pourraient être affectées aux dépenses de santé. Ce lien direct entre la nature de ces impôts et les objectifs des dépenses concernées favorise leur acceptabilité sociale et renforce leur légitimité.

En particulier, la mise en place d'une TVA sociale n'est pas recommandée au Sénégal. Quelques pays ont (ou ont eu dans le passé) une TVA sociale (Allemagne, Brésil, Danemark, France, Ghana - Encadré 3.2). Dans le cas du Sénégal, plusieurs raisons sont avancées pour justifier la recommandation de ne pas mettre en place de TVA sociale : augmenter le taux de TVA est une mesure impopulaire qui peut conduire à une hausse des prix, et, toute chose égale par ailleurs, une TVA sociale aurait pour conséquence de réduire, possiblement significativement le financement d'autres postes de dépenses (la TVA étant le premier impôt générateur de recettes fiscales au Sénégal).

La hausse de la part du budget consacrée à la protection sociale reste préférable au fléchage des recettes fiscales. Une approche prudente consiste à concentrer la réflexion sur les moyens d'augmenter les recettes fiscales et l'espace budgétaire, tout en reconnaissant la criticité de la protection sociale en lui accordant une place accrue dans les arbitrages budgétaires. Pour se faire, le recours à un engagement budgétaire au profit de la protection sociale, par le biais de canaux budgétaires réguliers, est préférable (voir aussi discussion sur les cibles de dépenses à atteindre dans le Chapitre 1).

Toutefois, dans l'éventualité où le Sénégal décide de s'engager dans le fléchage des recettes fiscales, il s'agirait pour le Ministère des finances et du budget d'encadrer strictement cette pratique en abordant les points suivants :

- Quel est l'objectif recherché, et à quel niveau d'opérationnalisation (secteur, programme, population spécifique) ?
- Quelle est l'approche la plus appropriée (fléchage strict ou souple) ?
- Si le fléchage des recettes fiscales est retenu, quelles seront ses caractéristiques ? En particulier :
    - S'agira-t-il de mettre en place un nouvel impôt ?
    - D'allouer tout ou fraction des recettes de cet impôt ?
    - De combien et de quel type impôt s'agira-t-il ? Le type d'impôt qui verra ses recettes fléchées revêt une importance particulière en raison des montants générés et de l'acceptabilité sociale associée. Sur ce point, les expériences internationales montrent qu'il est préférable de renforcer le lien entre provenance des recettes et nature de la dépense, ce qui explique pourquoi près de 60 pays affectent les recettes des droits d'accise sur les produits néfastes à la santé à ce même secteur (Bloom, 2022[5]).
- Les conditions d'encadrement du fléchage des recettes fiscales seront-elles réunies (Encadré 3.3) ?
- Comment sera réalisé le fléchage (par exemple, est-ce que le recours à un compte d'affectation spécial est nécessaire) ? Quelles sont les implications juridiques et budgétaires ?

Encadré 3.1. Fléchage des recettes fiscales et engagements budgétaires

Le fléchage (ou affectation) des ressources est la pratique qui consiste à consacrer tout ou partie d'une recette d'un impôt et à la réserver à un objectif précis par le biais de la législation. Le fléchage peut être strict (un montant fixe est affecté à des dépenses spécifiques et ne change pas en fonction des priorités du budget) ou souple (plus flexible et aligné sur les processus budgétaires standard). Les cotisations sociales forment les recettes fléchées les plus courantes. Si les mécanismes de fléchage (hors cotisations sociales) restent marginaux dans de nombreuses juridictions, certaines au contraire affectent une partie substantielle de leurs recettes, comme en Amérique Latine.

Le fléchage des recettes présente un certain nombre d'attraits. En premier lieu celui d'assurer une relative stabilité et prévisibilité d'un volume de financement. Asseoir le financement d'un programme ou d'un secteur sur un impôt dont les recettes sont stables permet de limiter le risque de fluctuations liées aux arbitrages budgétaires. Le fléchage peut contribuer à un alignement de la nature des sources de financement et des dépenses, renforçant la cohérence de l'action publique. Le fléchage peut contribuer à l'acceptabilité des taxes. Le consentement à l'impôt est renforcé lorsque celui-ci finance spécifiquement une dépense ou un objectif cher aux contribuables (par exemple la santé). La mise en place de nouvelles taxes ou l'augmentation de leur taux, mesures généralement peu populaires, peuvent alors donner lieu à moins de contestation. En rapprochant la fiscalité des bénéfices qu'elle finance, le fléchage peut renforcer la redevabilité de l'action publique, ainsi que favoriser la transparence et la diffusion de l'information sur le coût d'un programme ou service.

Néanmoins le fléchage s'accompagne d'inconvénients significatifs. Le principal écueil réside dans la perte de flexibilité budgétaire. Le fléchage crée des rigidités qui limitent le potentiel de réallocation budgétaire d'un gouvernement pour faire face à des chocs exogènes par exemple. L'allocation des ressources publiques peut alors perdre en efficacité. Le fléchage contribue en outre à la fragmentation du budget induisant une plus grande complexité administrative. Cela entraîne des coûts de gestion associés à la reddition de compte et au suivi de ces ressources.

Les engagements budgétaires offrent une alternative intéressante au fléchage des recettes. Ils ne sont pas inscrits dans la loi, font écho à une orientation politique donnée (par exemple d'augmenter le financement de la protection sociale), et s'opèrent par le biais des canaux budgétaires habituels (budgétisation par programme par exemple).

Source : OCDE ; Cashin, Sparkes et Bloom (2017[6]) ; Banque mondiale (à paraître[1]).

Encadré 3.2. La TVA sociale au Ghana

Créé en 2003, le Fonds national d'assurance maladie du Ghana est financé par les cotisations sociales et les recettes fiscales générées par 2,5 points des 17,5 % du taux de TVA normal. Toutefois, le Fonds a connu des déficits de financement dès 2009 en raison de la hausse des coûts de remboursement des frais médicaux (ceci s'expliquant par la hausse de la couverture de la population et de l'utilisation des services de santé), des retards dans le déblocage des fonds et un plafond sur le montant des fonds affectés. De façon plus générale, le financement du secteur de la santé est revenu à des niveaux antérieurs à ceux avec l'affectation des fonds, ce qui souligne l'importance du phénomène de fongibilité des fonds.

Source : Cashin, Sparkes et Bloom (2017[6]) ; Banque mondiale (à paraître[1]).

Encadré 3.3. Conditions pour encadrer le mécanisme de fléchage des recettes

Coordination des acteurs

- Assurer que les objectifs des recettes fléchées soient validés par le Ministère des finances et du budget et le/les ministères sectoriels concernés.
- Assurer que la mise en place de recettes fléchées fasse partie d'une stratégie globale de financement du secteur qui en bénéficie.

Prise de décision informée

- Disposer et communiquer sur le volume, la provenance, et la destination des recettes fléchées.
- Identifier et quantifier les besoins des programmes/secteurs/ou populations qui bénéficieront des recettes fléchées.
- Évaluer à date régulière les dépenses et les résultats associés des programmes/secteurs/ou populations qui bénéficient des recettes fléchées.

Communication auprès du public

- Accompagner l'affectation des ressources de campagnes de sensibilisation sur le rôle de l'impôt fléché et du programmes/secteurs/ou populations qui en bénéficiera.

Choix et conception du mécanisme

- Privilégier les mécanismes d'affectation flexible, afin de limiter les rigidités budgétaires.
- Limiter le nombre d'impôts fléchés pour une gestion budgétaire facilitée.
- Spécifier les contours du mécanisme de façon claire et transparente.

Gestion des ressources

- Accompagner la mise en place de recettes fléchées par des mesures de gestion visant à améliorer la qualité et l'efficacité de la dépense publique.
- S'assurer que les organismes qui géreront l'afflux des recettes fléchées aient des capacités d'absorption suffisantes.

Source : OCDE.

L'importance des financements affectés à la future CAPSU n'est pas optimale

Le Sénégal ambitionne de créer une Caisse autonome de protection sociale (CAPSU), dont un tiers du financement reposerait sur des recettes fléchées. La mission principale de la CAPSU sera d'assurer le financement des programmes de filets sociaux, ainsi que des régimes semi contributifs et non contributifs destinés aux populations non salariées et aux groupes pauvres et/ou vulnérables (Encadré 3.4). Elle est ainsi envisagée comme un levier de financement des programmes de protection sociale pour résoudre les insuffisances de financement du secteur. Elle permettrait, en outre, d'aboutir à plus de cohérence entre les interventions à travers son rôle de régulation. Le financement de la CAPSU sera encadré dans une loi à venir sur le financement de la protection sociale. Il apparait que ses ressources financières émaneraient essentiellement de financements budgétaires et de contributions locales (Tableau 3.1).

La CAPSU, telle qu'envisagée actuellement, suscite de nombreux constats et interrogations :

- **La résolution de l'insuffisance du financement de la protection sociale par la CAPSU apparaît peu probable.** Deux raisons principales sont avancées. Premièrement, dans la mesure où les financements dont bénéficiera la CAPSU reposeront en grande partie sur les recettes générales, une hausse des ressources budgétaires proviendra d'une hausse de l'espace budgétaire et d'une priorisation donnée au secteur dans les arbitrages budgétaires. Deuxièmement, les programmes qui verront leurs financements redirigés vers la CAPSU sont actuellement sous-financés par rapport à leurs besoins.
- La volonté affichée de financer la CAPSU par des recettes fléchées nécessite une certaine prudence, compte tenu des limites discutées ci-dessus. En particulier, l'ampleur (un tiers du financement de la CAPSU) et le nombre important d'impôts à flécher (dont la TVA) est risqué.

Tableau 3.1. Plan de financement de la CAPSU

Type de financement	Type de resources	Détail
Financements budgétaires	Réallocation de ressources existantes (1/3 du financement total de la CAPSU en 2027)	Ressources financières attribuées aux initiatives de gratuités des soins actuellement attribuées au Ministère de la santé et de l'action sociale
		Dépenses de subventions des denrées alimentaires et du carburant
	Recettes additionnelles (1/3 du financement total de la CAPSU en 2027)	Financements innovants (i.e. nouveaux impôts ou des hausses d'impôts déjà existants)
		Taxe sur les transactions financières
		Taxe sur les services de la télécommunication
		Taxe sur les exploitations de mines et carrières
		Des produits de grande consommation (riz importé, huile, sucre)
		TVA sociale
		Taxe sur les activités financières sociale
		Introduction d'une fiscalité de l'environnement
		Ressources de l'exploitation du pétrole et du gaz
		Exploitation des niches fiscales
Contributions locales	Des bénéficiaires dans le cadre du programme CMU (1/3 du financement total de la CAPSU en 2027)	
	Des collectivités locales (estimé 2 %)	

Source : DGPSN/CRES (2017[7]).

Au-delà du financement, des interrogations relatives à la gestion de la CAPSU peuvent être posées, et en particulier :

- Quel sera précisément son périmètre d'action ? La liste des programmes et filets sociaux sous sa responsabilité est-elle définitive ? S'occupera-t-elle uniquement de la partie financement, ou également de la partie dépense ?
- Quel sera le rôle des structures qui se verront déposséder, tout ou partie, de leurs prérogatives actuelles car absorbées par la CAPSU (par exemple l'Agence nationale de la couverture maladie universelle (CMU) ou encore le Ministère de la santé et de l'action sociale dans le cadre des programmes de gratuité des soins, ou de la Délégation générale à la protection sociale et la solidarité nationale (DGPSN) dans le cadre du Programme national de bourses de sécurité familiale (PNBSF)) ?
- Où sera localisée la CAPSU ?
- Quelles seront les relations entre la CAPSU, les autres institutions de sécurité sociale (Caisse de sécurité sociale, Institution de prévoyance retraite du Sénégal, Institutions de prévoyance maladie) et la DGPSN ?
- Comment seront réalisés les arbitrages entre les différents programmes à financer par la CAPSU ? En quoi ces arbitrages seront différents de ceux réalisés actuellement dans le processus budgétaire ?
- Quelle sera l'autorité de la CAPSU dans l'éventualité où des programmes ne remplissent pas leurs objectifs ? Que faire dans des situations où les programmes qui ne sont pas sous la responsabilité de la CAPSU n'atteignent pas leurs objectifs, en particulier dans le cas de financement suffisants ?

Ces questions montrent la nécessité d'une discussion générale sur la gouvernance du secteur de la protection sociale au Sénégal. En particulier, il s'agirait de penser la gouvernance du secteur, en tenant compte du positionnement de la DGPSN vis-à-vis de ses missions, de la pertinence de redynamiser le comité interministériel de pilotage de la politique de protection sociale, et de la volonté de créer une CAPSU (Encadré 3.5).

Encadré 3.4. La Caisse autonome de protection sociale (CAPSU)

La volonté de mise en œuvre d'une CAPSU remonte à 2014. Le décret portant création et fixant les règles de son organisation et fonctionnement est en cours de préparation. La version de janvier 2024 indique que la CAPSU sera une personne morale de droit public avec une autonomie financière et de gestion – ce qui l'apparente à une agence d'exécution – avec un Conseil de Surveillance et une Direction Générale.

Sa mission principale sera d'assurer le financement des programmes de filets sociaux, ainsi que des régimes semi contributifs et non contributifs destinés aux populations non salariées et aux groupes pauvres et/ou vulnérables. En particulier, la CAPSU gérera :

- Le PNBSF
- L'accès aux services de santé à travers la CMU
- Le programme minimum vieillesse (i.e. pension forfaitaire destinée aux personnes âgées non bénéficiaires de pension à l'Institution de prévoyance retraite du Sénégal (IPRES) ou au Fonds national des retraites ne disposant pas d'une couverture retraite obligatoire ou d'un revenu au moins égal au seuil de pauvreté)
- Le programme de revalorisation des pensions de retraite (i.e. transferts complémentaires aux retraités aux faibles pensions en raison de faibles montants cotisés auprès de l'IPRES)

Au-delà de la mobilisation des ressources financières pour l'extension de la protection sociale, la CAPSU sera aussi chargée de :

- La formulation et la coordination de la stratégie de financement de la protection sociale
- L'allocation des ressources financières entre les différents programmes de protection sociale, par le biais de Contrats d'objectifs de gestion
- La gestion des comptes nationaux de protection sociale

Source : DGPSN/CRES (2017[7]).

Encadré 3.5. Gouvernance de la protection sociale

La Délégation générale à la protection sociale et à la solidarité nationale (DGPSN) est l'institution en charge de la coordination de la mise en œuvre de la politique de protection sociale. La DGPSN a été créée pour pallier les insuffisances de coordination des interventions et à la fragmentation du secteur. Outre sa fonction transversale, elle a également pour mission la gestion du principal programme de transferts monétaires (le Programme national de bourses de sécurité familiale), du Registre national unique et du Fonds national de solidarité.

Toutefois, en raison des ressources limitées dont elle dispose et des fréquents changements d'ancrage institutionnel (d'abord rattachée au Cabinet du Président de la République, puis au Ministère du développement communautaire, de la solidarité nationale et de l'équité sociale et territoriale, et désormais au Ministère de la famille et des solidarités), elle n'est pas en mesure d'assurer le suivi des programmes en dehors de ceux qu'elle met en œuvre directement.

La gouvernance du secteur de la protection sociale repose également sur le comité interministériel de pilotage de la politique de protection sociale. Or celui-ci n'est plus fonctionnel depuis 2019.

Source : OCDE.

Encadré 3.6. Recommandations

- Privilégier un engagement budgétaire au profit de la protection sociale à un fléchage des recettes.
- Si le Sénégal décidait de s'engager sur la voie du fléchage des recettes :
  - Ne pas mettre en place de TVA sociale.
  - Privilégier le fléchage des recettes émanant des impôts sur les produits nocifs à la santé au profit des dépenses de santé.
  - Adopter une approche prudente et mener une réflexion sur l'objectif, les conditions d'encadrement et les implications juridiques et budgétaires.
- Repenser le financement, le fonctionnement et la gestion de la CAPSU, dans le cadre d'une réflexion plus générale sur la gouvernance du secteur de la protection sociale.

Références

Banque mondiale (à paraître), *Health taxes: revenue use*. [1]

Bloom, D. (2022), *Earmarking for the health sector: Experience and considerations*, https://www.paho.org/sites/default/files/bloom-presentation-health-taxes-webinar_1.pdf (consulté le 2024 septembre 25). [5]

Cashin, C., S. Sparkes et D. Bloom (2017), « Earmarking for Health From Theory to Practice Analy tics », https://iris.who.int/handle/10665/255004 (consulté le 30 juillet 2024). [6]

DGPSN/CRES (2017), *Etude d'ingénierie technique, financière et institutionnelle de la Caisse Autonome de Protection Sociale Universelle*, https://faolex.fao.org/docs/pdf/sen176991.pdf (consulté le 25 septembre 2024). [7]

MFB (2024), *Document de Programmation budgétaire et économique pluriannuelle (DPBEP) 2025-2027*, https://www.finances.gouv.sn/publication/document-de-programmation-budgetaire-et-economique-pluriannuelle-dpbep-2024-2026/ (. [3]

OIT (2021), *Financement de la protection sociale au Sénégal: Analyse de l'espace budgétaire, des options des financement et des impacts des investissements en protection sociale*, https://www.social-protection.org/gimi/gess/Media.action;jsessionid=nQljaG1RoUaboKq46DsF3spPNOWFEW5R_odXohUY7eE6kpLQg4dI!2094580544?id=18961 (consulté le 25 septembre 2024). [4]

Ozer, C. et al. (2020), « Health Earmarks and Health Taxes: What do we Know? Health, Nutrition and Population Global Practice Knowledge Brief », https://documents.worldbank.org/en/publication/documents-reports/documentdetail/415911607500858658/health-earmarks-and-health-taxes-what-do-we-know (consulté le 30 août 2024). [2]

4 Développer les régimes contributifs

Le Sénégal collecte peu de cotisations sociales en raison d'une base d'imposition étroite et de plafonds relativement bas, et ce malgré des taux élevés. L'étroitesse de la base d'imposition s'explique par l'importance du secteur informel et de l'évasion sociale. Le chapitre passe en revue la situation financière des différentes caisses du régime contributif et s'attarde sur la situation de la branche santé, dont les difficultés financières s'expliquent notamment par la structure et la gouvernance du secteur.

Le faible niveau des cotisations sociales s'explique par une base d'imposition étroite et des plafonds relativement bas

Le régime de sécurité sociale couvre les risques principaux, à l'exception du chômage. Le Tableau 4.1 fournit une vue d'ensemble des régimes contributifs du Sénégal selon le statut dans l'emploi. Les différents régimes contributifs couvrent la plupart des risques traditionnellement associés à la protection sociale, à l'exclusion de la perte d'emploi. Ces régimes sont obligatoires pour les travailleurs salariés formels. Les travailleurs indépendants et informels peuvent quant à eux uniquement cotiser, sur une base volontaire, auprès de la Caisse de sécurité sociale (CSS) pour la couverture des accidents du travail, maladies professionnelles et prestations familiales, ainsi qu'auprès d'une mutuelle de santé pour la couverture maladie universelle (CMU).

Tableau 4.1. Vue d'ensemble des régimes contributifs du Sénégal selon le statut des travailleurs dans l'emploi

Statut dans l'emploi	Secteur	Institution	Prestation
Travailleurs formels salariés	Fonctionnaire	Fonds national de retraites (FNR)	Retraite Soins de santé des pensionnés et de leurs ayants droit
		Direction de la solde du Ministère des finances et du budget (via le régime des fonctionnaires)	Accidents du travail & Maladies professionnelles Prestations familiales Maternité Indemnité maladie
	Secteur privé Agents contractuels de l'État	Institution de prévoyance retraite du Sénégal (IPRES)	Retraite Décès Soins de santé des pensionnés et de leurs ayants droit
		Institutions de prévoyance maladie (IPM)	Mutuelle de santé de base Mutuelle complémentaire pour les fonctionnaires couvrant les frais pharmaceutiques
		Caisse de sécurité sociale (CSS)	Accidents du travail & Maladies professionnelles Prestations familiales Maternité
Travailleurs formels indépendants Travailleurs informels	Secteur privé	Mutuelle de santé	Mutuelle de santé de base
		Caisse de sécurité sociale (CSS)	Accidents du travail & Maladies professionnelles Prestations familiales

Note : La participation des travailleurs indépendants et informels aux régimes contributifs s'établit sur une base volontaire.
Source : OCDE.

Les taux de cotisations sont élevés en comparaison internationale. Pour les salariés du secteur privé, ils varient entre 18,4 et 27,9 % pour la part patronale (hors complémentaire vieillesse), en fonction du taux relatif au risque d'accidents du travail et de maladies professionnelles et du taux relatif au risque maladie (Tableau 4.2). Ils varient par ailleurs entre 8,6 et 13,1 % pour la part salariale (hors complémentaire vieillesse) selon le taux relatif au risque maladie. En cumulant parts patronale et salariale, le taux de cotisation sociale s'inscrit donc dans un intervalle compris entre 26 et 41 %. La valeur basse de cette fourchette (26 %) apparaît à un niveau bien supérieur à la moyenne des pays à revenu faible et intermédiaire (17 %) et à un niveau proche de la moyenne des taux de cotisations des pays de l'OCDE (27,7 %) où les prestations couvertes sont par ailleurs plus larges (Graphique 4.1). Parmi les pays à revenu intermédiaire, seuls le Nicaragua (28,5 %) pour la tranche inférieure, la Malaisie (26,7 %), l'Argentine (27,2 %), le Brésil (29 %) et la Chine (32,8 %) affichent des taux de cotisations sociales supérieurs. Le Graphique 4.2 montre que la charge fiscale totale sur les revenus du travail, composée de l'impôt sur le revenu des personnes physiques (IRPP), des cotisations sociales et de la contribution forfaitaire à la charge des employeurs (CFCE) qui impose la masse salariale à hauteur d'un taux de 3 %, atteint ainsi un niveau élevé au Sénégal, en particulier pour les salaires sous le salaire minimum interprofessionnel garanti (SMIG). En effet, le montant des salaires à prendre en compte pour le calcul des cotisations dues à la CSS ne pouvant être inférieurs au SMIG (64 223 FCFA par mois), et les plafonds de cotisations (Tableau 4.2) étant bas, conduisent à un coût des cotisations relativement plus faible à mesure que le salaire augmente. Les cotisations sociales représentent ainsi 29 % des coûts du travail au niveau du SMIG et 21 % pour un salaire équivalant à cinq SMIG.

Tableau 4.2. Taux de cotisations sociales des salariés du secteur privé formel

Branches	Part patronale	Part salariale	Total	Plafond mensuel (milliers FCFA)
Prestations familiales	7 %	-	7 %	63
Accidents du travail et maladies professionnelles (en fonction du niveau de risques encourus)	1 %, 3 % ou 5 %	-	1 %, 3 % ou 5 %	63
Retraite et réversion	8,4 %	5,6 %	14 %	360
Maladie (en fonction des taux appliqués par chaque IPM)	2 % - 7,5 %	2 % - 7,5 %	4 % - 15 %	250
Total	18,4 % - 27,9 %	7,6 % - 13,1 %	26 % - 41 %	

Note : Les salariés aux revenus supérieurs à 360 000 FCFA mensuels cotisent à une complémentaire vieillesse dont la part employeur est de 3,6 % et la part salariale de 2,4 %, avec un plafond mensuel. Le montant des salaires à prendre en compte, en ce qui concerne les cotisations dues à la CSS, ne peut être inférieur au SMIG ou au salaire minimum agricole garanti pour les professions agricoles (371 FCFA brut/heure pour les professions soumises à la durée légale de 40 heures hebdomadaires ; 237 FCFA brut/heure pour les travailleurs agricoles et assimilés). La Contribution forfaitaire à la charge des employeurs (CFCE) impose en sus la masse salariale à hauteur d'un taux de 3 %, mais ne figure pas dans ce tableau dans la mesure où il ne s'agit pas d'une cotisation sociale.
Source : CLEISS, IPRES, CSS, ICAMO.

Les taux élevés des cotisations sociales constituent une barrière à la formalisation et favorisent l'évasion sociale. Les cotisations sociales créent un différentiel entre le coût du travail formel et informel, pouvant réduire les incitations au travail formel et à s'acquitter des obligations en matière de cotisation sociale. Des taux trop élevés peuvent ainsi nuire à la taille de l'assiette d'imposition et limiter les recettes associées. S'il est difficile de mesurer précisément l'effet qu'exerce les cotisations sociales sur le niveau d'informalité et l'évasion sociale dans de façon générale et dans le cas du Sénégal de façon particulière, la littérature fournit des arguments et des points de vue contrastés sur le juste niveau des cotisations sociales (Encadré 4.1).

Graphique 4.1. Taux de cotisations sociales dans les pays à revenu faible et intermédiaire

Taux de cotisations sociales (parts patronale et salariale), 2018-19

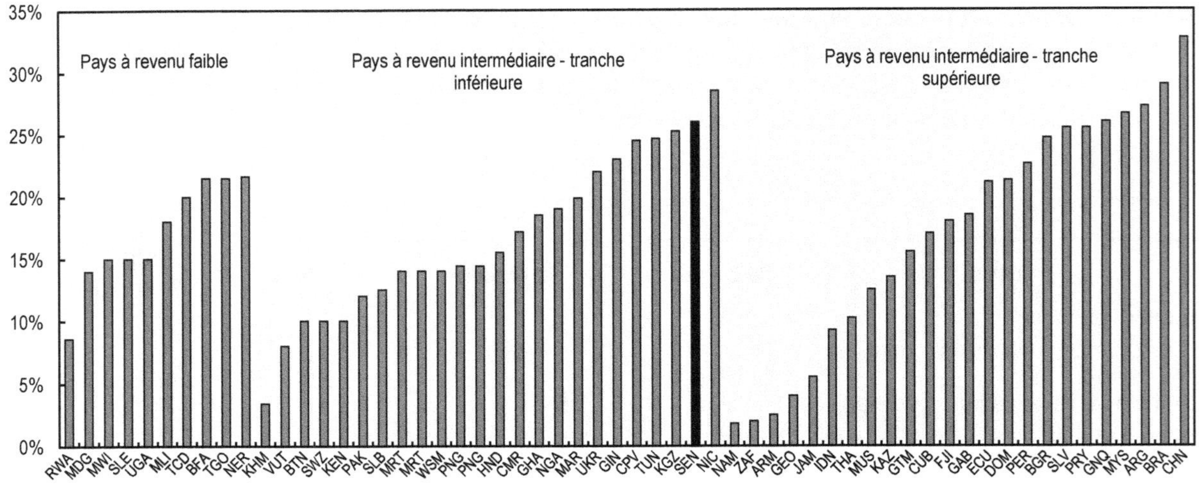

Note : Fourchette basse pour le Sénégal (voir Tableau 4.2).
Source : International Social Security Association.

La CFCE alourdit le coût du travail, mais certaines entreprises disposent d'exonérations. Imposée à hauteur de 3 % de la masse salariale, la CFCE contribue à l'augmentation du coût du travail et s'ajoute aux coûts que représentent les cotisations sociales et l'IRPP (Graphique 4.2). Cependant, plusieurs dispositions permettent d'en être exonéré. Le Code des investissements prévoit une exonération de la CFCE pour les entreprises exportatrices, ainsi que pour les entreprises nouvellement créées, pour une durée initiale de cinq ans, prolongée de trois ans supplémentaires si au moins 200 emplois sont créés ou si 90 % des emplois créés sont situés en dehors de la région de Dakar. De plus, les entreprises implantées dans les zones économiques spéciales bénéficient également de cette exonération. Motivées par la simulation de l'économie notamment dans les régions les moins prospères du territoire, ces mesures bénéficient notamment aux grandes entreprises. Compte tenu des recettes limitées générées par la CFCE, sa suppression pourrait être envisagée. Une telle réforme contribuerait à alléger la fiscalité sur le travail, à encourager la formalisation des entreprises, à simplifier le système fiscal en réduisant le nombre d'impôts et d'incitations spécifiques, et à favoriser une plus grande équité entre entreprises de tailles différentes. Toutefois, les recettes de la CFCE contribuent au financement de la formation professionnelle, il conviendrait alors de financer la formation professionnelle à travers le budget général et s'assurer que le niveau de financement ne soit pas réduit.

Graphique 4.2. Charge fiscale sur les revenus du travail

Charge fiscale totale sur les salaires exprimée en % des coûts totaux de main-d'œuvre à différents niveaux du SMIG

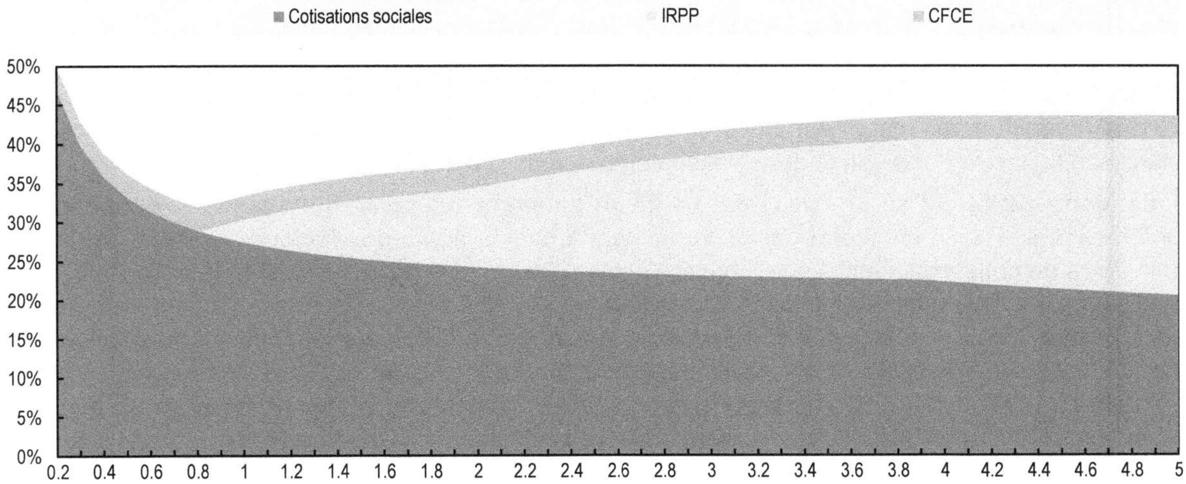

Note : La charge fiscale au titre de l'IRPP, des cotisations sociales et de la CFCE est rapportée au coût du travail mesuré par la somme du salaire brut et des cotisations employeurs. Les prestations sociales ne sont ici pas prises en compte. Le SMIG s'élève à 64 223 FCFA mensuels. Les taux de cotisations sociales retenus sont les suivants : prestations familiales, 7 % ; accidents du travail et maladies professionnelles, 3 % (taux intermédiaire) ; retraite et réversion, 14 % ; maladie, 9,5 % (moyenne des taux minimum et maximum réglementaires).
Source : OCDE.

Encadré 4.1. Débat sur le niveau des cotisations sociales dans un contexte d'informalité

Une littérature croissante examine les interactions complexes entre la protection sociale et l'informalité. Une frange de celle-ci avance des arguments selon lesquels certaines formes de protection sociale créent des barrières à la formalisation et même des incitations à l'informalité. Ces arguments constituent ce que Juergens-Grant et Alfers (2021[1]) appellent la '*Perverse Incentive Thesis*' (PIT), dont l'ouvrage de Levy (2008[2]) fait figure de proue. Celui-ci décrit comment la nature du système de protection sociale au Mexique a encouragé l'informalité en taxant l'emploi formel à travers les cotisations sociales et en subventionnant l'emploi informel à travers l'assistance sociale.

Au cœur des débats se trouve le renchérissement du coût du travail induit par les cotisations sociales : la protection sociale crée-t-elle des déséquilibres sur un marché du travail qui autrement fonctionnerait mieux ? Ou bien la protection sociale est-elle justement une réponse aux déséquilibres du marché ? Les discussions questionnent la pertinence des régimes contributifs et s'interrogent sur leur capacité à assurer une couverture adéquate sans décourager l'emploi formel. Une position extrême consiste à se focaliser sur l'aspect coût que représentent les cotisations sur le travail et considérer que l'allocation optimale des ressources sur le marché du travail formel repose sur l'absence d'entrave telle que la taxation du travail sous la forme de cotisations sociales. Dans cette logique, le financement de la protection sociale devrait alors être assuré essentiellement à travers le budget de l'État, c'est-à-dire de manière non contributive. Une position plus nuancée appelle à limiter le poids de la fiscalité du travail (et donc des cotisations sociales) pour les bas salaires de sorte à ne pas constituer un obstacle à la formalisation.

Une critique courante concerne la dualité dans la protection sociale : les travailleurs informels bénéficient d'une assistance sociale sans contribution directe, tandis que les travailleurs formels financent leur propre protection par des cotisations sociales. Cette dualité pourrait décourager la formalisation voire favoriser l'informalité (Levy, 2008[2]). Cette asymétrie est renforcée par une perception défavorable des régimes contributifs par les travailleurs du fait d'une performance jugée trop faible des organismes qui les gèrent (Heintz et Ghosh, 2024[3]). Asymétrie exacerbée par une certaine myopie des travailleurs qui affectent une valeur moindre à des bénéfices incertains ou lointains tels que des pensions de retraite (Bosch et Campos-Vazquez, 2014[4]). Enfin, le rapport de la Banque mondiale (2019[5]) appelle à repenser le modèle contributif qui n'est plus en adéquation avec les mutations relatives à la nature du travail et des relations employeurs-employés.

Cependant, attribuer l'origine de l'informalité uniquement aux cotisations sociales est simpliste. L'informalité est un phénomène complexe influencé par de nombreux facteurs, au-delà des seules obligations de cotisations sociales (Ohnsorge et Yu, 2021[6]). En particulier, si le choix de l'informalité (ceci supposant l'hypothèse forte de parfaite substituabilité des travailleurs formels et informels) résulte d'une analyse coûts-avantages, il convient alors d'élargir la réflexion au-delà des coûts de la formalité liés aux cotisations sociales et d'y adjoindre l'ensemble des coûts et des bénéfices associés et à la formalité et à l'informalité. Les données internationales montrent également que les programmes de protection sociale non-contributifs couvrent souvent insuffisamment les travailleurs informels (OCDE, 2024[7]). Les régimes contributifs assurent traditionnellement des niveaux de couverture bien supérieurs aux programmes d'assistance sociale. Une incitation demeure donc à travailler dans le secteur formel.

Les arguments de la PIT sont généralisés sur la base d'expériences particulières. Levy (2008[2]) développe notamment ses arguments sur les effets pervers potentiels des programmes de protection sociale sur l'informalité dans le cadre du Mexique et de programmes d'assistance et d'assurance sociale bien spécifiques. Cependant, les conclusions empiriques sur l'impact exact des régimes contributifs sur le taux d'informalité varient considérablement selon le contexte et les méthodologies employées (Corona et Vélez-Grajales, 2024[8]). Par exemple, des expériences comme le revenu universel en Iran n'ont pas montré d'impact significatif sur l'offre de travail informel (Salehi-Isfahani et Mostafavi-Dehzooei, 2018[9]).

La suppression ou réduction drastique des cotisations sociales présente des risques importants. Dans un cadre où l'informalité est élevée et la mobilisation des recettes fiscales difficile, mettre en place une réduction importante des cotisations sociales et faire reposer le financement de la protection sociale essentiellement sur le budget général, fait peser un risque significatif sur le volume de financement mobilisable. Une approche plus prudente nécessite de réfléchir au juste niveau de cotisations sociales et aux mécanismes qui peuvent étendre la protection sociale sans compromettre la formalisation ni la mobilisation de recettes fiscales. Cela nécessite une stratégie intégrée incluant des initiatives pour développer la formalisation, combattre l'évasion fiscale et sociale, et inclure le secteur informel dans le système de protection sociale de manière progressive et efficace.

Source : OCDE.

Les régimes contributifs ont une base très étroite. Seuls 2 % des Sénégalais cotisent à un régime contributif selon l'Enquête harmonisée sur les conditions de vie des ménages (EHCVM). L'évasion sociale (contributeurs qui ne paient pas ou pas intégralement le montant de leurs cotisations) est importante et vient réduire la base des régimes contributifs. S'ajoutent à cela, la structure démographique (50 % de la population ayant moins de 19 ans) et le fonctionnement du marché du travail (avec une entrée tardive dans l'emploi formel, vers 30-35 ans) qui, combinés, entraînent un manque à gagner significatif dans les cotisations. De façon générale, les mécanismes assurantiels à l'échelle nationale sont peu ancrés dans les habitudes, par opposition aux mécanismes de solidarité familiale et communautaire qui sont plus développés.

Par conséquent, malgré des taux élevés, les montants de cotisations collectés sont faibles et insuffisants à bâtir des systèmes contributifs solides. En 2021, les cotisations sociales représentent 6,4 % des recettes fiscales totales collectées par le Sénégal, contre 9,3 % en moyenne pour les pays à revenu intermédiaire de la tranche inférieure. Cela représente 1,2 % du PIB, en deçà de la moyenne des pays à revenu intermédiaire de la tranche inférieure (2 %) (Graphique 4.2).

Graphique 4.3. Recettes issues des cotisations sociales

Exprimées en % du PIB, 2021

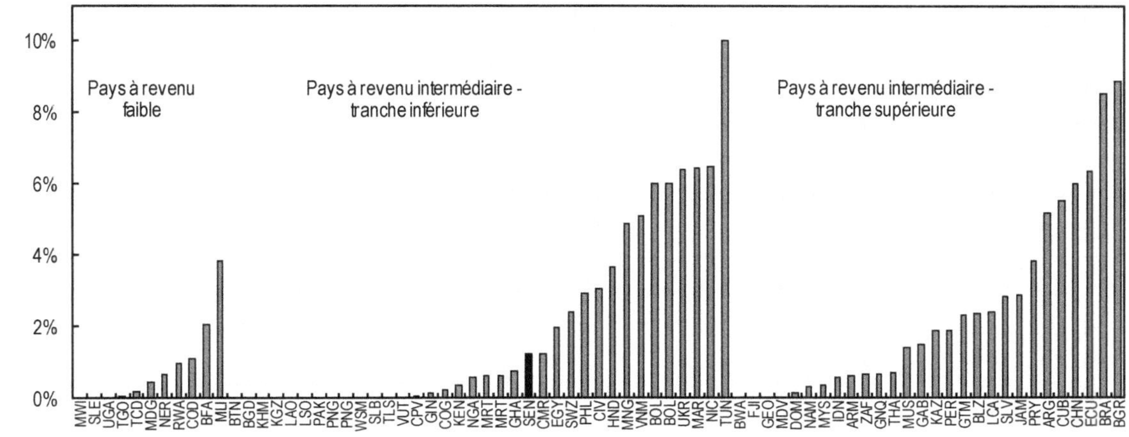

Source : OCDE, base de données mondiale des statistiques des recettes publiques.

Le renforcement du poids des cotisations sociales passera en premier lieu par l'élargissement de la base (formalisation et réduction de l'évasion sociale). En intégrant davantage d'entreprises et de travailleurs dans le secteur formel (Chapitre 5), le Sénégal peut augmenter les recettes fiscales et les contributions sociales. La lutte contre l'évasion sociale (Chapitre 6) est tout aussi cruciale pour assurer un financement plus équitable, stable et durable du système de protection sociale.

Réduire les taux de cotisations sociales n'est pas toujours suffisant pour favoriser la formalisation. Bien que des taux de cotisations élevés puissent constituer une barrière à l'emploi formel et limiter la mobilisation des cotisations sociales, une réduction des taux n'entraîne pas nécessairement une formalisation significative (voir Encadré 4.1). L'informalité a de multiples causes, et même si abaisser les cotisations peut faciliter l'extension de la couverture sociale, cela ne garantit pas une augmentation notable des cotisants. De plus, si les effets attendus d'élargissement de la base d'imposition ne sont pas significatifs, cette réduction de taux risque de diminuer les recettes, mettant en péril la viabilité des régimes contributifs. Cela soulève également la question de la révision des prestations associées aux cotisations. Enfin, il existe un risque que la mesure se résume essentiellement à diminuer les charges sociales pour de grandes entreprises capables pourtant capables de payer leurs cotisations, sans effet bénéfique sur la couverture et le financement de la protection sociale.

Alléger les cotisations pour certains groupes de travailleurs peut être une option à envisager. Plusieurs pays ont déjà mis en œuvre des politiques similaires. En Afrique du Sud, par exemple, l'*Employment Tax* Incentive réduit les charges sociales pour les jeunes de 18 à 29 ans afin de stimuler leur emploi (Ebrahim, Leibbrandt et Ranchhod, 2017[10]). Au Maroc, le programme *Tahfiz* offre une exonération de cotisations sociales pendant 24 mois pour les nouveaux salariés sous contrat à durée indéterminée. Des exonérations peuvent également cibler des secteurs spécifiques, des professions, les femmes (OCDE, 2024[11]), ou certaines zones géographiques comme les zones rurales. Enfin, une mesure répandue consiste en l'allègement des charges sociales pour les bas salaires. Bien que cela puisse encourager la formalisation des travailleurs proches du salaire minimum, cela comporte des risques. Ce type de dispositif peut créer des trappes à bas salaires, où les employeurs sont incités à limiter les salaires pour minimiser leurs charges sociales, nuisant ainsi à la rémunération du travail. Dans un contexte où les dispositifs de régulation sont peu avancés, les employeurs peuvent également profiter du système en payant à leurs employés une partie de leurs salaires en liquide de façon non déclarée. En conséquence, la gestion d'une telle mesure requiert des capacités administratives avancées et peut générer des coûts significatifs.

Une stratégie adaptée pour le Sénégal pourrait viser les petites et moyennes entreprises (PME). Contrairement aux grandes entreprises, capables de supporter des charges sociales importantes, les PME, qui représentent la majeure partie du tissu économique sénégalais, peuvent rencontrer des difficultés à s'acquitter de ces obligations. Un allègement des cotisations pour ces entreprises peut ainsi être une condition nécessaire pour ne pas freiner l'emploi formel et soutenir l'acquittement des obligations sociales. Cet allègement pourrait être conditionné par un seuil de chiffre d'affaires ou un nombre d'employés inférieur à un certain niveau. La détermination d'un seuil crée un risque de plafonnement du développement des entreprises pour rester éligibles à des taux réduits. Néanmoins, si le seuil est suffisamment haut, l'effet de seuil potentiel concernera un nombre réduit d'entreprises, qui pourraient être par ailleurs suffisamment développées pour assumer des taux de cotisations pleins. Afin de favoriser la transition, les entreprises pourraient en outre continuer de bénéficier de l'allègement durant une certaine période après avoir franchi le seuil.

En pratique, une forme de cotisations sociales pourrait être intégrée dans la contribution globale unique (CGU). Les entreprises avec un chiffre d'affaires inférieur à 10 M FCFA pourraient être soumises aux cotisations du Régime simplifié pour les petits contribuables (RSPC), tandis que celles dépassant ce seuil, mais encore éligibles à la CGU (jusqu'à un plafond de 50 M FCFA), s'acquitteraient de cotisations plus élevées bien qu'allégées relativement aux taux de cotisations sociales standards. Ces entreprises bénéficieraient en contrepartie de protections supérieures à celles offertes dans le cadre du RSPC. Cette approche permettrait de cibler les entreprises en fonction de leur taille et de leur capacité contributive.

Une réduction des taux de cotisations pourrait être judicieux à moyen terme. Si le Sénégal parvient à mettre en place des politiques publiques conduisant à une formalisation significative de l'emploi et à un élargissement soutenu de la base d'imposition sur laquelle repose les cotisations sociales, alors les taux de cotisations sociales standards pourraient éventuellement être revus à la baisse. La baisse des taux pourrait être plus que compensée par l'effet volume soutenu par la hausse du nombre de cotisants, résultant en des recettes de cotisations sociales accrues, et réduire les barrières à l'emploi formel. En tout état de cause, une analyse éclairée d'éventuels allègements de cotisations sociales requiert et repose sur des données micro-économiques. Cela permettrait notamment d'estimer les pertes de recettes associées.

En parallèle, les plafonds sur les cotisations sociales, relativement bas, pourraient être augmentés. Les plafonds permettent de réduire l'impact des cotisations sur le coût du travail. Néanmoins, ils induisent une certaine régressivité, les cotisations sociales pesant relativement plus lourd sur les salaires modestes (Graphique 4.2). Les travailleurs aux salaires modestes sont par ailleurs plus susceptibles d'exercer des activités pour lesquelles le niveau des cotisations a un effet plus déterminant dans le choix de la formalité ou de l'informalité. Or les plafonds se situent à des niveaux relativement modérés :

- 63 000 FCFA pour les prestations familiales et les accidents du travails (soit un niveau légèrement en-dessous du SMIG depuis la révision de celui-ci au 1er janvier 2023)
- 250 000 FCFA pour l'assurance maladie (soit près de quatre fois le SMIG)
- 360 000 FCFA pour l'assurance vieillesse et décès (cinq à six fois le SMIG)
- 1 300 000 FCFA pour la complémentaire vieillesse (20 fois le SMIG)

À titre de comparaison, les plafonds de cotisations sociales se situent à hauteur de 20 fois le salaire minimum au Viet Nam et 25 fois le salaire minimum en Colombie (OCDE, 2024[12]). Le Sénégal possède ainsi une certaine latitude à relever ces plafonds, afin de mobiliser plus de recettes de cotisations. En outre, les salariés les mieux payés, ceux dont les salaires excèdent les plafonds, sont généralement moins concernés par l'informalité. Un relèvement des plafonds est ainsi peu susceptible de limiter le caractère formel du travail de ces salariés. En relevant de manière significative les plafonds, le Sénégal pourrait, par le biais d'une analyse approfondie, envisager de réduire sensiblement certains taux de cotisations.

La hausse du niveau collecté des cotisations passera également par l'extension des régimes contributifs à différentes formes d'emploi. De nombreux travailleurs sont exclus des mécanismes de protection offerts par les régimes contributifs : les indépendants (qui peuvent néanmoins adhérer et cotiser auprès d'une mutuelle de santé), les travailleurs temporaires (en particulier les saisonniers), et les travailleurs domestiques. Le Ministère du Travail a ainsi plusieurs projets en cours dont la création d'une Institution de prévoyance maladie (IPM) interentreprises pour les travailleurs non permanents, le régime spécifique des indépendants hors professions libérales (actuellement non couverts par les IPM), ou encore la mise en place du Code unique de la sécurité sociale qui intégrera le cas des indépendants. Le développement de dispositifs passerelles pour ces catégories de travailleurs, à l'instar du RSPC, peut aussi constituer des solutions (Chapitre 5). En particulier, il apparaît important d'adapter le régime de la Caisse de sécurité sociale (CSS) à l'auto-emploi. Les travailleurs indépendants doivent être mieux identifiés et les mécanismes de contribution adaptés à leur situation, y compris en ayant recours à des dispositifs partiellement subventionnés, pour améliorer leur couverture en matière de sécurité sociale.

Enfin, les mécanismes assurantiels relatifs aux régimes contributifs nécessitent une plus grande diffusion de l'information et de la confiance pour s'ancrer dans les habitudes et se développer. La confiance dans le système passera notamment par l'expérience des cotisants et celle de ses pairs. Dans la mesure où ce processus s'inscrit dans le temps, la viabilité financière et la crédibilité du système sont donc des éléments critiques à renforcer. Pour cette dernière, il est capital que les prestations dues soient de qualité et versées aux bénéficiaires de façon ponctuelle tel que défini dans les textes. L'expérience de bénéfices à court terme est importante pour convaincre et fidéliser les cotisants. Enfin, le retour sur expérience de bénéficiaires organisé à travers des campagnes de communication pourra accélérer le processus d'information et de développement de la confiance vis-à-vis des régimes contributifs. À ce titre, les organisations décentralisées (organisations syndicales et patronales, organisations faîtières) et les leaders locaux (villages, communautés), qui sont à la fois un vecteur de diffusion de l'information efficace et bénéficient d'une confiance significative relativement aux organismes centralisés, peuvent jouer un rôle central. Il convient de les impliquer et mobiliser dans les actions de développement à mener, en particulier à travers des mesures de communication, afin de sensibiliser et d'informer sur le fonctionnement et le bénéfice des régimes de protection sociale contributifs.

La viabilité financière des différentes caisses du régime contributif est hétérogène, avec des défis importants au sein de la branche santé

Le Fonds national de retraite (FNR) est excédentaire (+8 Mds FCFA) (Tableau 4.3). Les déficits passés du FNR étaient notamment liés à la prise en charge de prestations non accompagnées de cotisations. Un rééquilibrage a été adopté : l'âge de départ à la retraite est passé de 55 à 60 ans et les pensions sont désormais calculées sur les 36 derniers mois d'activité au lieu du dernier mois. Ces réformes contribuent aujourd'hui à la viabilité financière du FNR, qui se trouve dans une situation excédentaire. En 2022, le FNR a enregistré 8 000 cotisants supplémentaires pour une augmentation de 1 000 bénéficiaires. Par ailleurs, un régime de retraite complémentaire, reposant sur un système de points, a été mis en place et est également excédentaire (+19 Mds FCFA). Enfin, le FNR envisage son autonomisation à travers la mise en place d'une caisse autonome des fonctionnaires (CAF). En sortant de l'attache ministérielle, la CAF pourrait placer ses excédents et envisager une éventuelle transition vers un régime par capitalisation au lieu du système par répartition actuel. Ceci est néanmoins à considérer avec prudence car les systèmes de sécurité sociale reposant exclusivement sur un pilier de capitalisation individuelle ont démontré leurs limites, notamment en matière de génération de pensions décentes, comme l'illustre l'exemple du Chili. L'expérience de régimes mixtes combinant un pilier par répartition et un pilier de capitalisation individuelle, combinent généralement mieux les objectifs de solidarité et d'efficacité économique que les régimes où le pilier par capitalisation occupe une place importante. Les défis actuels du FNR, qui ne menacent néanmoins pas sa viabilité financière, sont notamment le nombre important d'agents contractuels non titularisés de l'État qui ne cotisent donc pas auprès du fonds mais auprès de l'Institution de prévoyance retraite du Sénégal (IPRES) et qui pourraient migrer vers le FNR, ainsi que le départ précoce à la retraite des militaires qui exerce une pression sur le fonds.

L'équilibre budgétaire de l'IPRES est précaire. 400 000 salariés cotisent à l'IPRES (agents du secteur privé et contractuels de l'État), laquelle verse des pensions à 160 000 bénéficiaires. Les recettes s'élèvent à 9 Mds FCFA par mois, et les dépenses à 11 Mds FCFA par mois. L'IPRES fait face à une tension de trésorerie récurrente. Celle-ci s'explique notamment par l'absence de versement de la contribution de l'État (5,4 Mds FCFA par an) pour l'accompagnement de l'IPRES à l'opérationnalisation de la pension non-contributive minimale (35 000 FCFA par mois) versée à environ 25 000 individus (DGPSN, 2023[13]). À court terme, l'IPRES utilise les placements financiers de ses dépôts à terme pour combler ce déficit, posant la question de la soutenabilité à moyen ou long terme. D'autres défis menacent d'éroder l'équilibre financier fragile de l'IPRES à moyen terme :

- **La revalorisation de 10 % des pensions de retraite en janvier 2024 sans hausse des plafonds de cotisations**. Une revalorisation de ces plafonds est à considérer, ce d'autant que les salaires augmentent dans l'économie.
- **La possible titularisation de près de 30 000 agents contractuels de l'État et leur migration vers le FNR**, ce qui entraînerait une perte importante de cotisations sociales pour l'IPRES qui pourrait continuer de payer les retraites des agents contractuels. Dans cette perspective, il convient de réfléchir à la pertinence du transfert des agents de l'IPRES vers le FNR, et le cas échéant, de bien en penser les modalités de sorte à ne pas créer de problème d'équité et compromettre la viabilité de l'IPRES.
- **L'évasion sociale, estimée à 50 % par l'IPRES, et le faible taux de recouvrement qui en découlent constituent un défi majeur pour l'IPRES**. Cette estimation correspond au différentiel entre la population active salariée théorique (chiffre de la population active multiplié par le taux de salariat, retenu comme étant 11-14 % de la population active) et la population active salariée enregistrée au FNR et IPRES.

Tableau 4.3. Vue d'ensemble de la situation budgétaire des régimes contributifs

Institution	Nombre de bénéficiaires et cotisants	Recettes	Dépenses	Situation budgétaire
Fonds national de retraite (FNR)	Retraités : 64 000 (2024, MFB) Cotisants : 138 000 (2024, MFB)	Pas d'information	Pensions de retraite et de réversion : 169 Mds FCFA (2024, MFB)	Excédentaire
Institution de prévoyance sociale (CSS)	Pas d'information	Pas d'information	Prestations familiales : 12,4 Mds FCFA (2021, AMD) Risques professionnels : 3,6 Mds FCFA (2021, AMD).	Pas d'information
Institution de prévoyance sociale (IPRES)	Retraités :160 000 Cotisants : 400 000	Cotisations : 9 Mds FCFA par mois	11 Mds FCFA par mois (en augmentation avec la revalorisation des pensions)	Déficit (2 Mds FCFA par mois)
Institutions de prévoyance maladie (IPM)	Variable selon les IPM			

Source : OCDE à partir d'information du Ministère des finances et du budget (MFB), IPRES et AMD (2023[14]).

Les défis les plus importants concernent les IPM, en charge de l'assurance maladie des employés du secteur privé formel. L'Institution de coordination de l'assurance maladie obligatoire (ICAMO) coordonne les 164 IPM recensées 2022 qui regroupent près de 4 000 entreprises. Les IPM disposent de 27 Mds FCFA de ressources (dont 25 Mds FCFA provenant des cotisations) pour 25 Mds FCFA de dépenses (dont 20 Mds FCFA pour les soins de santé) en 2022. L'enjeu de la viabilité financière du secteur est double. Il concerne d'une part les IPM, et l'ICAMO d'autre part.

- Les IPM reversent 2 % des cotisations qu'elles collectent à l'ICAMO : 30 % sont affectées au fonctionnement de l'ICAMO, 70 % abondent le fonds de garantie de l'ICAMO ayant vocation à soutenir une IPM en cas de problème de solvabilité. L'équilibre financier est difficile à trouver pour l'ICAMO qui doit s'appuyer également sur des subventions du ministère du travail pour combler ses besoins.
- Concernant les IPM, nombre d'entre elles font face à des problèmes de gestion ou perdent des effectifs. Certaines IPM sont déficitaires de façon chronique car elles ne sont pas en règle avec la règlementation en vigueur. Par exemple, au lieu d'un taux de cotisation, certaines IPM appliquent un forfait à tous les employés, ce qui rompt en outre le principe d'égalité. L'évasion sociale (Chapitre 6), le manque de concentration et d'harmonisation sont les principaux défis fragilisant le marché des IPM.

Les problèmes budgétaires de la branche santé sont intrinsèquement liés à son organisation et sa gouvernance. Le marché des IPM est à la fois faiblement concentré et manque d'harmonisation comme discuté ci-dessous.

Le marché des IPM est faiblement concentré. L'ICAMO recense un nombre croissant d'IPM, 164 en 2022 (+40 % en huit ans) pour près de 150 000 cotisants et 535 000 bénéficiaires (cotisants et ayant droits). Loin de stimuler l'innovation et l'efficience, cela favorise la fragmentation des risques car les IPM reposent sur un nombre plus faible de cotisants avec la possibilité pour certaines de concentrer des adhérents risqués, augmente la vulnérabilité face aux chocs et réduit la viabilité financière des IPM. En particulier, sur 102 IPM documentées, 51 ont moins de 500 travailleurs adhérents. Or, la pérennité d'une IPM repose sur une masse critique d'adhérents. La solvabilité de bon nombre d'IPM est donc fragile. En outre, la petite taille des IPM conduit à :

- Une faible capacité de négociation avec les prestataires de santé, ce qui affecte la qualité et les coûts des soins pour les cotisants.
- La non-réalisation d'économies d'échelle qui conduiraient à la baisse de leurs coûts administratifs et de fonctionnement, favorisant leur viabilité et/ou l'efficience de leurs prestations.
- Un déficit de capacités techniques (par exemple toutes les IPM n'ont pas d'actuaire) et de bonnes pratiques de gestion.
- Une vulnérabilité accrue face à la perte d'un gros adhérent.

Le marché des IPM manque d'harmonisation. Les IPM proposent des taux de cotisations (entre 4 et 15 %) et de prestations (type de prestations couvertes, taux de remboursement entre 50 et 80 %) variables. En théorie, cela peut stimuler la concurrence entre IPM, les poussant à offrir de meilleures prestations à de meilleurs coûts, voire innover dans le choix et la conception des prestations pour attirer les entreprises. Cela pourrait également permettre aux entreprises d'adhérer aux IPM dont les prestations correspondent le mieux aux besoins de leurs salariés ou même aux budgets et priorités des entreprises. Dans les faits, le marché des IPM est trop petit et trop fragile pour permettre la réalisation de ces effets et donc renforcer la qualité de l'offre. Cette absence d'harmonisation est au contraire associée à un certain nombre d'écueils tels que :

- Une certaine inégalité dans l'accès aux soins (en termes de prestations couvertes et de taux de remboursement).
- Un manque de lisibilité (pour les entreprises comme pour leurs salariés) et une potentielle complexité administrative pour l'entreprise.

- Une sélection adverse favorisée, dans le sens où les entreprises peuvent être incitées à sélectionner les IPM où les taux de cotisations sont les plus bas, ces IPM étant aussi potentiellement celles dont les prestations offertes sont les plus limitées et la solvabilité est la plus fragile. Une telle stratégie de moins-disant des IPM réduit la solvabilité des IPM et du système, le niveau des prestations de santé, la crédibilité du système et donc son attrait et son développement. Elle peut aussi s'accompagner d'aléa moral : en appliquant un faible taux de cotisation, une IPM peut devenir plus attractive mais plus fragile, et compter sur le rôle de prêteur en dernier ressort du fonds de garantie en cas de défaut.
- Une difficulté de régulation du marché en garantissant par exemple des normes minimales de qualité et de protection des cotisants.

À court terme, une harmonisation des taux et des prestations sur un paquet de prestations de base est à encourager. L'harmonisation des taux et des prestations contribue à la lisibilité et la crédibilité du système d'assurance maladie, facteurs essentiels à son attractivité et son développement. Toutefois, l'hétérogénéité dans les niveaux de salaires entre IPM rend difficile une harmonisation. À défaut, des cotisations par tranches de revenus pourraient être instaurées, favorisant ainsi la progressivité. Le renforcement et le développement du marché passe à ce stade en priorité par sa structuration, sa lisibilité et crédibilité, plutôt que par sa flexibilité et mise en concurrence.

À moyen terme, pour renforcer sa viabilité financière et l'efficience de ses prestations, le marché de l'assurance maladie nécessite d'être plus concentré. Le choix réalisé en 1975 d'un modèle décentralisé pour la branche santé, retenu notamment pour sa flexibilité et sa dimension locale, affiche ses limites. Une réflexion pourrait être menée sur les moyens de réaliser un regroupement d'IPM, qui pourrait aboutir à l'institutionnalisation d'un organe unique de type Caisse nationale d'assurance maladie sur le modèle des caisses que sont la CSS et l'IPRES. Ceci apporterait certainement plus de stabilité financière et permettrait en outre un plus grand degré de collaboration entre caisses dont chacune bénéficierait. Un marché plus concentré pourrait enfin soutenir une harmonisation (partielle ou parfaite) du système d'assurance maladie (taux de cotisation et de remboursement des prestations, etc.).

Encadré 4.2. Recommandations

- Considérer un allègement de cotisations sociales pour les PME.
- Envisager la suppression de la CFCE pour réduire le coût du travail, tout en finançant la formation professionnelle à travers le budget général et sans réduire son niveau de financement.
- Relever les plafonds de cotisation sociale pour élargir l'assiette et rendre les cotisations moins régressives.
- Tendre vers une harmonisation des taux et des prestations pratiqués par les IPM.
- Favoriser la concentration des IPM, voire repenser l'assurance maladie autour d'une caisse unique.
- Adapter les régimes de protection sociale, en développant des régimes spécifiques ou des dispositifs passerelles pour les travailleurs indépendants.
- Étendre progressivement le RSPC aux différents secteurs et augmenter les prestations et risques couverts inclus.
- Renforcer la communication et la sensibilisation autour des régimes contributifs, en impliquant les organisations décentralisées et en organisant des campagnes de retour d'expérience de bénéficiaires.
- Améliorer la qualité et la ponctualité des prestations des régimes contributifs pour encourager la formalisation.
- Mener une réflexion sur la migration éventuelle des agents contractuels de l'État de l'IPRES vers le FNR.

Références

AMD (2023), *Revue des dépenses publiques de protection sociale du Sénégal*. [14]

Banque mondiale (2019), *World Development Report - Changing nature of work*, https://documents.banquemondiale.org/fr/publication/documents-reports/documentdetail/099534312062331367 (consulté le 25 septembre 2024). [5]

Bosch, M. et R. Campos-Vazquez (2014), « The Trade-Offs of Welfare Policies in Labor Markets with Informal Jobs: The Case of the "Seguro Popular" Program in Mexico », *American Economic Journal: Economic Policy*, vol. 6/4, pp. 71-99, https://doi.org/10.1257/pol.6.4.71. [4]

Corona, M. et R. Vélez-Grajales (2024), « Does Social Protection Cause Informality? A Critical Review of the Literature on the Relationship between Social Protection, Formal and Informal Employment », http://www.wiego.org/wiego-publication-series. (consulté le 25 septembre 2024). [8]

DGPSN (2023), *Revue annuelle de la protection sociale*. [13]

Ebrahim, A., M. Leibbrandt et V. Ranchhod (2017), « The effects of the Employment Tax Incentive on South African employment », https://doi.org/10.35188/UNU-WIDER/2017/229-8. [10]

Heintz, J. et J. Ghosh (2024), « Good Intentions, Better Outcomes: Shifting the Debate About Social Protection and Informality », https://www.ilo.org/secsoc/areas-of- (consulté le 25 septembre 2024). [3]

Juergens-Grant, F. et J. Alfers (2021), « Are unfounded assumptions about the informal economy undermining universal social protection ? », https://www.wiego.org/blog/are-unfounded-assumptions-about-informal-economy-undermining-universal-social-protection/ ((consulté le 25 septembre 2024). [1]

Levy, S. (2008), *Good Intentions, Bad Outcomes: Social Policy, Informality, and Economic Growth in Mexico*, Brookings Institution Press, https://www.brookings.edu/books/good-intentions-bad-outcomes/ (consulté le 25 septembre 2024). [2]

OCDE (2024), *Breaking the Vicious Circles of Informal Employment and Low-Paying Work*, Éditions OCDE, Paris, https://doi.org/10.1787/f95c5a74-en. [7]

OCDE (2024), *L'autonomisation économique des femmes au Maroc - De l'engagement à la mise en oeuvre*, Éditions OCDE, Paris, https://doi.org/10.1787/d4312bd3-fr. [11]

OCDE (2024), *Multi-dimensional Review of Lao PDR - Financing sustainable development*, Les voies de développement, Éditions OCDE, Paris, https://doi.org/10.1787/756b6663-en. [12]

Ohnsorge et Yu (2021), *The Long Shadow of Informality*, https://documents.worldbank.org/en/publication/documents-reports/documentdetail/416941623441535708/the-long-shadow-of-informality-challenges-and-policies (consulté le 25 septembre 2024). [6]

Salehi-Isfahani, D. et M. Mostafavi-Dehzooei (2018), « Cash transfers and labor supply: Evidence from a large-scale program in Iran », *Journal of Development Economics*, vol. 135, pp. 349-367, https://doi.org/10.1016/j.jdeveco.2018.08.005. [9]

5 Renforcer l'économie formelle et faire contribuer les travailleurs indépendants

Ce chapitre apporte un éclairage sur l'ampleur du travail informel et son effet sur la mobilisation des recettes et le financement de la protection sociale. Il met également en avant les obstacles à la formalisation et discute de stratégies pour y parvenir. Il aborde la mise à contribution des travailleurs informels au financement de la protection sociale, en particulier à travers le Régime simplifié pour les petits contribuables (RSPC) ; puis discute le rôle de la contribution globale unique en matière de formalisation et de couverture sociale.

L'ampleur du travail informel pénalise le financement de la protection sociale

Au Sénégal, 94 % des travailleurs sont informels. Le travail informel est très élevé dans l'ensemble des groupes d'âge et régions. Il est plus faible pour les individus ayant un niveau d'éducation supérieur, où il reste néanmoins de l'ordre de 60 % (Graphique 5.1 ; Encadré 5.1).

Graphique 5.1. Panorama des travailleurs informels

% du total des travailleurs de la catégorie présentée

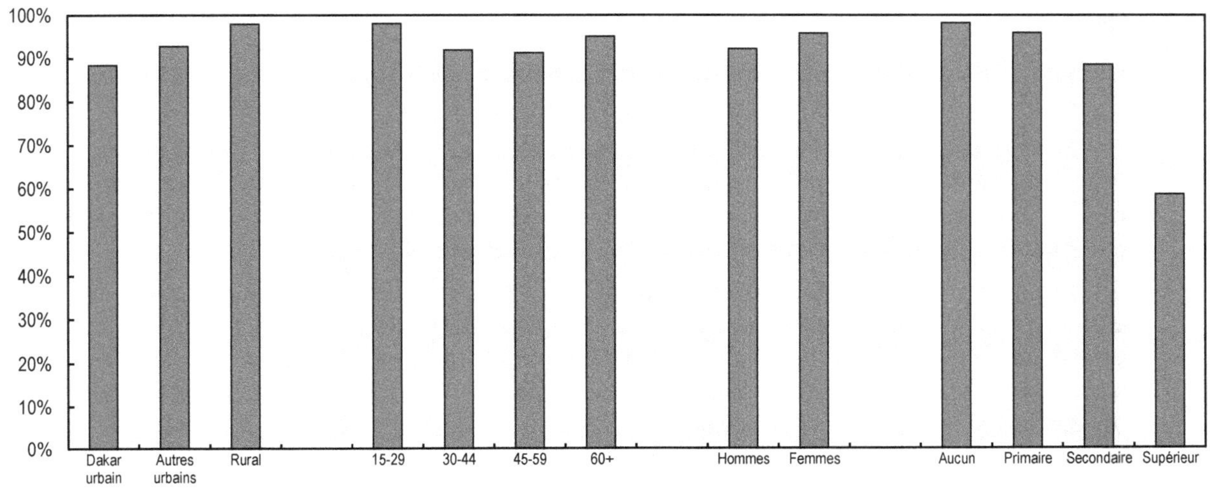

Source : EHCVM 2021-2022.

Encadré 5.1. Définition du travail informel

Les données sur le travail informel présentées dans ce rapport sont issues de l'Enquête harmonisée sur les conditions de vie des ménages (EHCVM) menée en 2021-22. Suivant les recommandations de la 17ème Conférence internationale des statisticiens du travail (OIT, 2003[1]), l'étude définit l'emploi informel en fonction de la situation dans la profession des travailleurs et du type d'unité de production dans laquelle ils opèrent :

- Les travailleurs familiaux sont tous considérés comme travaillant de façon informelle.
- Les employés sont classés dans l'informalité s'ils ne cotisent pas à une caisse de retraite dans le cadre de leur emploi principal ou, si cette information est manquante, s'ils ne bénéficient pas de congés payés, ou s'ils bénéficient de congés payés mais pas de congés maladie. Ces mêmes critères s'appliquent aux travailleurs dont la situation dans la profession est inconnue d'après les données de l'EHCVM.
- Les travailleurs indépendants, à savoir les employeurs et les personnes travaillant à leur propre compte, sont classés dans l'informalité si leur unité de production est une entreprise informelle, c'est-à-dire une entreprise qui n'appartient pas au secteur public, qui ne tient pas une comptabilité formelle et qui ne dispose pas d'un numéro de contribuable ou d'identification fiscale.

Source : OIT (2003[1]).

L'informalité des travailleurs exerce un double effet direct pénalisant le financement de la protection sociale. Les travailleurs informels ne contribuent pas au financement des régimes d'assurance sociale car ils (ou leurs employeurs) ne paient pas de cotisations sociales. Par ailleurs, dans la mesure où ils échappent à une partie des impôts et taxes (par exemple l'impôt sur le revenu des personnes physiques), cela grève le budget général et limite les possibilités de financement des programmes d'assistance sociale. A ces effets directs s'ajoutent des effets indirects. Par exemple, l'informalité agit négativement sur la productivité, ce qui entraîne des revenus plus bas et conduit à de moindres de recettes fiscales et de cotisations de sécurité sociale.

La réduction du travail informel permettrait d'augmenter les recettes. Les estimations ci-dessous fournissent des ordres de grandeur sur les recettes fiscales et cotisations non collectées du fait de l'informalité.

- Chaque augmentation d'un point de la part des travailleurs formels (salariés et indépendants) permettrait d'augmenter le niveau des cotisations de 0,14 point de PIB (Encadré 5.2).
- En se focalisant sur les salariés informels uniquement (qui représentent un peu plus d'un tiers des travailleurs informels), le montant des cotisations sociales non perçues sur la base des salaires déclarés supérieurs au salaire minimum interprofessionnel garanti (SMIG) dans les données d'enquête de l'EHCVM s'élève à près de 1,7 % du PIB de 2023 (Tableau 5.1).
- En outre, d'après l'EHCVM, près de 960 000 salariés informels ont un salaire excédant le seuil d'exonération de l'impôt sur le revenu des personnes physiques (IRPP) (630 000 FCFA annuels). En appliquant le barème des taux de l'IRPP aux salaires des salariés informels, le manque à gagner en matière de recettes d'IRPP est de l'ordre d'1 % de PIB. Une estimation plus précise requerrait de disposer de micro-données détaillées renseignant les revenus autres que le salaire et permettant de calculer les divers abattements et crédits d'impôt.

Encadré 5.2. Estimation de l'effet de la formalisation des travailleurs sur les cotisations sociales

L'estimation des recettes de cotisations sociale supplémentaires résultant d'une variation du taux de travailleurs formels s'obtient en multipliant la base d'imposition (mesurée par la part des revenus du travail dans le PIB) et le taux de cotisations, pour lequel la valeur de 33,5 % est retenue, comme valeur moyenne des valeurs minimale (26 %) et maximale (41 %) réglementaires. Le dernier terme de la formule ci-dessous correspond à l'effet résultant de l'augmentation d'un point du taux de formalité :

$$Recettes\ de\ cotisations\ supplémentaires = \frac{Revenus\ du\ travail}{PIB} \times Taux\ de\ cotisations \times \frac{1}{100}$$

Les recettes de cotisations sociales pourraient augmenter de 0,14 point de PIB à chaque augmentation d'un point de la part des travailleurs formels.

Ce résultat doit être interprété comme un ordre de grandeur :

- Un taux de cotisations moyen (33,5 %) correspondant à la moyenne des bornes extrêmes (26 % - 41 %) des taux de cotisations réglementaires à l'exclusion de la complémentaire vieillesse est utilisé. Une estimation plus rigoureuse requerrait de connaître le taux moyen de cotisations pour les accidents du travail et maladies professionnelles (1, 3 ou 5 % selon le risque encouru) et pour la couverture maladie (4 à 15 %) des travailleurs nouvellement formalisés. Ceci nécessiterait de connaître pour chaque salarié informel son activité professionnelle d'une part et l'institution de prévoyance maladie auquel il est affilié d'autre part. Par ailleurs, il conviendrait de connaître la distribution de leurs salaires, pour pouvoir prendre en compte les plafonds et les cotisations à la complémentaire vieillesse qui sont ici ignorés.

- L'estimation considère que tous les nouveaux travailleurs formels sont salariés et que les cotisations sont intégralement acquittées (i.e. il n'y a pas d'évasion sociale).
- La part des revenus du travail dans le PIB est une approximation de la base d'imposition Celle-ci sera d'autant plus biaisée que les comptes nationaux peinent à inclure l'activité et les revenus des travailleurs informels dans les statistiques macroéconomiques.
- Il est supposé une transition pure de l'informalité vers la formalité d'un pourcent de la population des travailleurs informels. Or, les politiques de formalisation peuvent exercer des effets sur la participation au marché du travail, faisant varier le nombre de travailleurs à la hausse ou à la baisse. La hausse du taux de formalité ne résulte ainsi pas nécessairement de mécanisme de transition depuis l'informalité mais peut aussi être le résultat d'une contraction de la participation au marché du travail des travailleurs informels. Symétriquement, il est possible d'obtenir une hausse des recettes de cotisations provenant d'une hausse du nombre de travailleurs formels avec un taux d'informalité inchangé (dans le cas d'une augmentation proportionnelle du nombre de travailleurs informels résultant d'une plus grande participation au marché du travail).
- La dynamique et l'horizon de la formalisation ne sont pas considérés.
- Le PIB et les taux de cotisations sont supposés statiques.

Source : OCDE.

Tableau 5.1. Cotisations sociales non perçues sur les salariés informels au-delà du SMIG

	Tranche de salaire (FCFA par mois)	***entre...***	***65 000***	***78 000***	***90 000***	***104 812***	***140 000***	***184 667***	
		et...	***77 999***	***89 999***	***104 811***	***139 999***	***184 666***	***+***	
	Nombre de salariés informels		133 762	130 006	130 997	139 017	134 457	136 539	***Total***
Cotisations non collectées (par mois)	**Prestations familiales**	M FCFA	590	573	578	613	593	602	***3 549***
	Maladies et accidents professionnels	M FCFA	253	246	248	263	254	258	***1 521***
	Retraite	M FCFA	1 217	1 420	1 651	2 040	2 635	3 530	***12 493***
	Santé	M FCFA	826	963	1 120	1 384	1 788	2 395	***8 477***
Total de cotisations sociales non collectées (par mois)		**M FCFA**	**2 886**	**3 202**	**3 596**	**4 300**	**5 271**	**6 786**	***26 040***
Cotisations sociales non collectées (par an)		**M FCFA**	**34 631**	**38 424**	**43 151**	**51 599**	**63 249**	**81 426**	***312 480***
		% du PIB	**0,18 %**	**0,20 %**	**0,23 %**	**0,27 %**	**0,34 %**	**0,43 %**	***1,66 %***

Note : Les taux de cotisations sociales et plafonds mensuels retenus pour les calculs sont de : 7 % et 63 000 FCFA pour les prestations familiales ; 3 % (moyenne des valeurs minimale et maximale -1 et 5 %- réglementaires) et 63 000 FCFA pour les maladies et accidents professionnels ; 14 % et 360 000 FCFA pour la retraite ; 9,5 % (moyenne des valeurs minimale et maximale -4 et 15 %- réglementaires) et 250 000 FCFA pour la maladie. Les cotisations de retraite complémentaire ne sont pas considérées. Le taux de cotisations moyen est appliqué à la borne basse de chaque tranche de salaire considérée, pour des salaires supérieurs au SMIG (à partir de 65 000 FCFA par mois). 'M FCFA' indique des millions de FCFA.
Source : OCDE à partir de EHCVM 2021-2022.

La fiscalité n'est pas seule responsable de la forte informalité

L'informalité des unités de production repose largement sur une méconnaissance des obligations et des avantages liés à la formalisation. Les unités de production informelles (UPI) sont caractérisées par l'absence d'enregistrement (absence de numéro d'identification fiscal) et/ou l'absence de tenue d'une comptabilité formelle, et concentrent près de deux tiers des travailleurs informels. L'Enquête régionale intégrée sur l'emploi et le secteur informel (ERI-ESI) de 2017 portant sur les UPI permet ainsi de comprendre les raisons de l'informalité d'une majorité de travailleurs informels, le reste étant essentiellement constitué de salariés (37 % des travailleurs informels) pour lesquels les informations manquent. Seules 5 % des UPI possèdent un numéro d'identification fiscale (2,0 %), sont enregistrées au registre du commerce (4,3 %), ou auprès de la Caisse de sécurité sociale (0,7 %). Ce faible taux d'enregistrement administratif s'explique d'abord par le manque d'information relatif aux obligations (la moitié des UPI ne connaissent pas leurs obligations) et aux bénéfices associés à la formalisation (58 % ignorent les bénéfices potentiels tels que l'accès au crédit et les programmes d'accompagnement). Dans une moindre mesure, les UPI invoquent également la complexité des démarches et le coût de l'enregistrement.

Le système fiscal n'est pas l'explication première de l'informalité des UPI. Les UPI ne sont que 13,5 % à percevoir les réglementations, impôts et taxes comme un problème et 0,2 % à mettre en avant ce facteur comme principale difficulté au développement de leur activité. Enfin, près de 81 % des UPI accepteraient de s'acquitter de l'impôt à hauteur de 1 000 FCFA ou plus par mois. 13 % des UPI accepteraient même de payer plus de 5 000 FCFA par mois d'impôt (Tableau 5.2). Sur la base des chiffres d'affaires déclarés par les UPI, il apparaît que près de la moitié d'entre elles déclarent être prêtes à s'acquitter d'un montant d'impôt mensuel supérieur au montant d'impôt qui serait effectivement dû dans le cadre de la contribution globale unique (CGU) (taux de 2 % sur le chiffre d'affaires).

Tableau 5.2. Consentement à l'impôt des UPI

Pourcentage d'UPI dont la réponse à la question « combien accepteriez-vous de payer par mois ? » se trouve dans les tranches de montants d'impôts ci-dessous, 2017

Montant mensuel d'impôt					
	entre...	-	1 000 FCFA	2 000 FCFA	5 000 FCFA
	et...	999 FCFA	1 999 FCFA	4 999 FCFA	+
Pourcentage d'UPI prêtes à s'en acquitter		19 %	52 %	16 %	13 %

Source : ERI-ESI 2017.

Les UPI sont ouvertes à la formalisation. D'une part, seules 9 % des UPI déclarent ne percevoir « aucun intérêt » à se faire enregistrer. D'autre part, 46 % souhaiteraient bénéficier d'un appui pour l'enregistrement de leur activité. Enfin, 15 % des UPI projettent de formaliser leur activité auprès de l'administration publique à court terme ou ont déjà entrepris des formalités dans ce sens et 37 % supplémentaires ne rejettent pas cette possibilité (Graphique 5.2). En outre, les UPI témoignent globalement de leur intérêt pour les mécanismes d'assurance sociale et déclarent être prêtes à y contribuer de façon significative (voir infra, Section Le rôle phare du RSPC dans la mobilisation des capacités contributives des travailleurs informels au profit de l'assurance sociale).

Graphique 5.2. UPI projetant d'enregistrer leur activité auprès de l'administration

Réponse à la question « Avez-vous en projet d'enregistrer votre activité auprès de l'administration ? » en pourcentage d'UPI, 2017

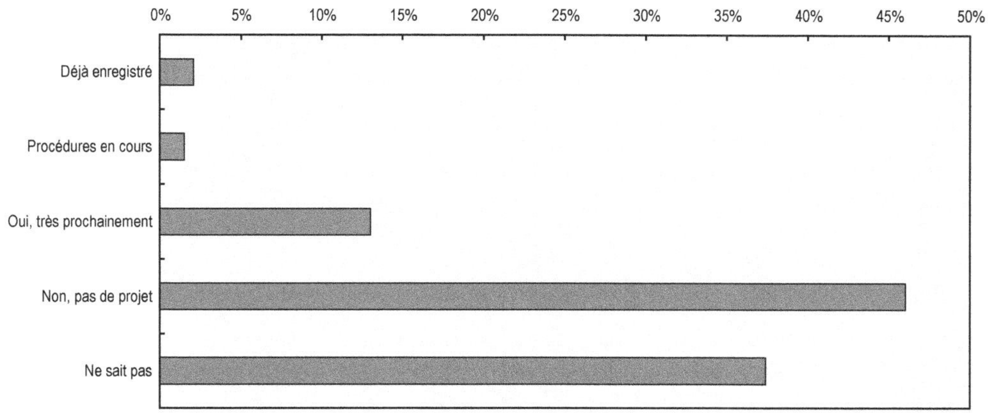

Source : ERI-ESI 2017.

Des stratégies de formalisation différenciées selon les profils des travailleurs informels sont nécessaires

Les coûts et les bénéfices associés à la formalité agissent sur l'attractivité de celle-ci. Envisager l'informalité comme le fruit d'un choix des agents économiques serait réducteur. En effet, pour nombre d'entre eux, notamment ceux dont la productivité est faible, les opportunités formelles sont trop limitées. Néanmoins, les coûts et les bénéfices associés à une activité formelle contribuent à agir sur la prévalence de l'informalité. Il existe ainsi plusieurs leviers et stratégies pour agir sur ces coûts et avantages, et soutenir la formalisation (Encadré 5.3). Ces leviers seront plus ou moins pertinents selon les caractéristiques des agents informels. Par exemple, réduire les coûts d'entrée à destination des agents peu qualifiés et peu productifs sera inefficace pour les faire transiter et les maintenir dans la formalité. Ces agents se trouvent, en l'état, dans une trappe à informalité. Pour ces agents, la priorité n'est pas la formalisation mais un appui pour augmenter leur niveau de productivité. Par ailleurs, les agents productifs mais pour lesquels les coûts réglementaires de transition vers la formalité, liés notamment à l'enregistrement et le développement d'une comptabilité formelle, sont importants pourraient par exemple être accompagnés en prenant en charge une partie des coûts de transition. Enfin, les agents suffisamment productifs, dont les revenus sont significatifs et qui font le choix de l'informalité pour contourner les obligations fiscales et sociales devraient quant à eux faire l'objet de politiques visant à les mettre en conformité avec leurs obligations. Combinées de façon adéquate les mesures d'incitation et de sanction, en agissant simultanément sur les coûts et les bénéfices, peuvent être d'autant plus efficaces et équitables.

Encadré 5.3. Mécanique de la formalisation

Sur le plan théorique, un agent informel choisira de se formaliser si les bénéfices excèdent les coûts. Plus précisément, si la différence des bénéfices (Bf) et coûts (Cf) d'être formel est supérieure à la différence des bénéfices (Bi) et des coûts (Ci) de rester informel à laquelle il convient d'ajouter le coût de transition vers la formalité (coût de devenir formel : Cdf), c'est-à-dire si :

$$(Bf - Cf) - Cdf > (Bi - Ci)$$

Il en découle cinq types de stratégies (autant que de termes de l'équation) non exclusives pour encourager la formalisation :

1. **Augmenter les bénéfices d'être formel (Bf)** (développer l'accès au capital et au crédit, à la formation, à l'assurance sociale, à l'information, la sensibilisation, etc.)
2. **Réduire le coût d'être formel (Cf)** (réduire/subventionner les obligations fiscales et sociales de façon temporaire et/ou selon les revenus ou caractéristiques des agents, etc.). Les études empiriques révèlent des effets positifs marqués de ces interventions, mais qui peuvent néanmoins se révéler coûteuses, grevant leur efficience.
3. **Réduire le coût de devenir formel (Cdf)** (réduire la complexité et les coûts d'enregistrement, développer la numérisation, l'accompagnement, etc.). De nombreux pays ont mis en place des mesures de simplification et de réduction des coûts de ces procédures, mais dont les effets sur la formalisation demeurent limités (Bruhn et McKenzie, 2014[2]).
4. **Réduire les bénéfices d'être informel (Bi)** (renforcer les contrôles pour favoriser l'application des règles et l'acquittement des obligations fiscales et sociales, etc.)
5. **Augmenter le coût de l'informalité (Ci)** (renforcer le contrôle et les sanctions, etc.). La littérature sur des expériences internationales semble indiquer que ces mesures sont susceptibles d'être les plus efficientes (Ulyssea, 2020[3]).

Source : OCDE.

La différenciation des stratégies de formalisation requiert de pouvoir connaître précisément la situation socio-économique des agents informels. Le secteur informel est constitué d'une part importante d'agents en situation de grande précarité. Accentuer la pression sur ces agents serait contre-productif, n'entraînant pas d'effet sur la formalisation mais une augmentation de la vulnérabilité de ces agents voire la disparation d'une partie d'entre eux du marché du travail. Les mesures visant à renforcer l'application des règles doivent donc cibler en particulier les agents de la catégorie les plus productifs. Cette identification est néanmoins difficile et il n'existe pas de de solution parfaite pour la mener à bien. Travailler à cette identification peut se faire sur la base des données disponibles à l'administration et la consultation des parties prenantes, incluant les organisations faîtières du secteur informel. L'analyse des niveaux de vie des travailleurs informels par secteur participe de ce processus. Les données issues de l'EHCVM mettent en lumière des disparités de revenus intersectorielles qui éclairent la réflexion sur le ciblage.

Le taux de pauvreté des travailleurs informels est cinq fois supérieur à celui des travailleurs formels (Graphique 5.3). Tous les individus en situation d'extrême pauvreté sont des travailleurs informels. Les travailleurs informels pauvres sont en moyenne plus éloignés du seuil de pauvreté national (écart de 7,3 %) que les travailleurs formels pauvres (1,1 %). Par ailleurs, 75 % des travailleurs formels ne sont ni pauvres ni vulnérables, et seuls 4 % ont un niveau de consommation inférieur au seuil de pauvreté international (3,65 USD par jour pour les pays à revenu intermédiaire de la tranche inférieure) (Graphique 6.4).

Graphique 5.3. Relation entre informalité et pauvreté

Taux, profondeur et sévérité de la pauvreté des travailleurs formels et informels, 2021-22

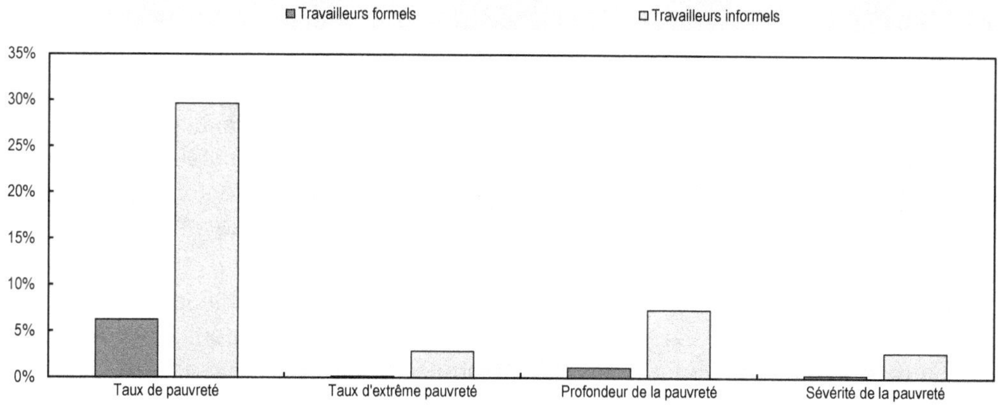

Note : Indicateurs de pauvreté calculés à partir des dépenses de consommation. Seuil de pauvreté national annuel : 369 666 FCFA en 2021-22. Celui de 2021-22 étant inconnu, le seuil d'extrême pauvreté national utilisé est celui de 2018-19 : 186 869 FCFA annuels. La profondeur de la pauvreté correspond à la moyenne parmi les pauvres de l'écart entre les dépenses de consommation des ménages par tête et le seuil de pauvreté. La sévérité de la pauvreté correspond à la moyenne des profondeurs de la pauvreté au carré.
Source : EHCVM 2021-22.

Néanmoins, de nombreux travailleurs informels ne sont pas pauvres. En effet, près de 40 % des travailleurs informels ont des niveaux de vie (évalués à travers leurs dépenses de consommation) les plaçant dans des classes que l'on peut qualifier de « moyenne » et « aisée » (Graphique 5.4).

Graphique 5.4. Niveau de vie des travailleurs

Distribution du niveau de vie des travailleurs formels et informels, 2021-22

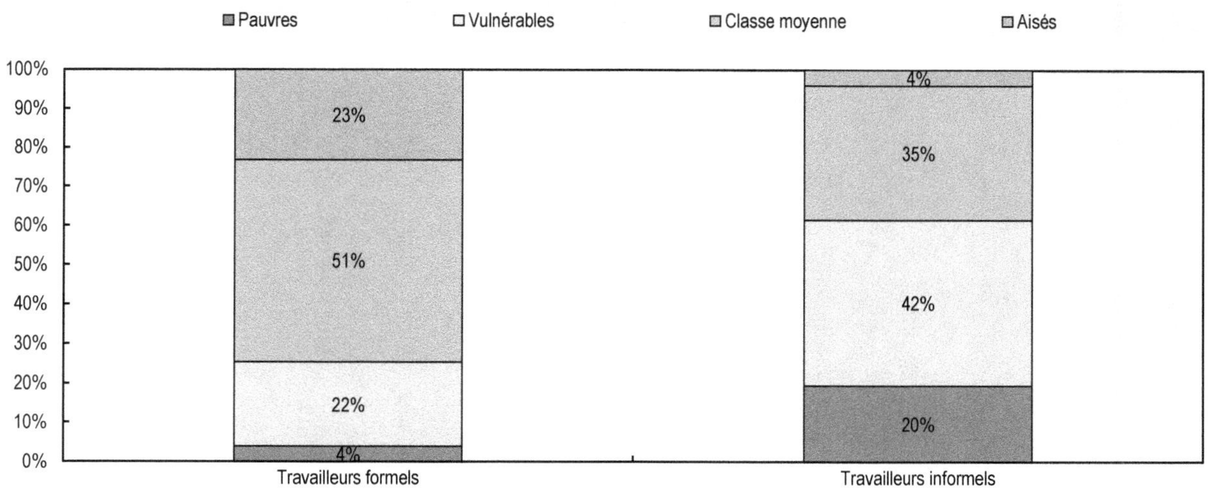

Note : La classe sociale est définie au niveau individuel à partir des dépenses de consommation des ménages par tête et des seuils internationaux appliqués aux pays à revenu intermédiaire de la tranche inférieure. Pauvre : < 3,65 USD par jour. Vulnérable : 3,65-7 USD par jour. Classe moyenne : 7-20 USD par jour. Aisé : > 20 USD par jour.
Source : EHCVM 2021-22.

L'analyse des taux de pauvreté par secteur peut guider l'élaboration de stratégies ciblées. Une approche d'augmentation des coûts de l'informalité (i.e. renforcement des contrôles et opérations de mise en conformité) peut être considérée dans les secteurs où le nombre de travailleurs pauvres et vulnérables est limité. Une analyse des taux de pauvreté par secteur offre des pistes de réflexion dans le déploiement de stratégies sectorielles.

- Dans les secteurs de l'information et la communication, des activités financières et d'assurance, ou encore des activités professionnelles, scientifiques et techniques, 75 à 80 % de travailleurs informels ne sont ni pauvres ni vulnérables (Graphique 5.5). Formaliser ces secteurs où les revenus sont relativement plus élevés participe d'une démarche d'équité verticale (vis-à-vis des travailleurs informels moins nantis) et horizontale (vis-à-vis des travailleurs formels aux revenus comparables). Toutefois, ces secteurs ne regroupent qu'une part limitée des travailleurs informels du Sénégal. Le potentiel de formalisation reste donc modeste. Le renforcement des opérations de mise en conformité dans ces secteurs peut constituer une phase pilote en vue d'une mise à l'échelle avec application à des secteurs plus larges.
- D'autres secteurs, à l'instar de l'hôtellerie et de la restauration comptent deux fois plus de travailleurs informels que les trois secteurs précédents réunis, dont les deux tiers ne sont ni pauvres (6 %) ni vulnérables (31 %) (Graphique 5.5). En outre, il présente a priori une certaine homogénéité quant à la nature du travail qui y est produit, de sorte qu'une stratégie de renforcement des contrôles et des opérations de mise en conformité au sein du secteur semble être pertinente et receler un potentiel de formalisation significatif.
- Enfin, certains secteurs sont caractérisés par un taux de pauvreté élevé. Dans un secteur où la quasi-totalité des travailleurs sont informels, l'agriculture concentre à elle seule 28 % des travailleurs informels du pays (Graphique 5.5). C'est également le secteur où les taux de pauvreté (42 %) et de vulnérabilité (43 %) sont les plus importants, même si la décomposition par filière permet d'observer une certaine hétérogénéité : les travailleurs de la filière pêche (5 % de l'emploi agricole) sont mieux lotis (seuls 9 % des travailleurs de la filière pêche sont pauvres) (Graphique 5.6). Les mesures de renforcement de conformité semblent donc, dans l'ensemble, peu adaptées aux réalités économiques du secteur agricole.

Graphique 5.5. Répartition sectorielle des travailleurs informels selon le niveau de revenus

Part des travailleurs selon le niveau de revenu au sein des travailleurs informels de chaque secteur et part des travailleurs informels par secteur dans le total des travailleurs informels, 2021-22

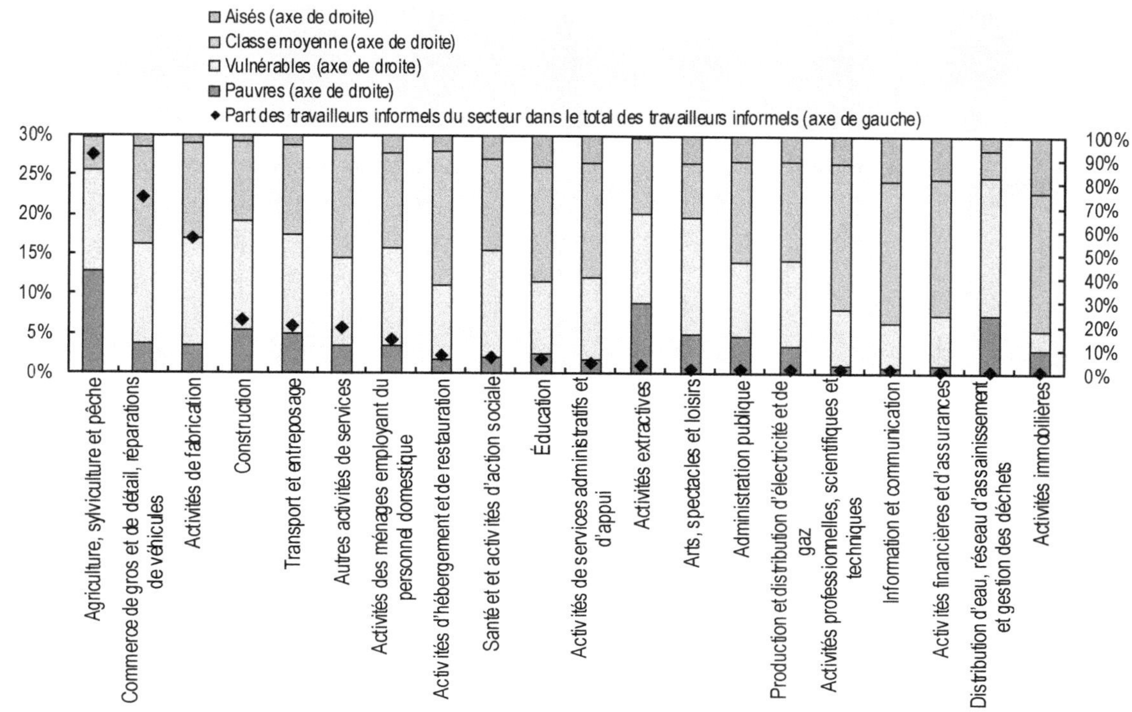

Note : La classe sociale est définie au niveau individuel à partir des dépenses de consommation des ménages par tête et des seuils internationaux appliqués aux pays à revenu intermédiaire de la tranche inférieure. Pauvre : < 3,65 USD par jour. Vulnérable : 3,65-7 USD par jour. Classe moyenne : 7-20 USD par jour. Aisé : > 20 USD par jour.
Source : EHCVM.

Graphique 5.6. Répartition des travailleurs informels selon le niveau de revenus au sein des filières principales des secteurs de l'agriculture, du commerce et de la fabrication

Part des travailleurs selon le niveau de revenu au sein des travailleurs informels des filières principales des trois plus gros secteurs en termes de nombre de travailleurs informels (67 % des travailleurs informels du pays) et part des travailleurs informels de la filière dans le total des travailleurs informels du secteur, 2021-22

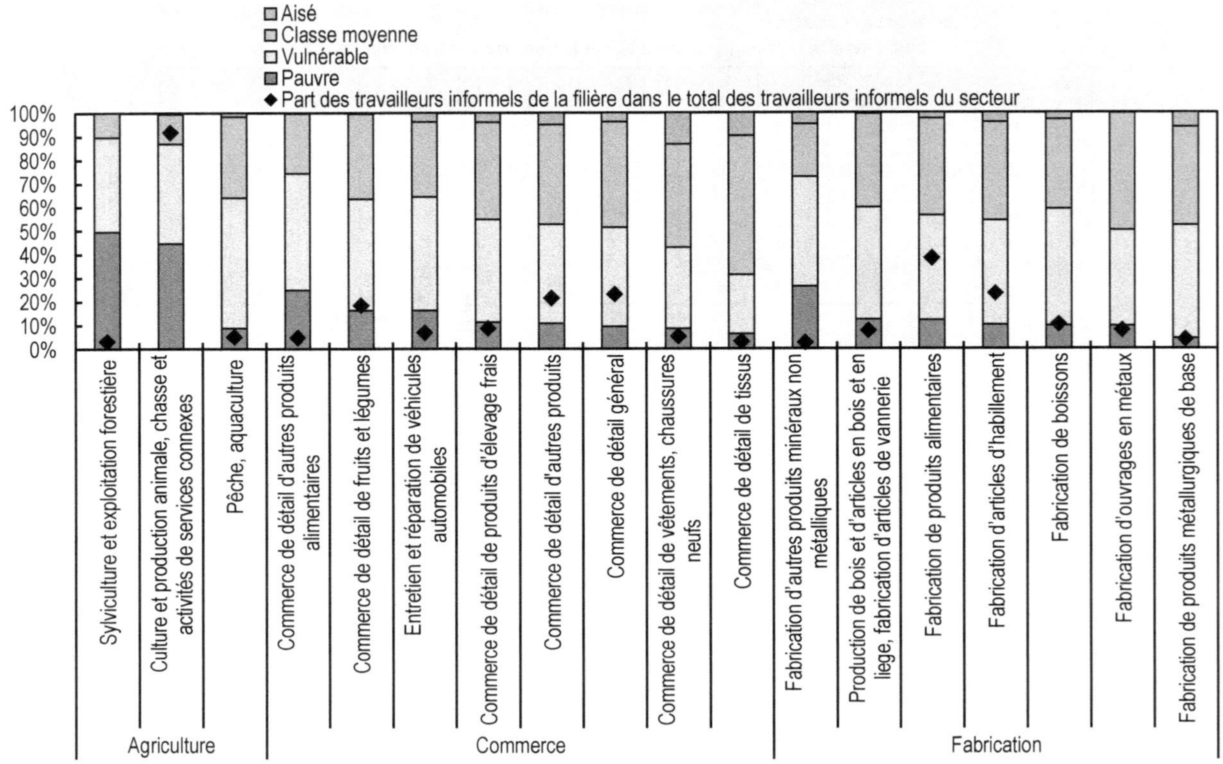

Note : La classe sociale est définie au niveau individuel à partir des dépenses de consommation des ménages par tête et des seuils internationaux appliqués aux pays à revenu intermédiaire de la tranche inférieure. Pauvre : < 3,65 USD par jour. Vulnérable : 3,65-7 USD par jour. Classe moyenne : 7-20 USD par jour. Aisé : > 20 USD par jour.
Source : EHCVM.

Des disparités de revenus significatives sont observées au sein des salariés informels. Bien que le salaire moyen des salariés informels (100 032 FCFA) soit trois fois moins élevé que celui des salariés formels (339 357 FCFA), 21,5 % des salariés informels reçoivent néanmoins un salaire mensuel dans leur emploi principal supérieur à 130 250 FCFA, soit un niveau équivalent à deux fois le SMIG (Graphique 5.7). Le taux de salariés informels ayant un salaire supérieur au SMIG dépasse les 50 % dans l'ensemble des secteurs (à l'exception du personnel domestique), et atteint même près de 80 % dans certains secteurs (Graphique 5.8).

Graphique 5.7. Distribution des salaires

Niveau de salaire des salariés formels et informels, 2021-22

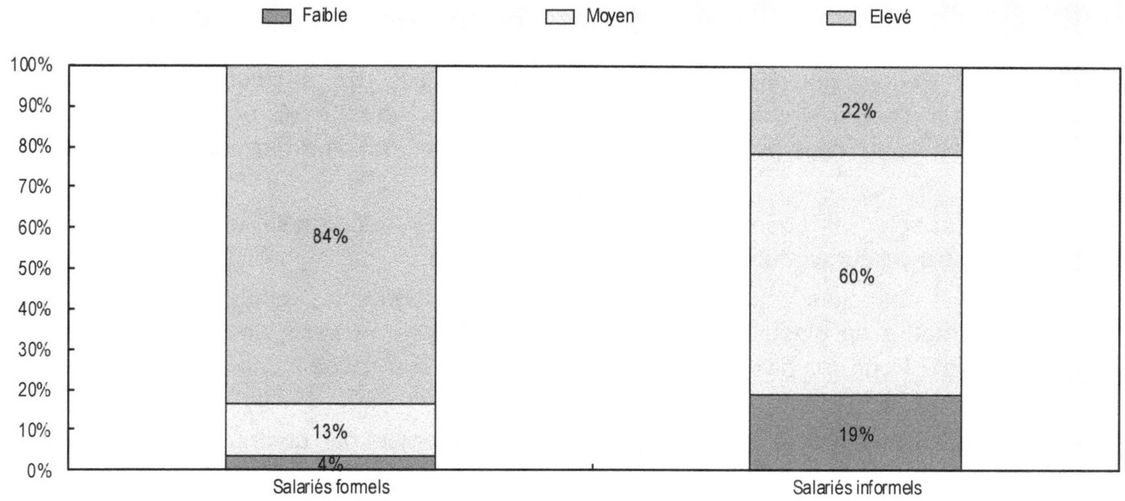

Note : Salaire mensuel dans l'emploi principal. Niveau de salaire faible : Inférieur à 50 % du salaire médian (86 833 FCFA), soit 43 417 FCFA. Niveau de salaire élevé : Supérieur à 150 % du salaire médian (130 250 FCFA). Niveau de salaire moyen : Entre 50 % et 150 % du salaire médian.
Source : EHCVM 2021-22.

Graphique 5.8. Salariés informels avec un salaire supérieur au SMIG

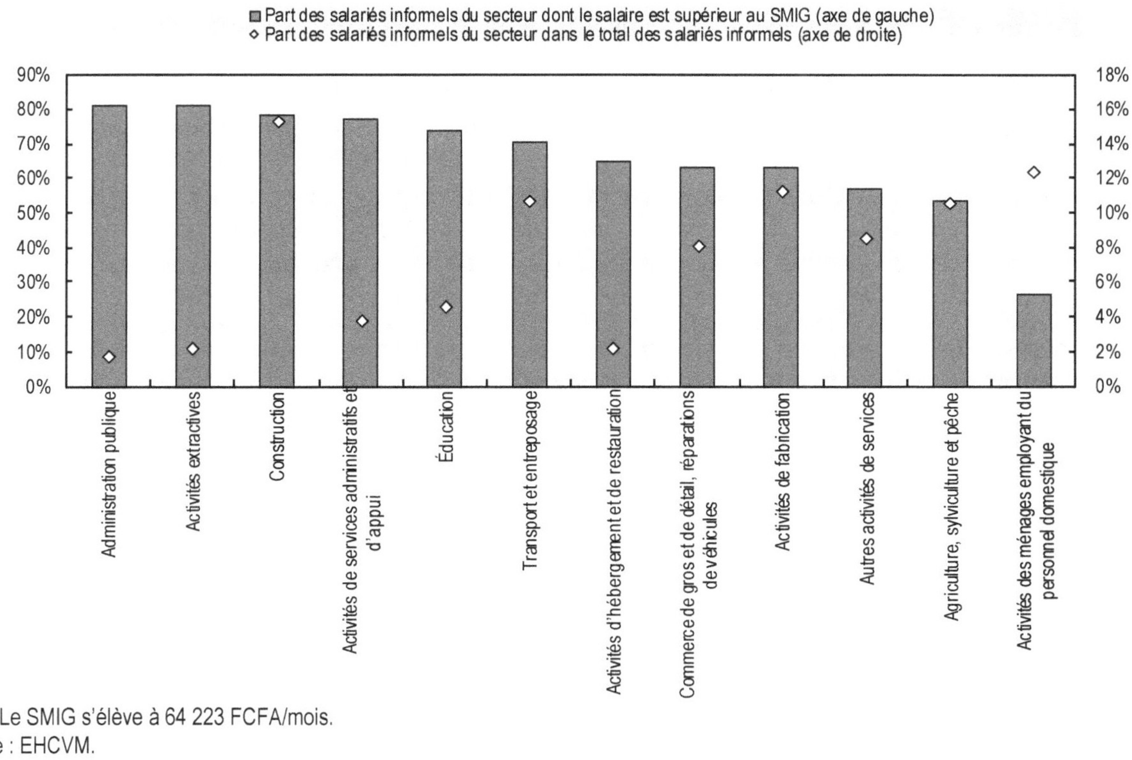

Note : Le SMIG s'élève à 64 223 FCFA/mois.
Source : EHCVM.

L'hétérogénéité des situations des travailleurs informels soulève des opportunités mais aussi des questions et des défis. Les analyses ci-dessus révèlent des situations financières hétérogènes parmi les travailleurs informels. Cependant, en raison de la disponibilité limitée des données sur les revenus de ces travailleurs, l'évaluation fine de leurs capacités contributives demeure un défi pour l'administration. Cela soulève plusieurs questions cruciales :

- Comment évaluer la capacité contributive des travailleurs en l'absence de données fiables sur les revenus ? Peut-on mobiliser les organisations faîtières des secteurs informels pour mieux connaître la capacité contributive des travailleurs informels et penser le développement d'approches sectorielles pour la formalisation et la contribution à des mécanismes d'assurance sociale ?
- Comment adapter les approches aux types de travailleurs informels, en distinguant notamment salariés et travailleurs indépendants ?
- Une fois les capacités contributives des travailleurs informelles mieux évaluées, quel type de paiement mettre en place (Quel niveau de contribution ? À partir de quel niveau de capacité contributive ? Pour des niveaux de capacité contributive modestes une subvention peut-elle être mise en place ?) ?
- Quels mécanismes mettre en place pour garantir le paiement des contributions, leur contrôle, et la régulation des cotisations ?

Ces interrogations sont essentielles et trouvent des éléments de réflexion dans les sous-sections suivantes.

Le rôle phare du RSPC dans la mobilisation des capacités contributives des travailleurs informels au profit de l'assurance sociale

Le processus de formalisation des travailleurs s'inscrit dans le temps long. Les expériences internationales montrent que la transition vers une économie formelle requiert des politiques adaptées et du temps. Au Sénégal, l'informalité étant la norme, cela renchérit les barrières à la formalisation. D'une part, l'étroitesse du secteur formel limite la diffusion d'informations et de connaissances sur les bénéfices et procédures relatifs à la formalisation. D'autre part, la prévalence de l'informalité réduit la « motivation » à se formaliser. Il existe, dans une certaine mesure, une dimension dynamique et des effets d'entraînement à la formalisation. En outre, la peur de l'impôt, la défiance envers l'administration et les entités centralisées, ou encore l'insatisfaction relative aux services publics (quantité, qualité, adéquation avec les besoins), sont autant d'obstacles à la formalisation qui possèdent une certaine inertie.

Le financement de la protection sociale doit être développé même en l'absence d'une formalisation rapide et généralisée. Bien que la formalisation demeure un objectif de premier plan, une transformation massive de l'économie à court terme paraît peu réaliste. Or, le financement de la protection sociale ne peut pas attendre cette transformation graduelle de long terme. En parallèle des efforts menés sur la formalisation, il convient de penser et d'assurer une contribution des travailleurs informels en adéquation avec leurs capacités contributives (Encadré 5.4). L'approche à suivre concernant le financement de la protection sociale par les travailleurs informels est donc double : d'une part développer des politiques publiques en vue de formaliser les agents économiques avec des ambitions modérées, réalistes et graduelles ; d'autre part mettre en place des mécanismes contributifs et semi-contributifs pour les agents non encore formalisés en tenant compte de leur capacité financière.

Il existe un véritable intérêt des travailleurs informels pour l'assurance sociale ainsi qu'une volonté d'y contribuer. Moins de 10 % des UPI déclarent savoir ce qu'est la protection sociale. Parmi les UPI ayant connaissance de la Caisse de Sécurité Sociale, 14 % seulement ne sont pas ou peu satisfaites de son fonctionnement actuel, près de la moitié en sont satisfaites voire très satisfaites, et 39 % n'ont pas d'avis. Par ailleurs, plus de la moitié de l'ensemble des UPI se disent favorables ou très favorables à la mise en place d'un système de cotisations sociales et de protection pour les travailleurs exerçant un métier similaire au leur. La couverture des accidents du travail ressort comme premier choix pour 61 % des UPI, suivie de la garantie retraite (17 %) et de la couverture des maladies professionnelles (11 %). Enfin, plus de la moitié des UPI seraient prêtes à payer des cotisations mensuelles d'au moins 1 000 FCFA (Tableau 5.3).

Tableau 5.3. Montant maximal de cotisation sociale accepté par les UPI intéressées par la sécurité sociale

Pourcentage d'UPI dont le montant maximal de cotisation sociale auxquelles elles consentiraient se trouve dans les intervalles ci-dessous, au sein des UPI favorables à la création d'un système de cotisation et protection sociale pour leur métier, 2017

Montant mensuel de cotisation sociale	entre...	-	1 000 FCFA	3 000 FCFA	5 000 FCFA	10 000 FCFA	20 000 FCFA
	et...	999 FCFA	2 999 FCFA	4 999 FCFA	9 999 FCFA	19 999 FCFA	+
Pourcentage d'UPI prête à cotiser		49 %	37 %	9 %	4 %	1 %	1 %

Note : Les UPI non favorables à la mise en place d'un système de cotisation sociale pour les métiers tels que les leur ne sont pas prises en compte.
Source : ERI-ESI.

Le RSPC s'inscrit dans une logique d'extension de la couverture de l'assurance sociale aux travailleurs informels. Le RSPC est un régime semi-contributif qui apporte une couverture en protection sociale aux UPI, qui ne sont pas dans les régimes obligatoires de sécurité sociale (car informelles). Pour adhérer au RSPC, une UPI doit employer au maximum cinq personnes et avoir un chiffre d'affaires annuel ne dépassant pas 10 M FCFA. Le paquet de prestations de base du RSPC est financé à parts égales (3 500 FCFA par an) par les cotisations des travailleurs et l'État. Le RSPC devrait bénéficier d'un cadre juridique grâce au nouveau code général de la sécurité sociale permettant de rendre à terme le régime obligatoire et son application progressive, secteur par secteur. La gestion technique sera arrimée aux Caisses (Institution de prévoyance retraite du Sénégal (IPRES), Couverture maladie universelle (CMU), Caisse de sécurité sociale). À ce stade, quelques questions restent en suspens relatives :

- Aux différences en termes de prestations entre le paquet de base et le paquet spécifique.
- Au décideur du type de paquet de prestations retenu (le maître artisan, l'artisan compagnon, l'apprenti).
- Le mode de fixation des montants.
- Le mode de collecte des cotisations, de contrôle et de sanction en cas de non-paiement.

L'extension du RSPC est essentielle pour élargir la couverture sociale aux travailleurs informels. Actuellement en phase pilote, le régime couvre les artisans. Comptant 10 000 adhérents en début d'année 2024, le RSPC vise les 100 000 cotisants en fin d'année 2024. Il ambitionne ensuite une croissance rapide pour atteindre les 1,2 M de cotisants à l'horizon 2033. Pour cela, après l'artisanat, le RSPC devra se développer en direction d'autres secteurs, tels que le commerce et l'agriculture et s'étendre progressivement à l'ensemble des secteurs. Le développement de paquets de prestations familiaux est également un vecteur d'extension de la couverture assurée par le RSPC. En outre, la phase pilote du RSPC se concentre actuellement sur la couverture santé. Pour une extension future, il sera nécessaire de définir les modalités de protection pour les autres risques, tels que les accidents du travail, les maladies professionnelles et la vieillesse. Pour cette dernière, les cotisations ouvriraient des droits à une pension de retraite calculée selon un système à points, en fonction des cotisations versées, selon les modalités définies par l'IPRES. Le déploiement devra tenir compte de ces nouvelles branches pour une couverture sociale plus complète. Il est donc important de capitaliser sur l'expérience de cette phase pilote pour assurer une extension rapide et cohérente du régime, à travers sa dimension sectorielle ou en termes de risques couverts.

Les spécificités des filières peuvent être considérées pour développer des approches adaptées. L'extension du régime à différents secteurs et filières, à l'instar des stratégies de soutien à la formalisation, pourrait reposer sur des approches, mécanismes et niveaux de contribution différenciés et adaptés aux différents pans de l'économie informelle. Cela implique de considérer des stratégies spécifiques en fonction des particularités de chaque secteur, afin de maximiser l'efficacité des mesures. Dans cette perspective, il convient en particulier de considérer :

- Prioriser certains secteurs en raison de leur pertinence et les utiliser comme pilotes pour des initiatives qui pourront être étendues à d'autres filières à l'avenir.
- Des mesures différenciées selon les caractéristiques des filières : développer des mécanismes fiscaux et des modalités de paiement différenciés, adaptés aux divers statuts dans l'emploi et prenant en compte les niveaux de revenus des contribuables et leur irrégularité.
- La mobilisation et la collaboration avec les organisations sectorielles, patronales, syndicales, ainsi que les structures du secteur informel, sont cruciales. Ces organisations, grâce à leur connaissance approfondie des acteurs du secteur, de leurs caractéristiques et de leurs difficultés, peuvent jouer un rôle clé en tant que relais de l'action gouvernementale. Impliquer ces entités dans une démarche participative, qui valorise leur expertise terrain et leurs perspectives, est essentiel pour instaurer la confiance, obtenir l'adhésion des travailleurs informels, et faciliter la diffusion de l'information. En outre, ces organisations sont bien positionnées pour encourager l'acceptation et l'adhésion à des régimes d'assurance sociale adaptés. Enfin, il pourrait être utile de les impliquer dans le processus de recouvrement des cotisations, en prévoyant des mécanismes de rétribution appropriés.
- La complexité et les coûts de gestion plus importants inhérents aux approches différenciées.

La réussite de la transition vers une couverture sociale élargie repose sur l'intégration des régimes existants et une gestion efficace de la transition vers une participation obligatoire. Il conviendrait en particulier de penser les modalités d'une fusion de la CGU et du RSPC, ou de l'organisation du passage du RSPC vers la CGU (voir discussion Section La contribution globale unique pourrait constituer un meilleur outil de formalisation). Enfin, la participation est actuellement volontaire, mais il est envisagé de la rendre obligatoire. Rendre obligatoire le RSPC revêt des risques (voir Encadré 5.4) et doit être considéré prudemment. Si cette approche devait être retenue, elle pourrait favoriser l'extension de la couverture de l'assurance sociale mais aussi contribuer à soutenir l'ampleur et la rapidité du processus de formalisation de l'économie. En outre, une expérience positive du dispositif durant sa période « volontaire » facilitera d'autant plus la participation et l'adhésion au régime lorsque celui-ci deviendra obligatoire. Le succès de la phase initiale est donc critique pour assurer celui de la phase de déploiement.

Le coût du RSPC pour l'État est modeste. En 2022, d'après les données de l'EHCVM, le Sénégal compte 4 273 687 travailleurs informels. Si tous ces individus devenaient affiliés au RSPC, le coût annuel des subventions accordées par l'État -3 500 FCFA par adhérent- s'élèverait au total à 15 Mds FCFA, soit 0,08 % du PIB nominal. Ce coût est en réalité légèrement surestimé dans la mesure où une part réduite des travailleurs informels œuvrent dans des unités de production non éligibles au RSPC car leur chiffre d'affaires ou leur nombre d'employés dépassent les plafonds fixés. Les chiffres présentés constituent ainsi une estimation conservatrice du coût pour l'État associé à une affiliation au RSPC de l'ensemble des travailleurs informels.

Le RSPC ne doit pas devenir un régime permanent pour les travailleurs informels. Il convient en effet d'éviter que le RSPC ne devienne un système avec un niveau de cotisations faible créant un différentiel si important avec les régimes offrant des niveaux de couverture plus importants qu'il dissuade les agents informels de migrer vers ceux-ci lorsque leur activité se développe. En l'état, il n'existe guère de perspective pour les travailleurs indépendants dont le chiffre d'affaires ou le nombre d'employés croît et dépasse les critères d'éligibilité au RSPC. Les deux options sont alors, soit d'enregistrer l'activité et de s'acquitter des obligations sociales (et fiscales) au taux standard, ce qui constitue un saut substantiel relativement au niveau de cotisation du RSPC, soit de ne plus s'acquitter d'aucune obligation sociale et de ne plus bénéficier d'aucune protection. Une étape importante consistera donc à définir les modalités d'une transition douce, incitative et progressive vers des niveaux de formalité et de protection renforcés.

Encadré 5.4. Conception et modalités des schémas contributifs à destination des travailleurs informels

L'incitation à transiter d'une situation d'assistance sociale à une situation dans laquelle l'agent s'acquitte d'obligations fiscales ou sociales peut être limitée, ce qui constitue un risque pour le développement de l'économie formelle (Levy, 2008[4]). Il convient donc de penser aux incitations directes et indirectes fournies à l'ensemble des agents de l'économie lors de la conception des mécanismes assurantiels à destination des travailleurs informels. Le niveau de subvention doit notamment être déterminé sur la base d'un ciblage rigoureux.

La mise en place de schémas contributifs subventionnés est cruciale pour alléger la charge des travailleurs indépendants dans le cadre de l'assurance sociale. Ces derniers doivent s'acquitter de l'intégralité du paiement des cotisations (i.e. parts salariale et patronale) pour être couverts par l'assurance sociale, ce qui constitue une charge élevée. Ainsi, la mise en place de schémas contributifs subventionnés par l'État peut être envisagée. Le montant de la subvention ou symétriquement du reste à charge pour les travailleurs indépendants informels doit faire l'objet d'une réflexion dans laquelle la capacité contributive prend place.

Des niveaux de subventions et/ou de prestations différenciés peuvent être considérés. Les travailleurs les plus modestes peuvent parfois bénéficier d'une subvention importante voire intégrale. Le Costa Rica par exemple, a mis en place un système d'assurance sociale obligatoire à destination des travailleurs indépendants informels dans lequel ceux-ci s'acquittent de cotisations sociales selon un barème de sept taux, qui progressent avec le revenu des travailleurs. Une difficulté d'un tel système réside dans l'observation et la détermination du revenu des travailleurs informels (voir supra). Il existe un risque que les agents sous-déclarent et cachent leurs revenus dans le but de s'acquitter de cotisations allégées. Une option peut alors être d'offrir différents menus ou niveaux de bénéfices en fonction du niveau de cotisations. La Thaïlande propose ainsi aux travailleurs informels d'adhérer à un régime d'assurance sociale dédié dans lequel ils peuvent opter pour trois paquets de prestations sociales distincts associé à un niveau de cotisations sociales d'autant plus fort que les prestations sont larges.

Une augmentation progressive des niveaux de contribution peut rendre les régimes de protection sociale plus attractifs pour les travailleurs informels (OCDE, 2024[5]). Un niveau élevé de subvention publique des cotisations des travailleurs informels peut être envisagé durant une période temporaire consécutive à l'adhésion d'un travailleur informel de sorte à rendre le système plus attractif. Une fois le système expérimenté, l'adhérent convaincu des bénéfices et devenu « captif », sera alors susceptible de consentir à un niveau de cotisations supérieur. L'expérience de la Thaïlande montre par ailleurs que les travailleurs informels ayant bénéficié et fait l'expérience de prestations sociales dans le cadre de leur assurance sociale sont plus enclins à cotiser en faveur d'un paquet supérieur. En particulier, une transition du paquet moyen vers le paquet supérieur, dont le niveau de cotisations est trois fois plus élevé, est alors observée.

Un autre élément à considérer dans la conception d'une assurance sociale à destination des travailleurs informels est son caractère volontaire ou obligatoire. Rendre l'assurance obligatoire risque de susciter un rejet, là où l'adhésion et l'attractivité du système sont recherchées. Par ailleurs, dans une logique d'obligation, un défi est de déterminer la capacité contributive des ménages et dans quelle mesure leur adhésion doit être plus ou moins fortement subventionnée. Devant cette difficulté, il est possible d'opter pour un niveau de cotisations faibles, avec le risque de limiter les incitations à transiter vers la formalité. Au contraire, le choix d'un niveau de cotisations élevés rendra le système peu abordable pour les plus modestes. Les régimes volontaires peinent à attirer un nombre important de travailleurs informels. Une approche hybride et séquentielle pourrait être envisagée, dans laquelle un nouveau régime pourrait être proposé de façon volontaire pour une durée déterminée (par exemple 3 ans), à l'issue de laquelle l'adhésion deviendrait obligatoire. Cette approche permettrait de capitaliser sur les avantages des deux approches en réduisant leurs inconvénients respectifs. L'objectif recherché serait notamment une plus grande adhésion populaire, le développement de la connaissance et de la confiance dans le système.

La digitalisation croissante de l'économie, y compris dans le secteur informel, représente une opportunité significative pour mettre en place des systèmes contributifs simples et peu contraignants. Par exemple, une collaboration avec les plateformes de paiements numériques, tels que Wave, utilisées notamment par les taxis, les transporteurs et les restaurateurs, peut permettre de mettre en place un prélèvement modique sur chaque transaction jusqu'à l'atteinte d'un certain niveau de cotisations, qui seraient ainsi collectées de manière simple, efficace et indolore pour les agents. En parallèle, ces outils numériques pourraient favoriser la flexibilisation des contributions pour prendre en compte l'irrégularité des revenus des travailleurs informels, facilitant ainsi leur adhésion.

Promouvoir les formes d'organisation communautaires et exploiter les mécanismes endogènes de financement de la santé. L'expérience de certains villages est intéressante. Par exemple, le chef de village réquisitionne un champ qu'il affecte au financement de la santé des villageois. Les recettes des récoltes sont utilisées pour payer les cotisations qui s'élèvent, dans le cadre de la CMU, à 3 500 FCFA par personne et par an, pour que tous les individus puissent adhérer aux mutuelles de santé. Un fonds social est mis en place pour subventionner les cotisations des indigents et la possibilité est donnée de contribuer en nature à partir des produits locaux.

Source : OCDE.

La contribution globale unique pourrait constituer un meilleur outil de formalisation

Le Sénégal a mis en place en 2012 la CGU, qui est un régime d'imposition forfaitaire. Ce type de régime permet d'imposer les contribuables sur la base d'une assiette présumée qui vise à approximer les revenus lorsque ceux-ci sont difficiles à observer. Ceci est le cas pour les travailleurs indépendants et les petites entreprises, qui tiennent souvent une comptabilité rudimentaire et ont recours à des paiements en liquide ce qui favorise la sous-déclaration. Au Sénégal, les deux-tiers des travailleurs informels sont indépendants (Graphique 5.9). La CGU facilite l'acquittement des obligations fiscales des personnes physiques exerçant une activité commerciale ou de prestation de services, en leur permettant de s'acquitter en une seule fois de six impôts distincts (Encadré 5.5).

La CGU peut servir d'outil à la formalisation. L'un des objectifs principaux des régimes simplifiés d'imposition (RSI) est de développer une culture de la conformité fiscale sur le long terme, d'encourager les entreprises à se formaliser et intégrer le système fiscal, et à migrer ensuite vers le régime réel. L'objectif n'est ainsi pas de collecter un maximum de recettes fiscales au risque de décourager les contribuables d'adhérer à la CGU et de migrer vers le système fiscal standard. Par conséquent, il est essentiel que les démarches fiscales au sein de la CGU soient simples, que le régime offre un intérêt à être rejoint, et que la transition vers le régime réel soit accompagnée. Le reste de cette section discute du rôle que ce régime peut jouer en matière de formalisation, et la conception de la CGU à la lumière des bonnes pratiques et des expériences internationales décrites dans (Mas-Montserrat et al., 2023[6]).

Graphique 5.9. Statut professionnel des travailleurs informels

Part des travailleurs informels selon le statut professionnel, 2021-22

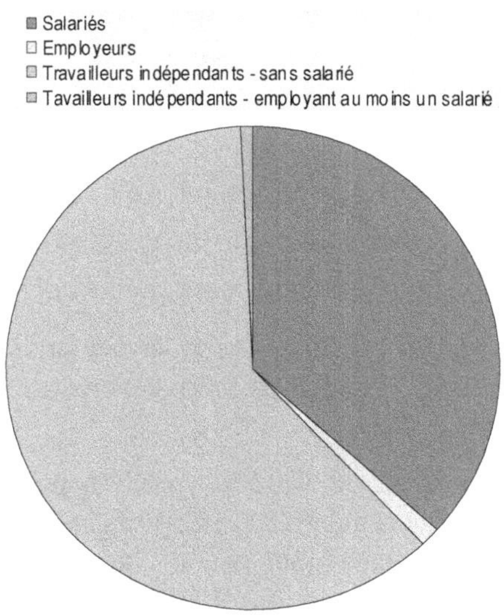

Source : EHCVM 2021-22.

Encadré 5.5. Description de la CGU

La CGU est due par les personnes physiques exerçant des opérations de livraison de biens ou des opérations de prestation de services dont le chiffre d'affaires annuel, tous droits et taxes compris, n'excède pas 50 M FCFA. La CGU ne s'applique pas aux personnes physiques dont l'activité relève de la catégorie des bénéfices non commerciaux (i.e. professions libérales), aux personnes physiques réalisant des opérations de vente, de location d'immeubles ou de gestion immobilière, et aux personnes morales.

La CGU regroupe six impôts différents :

- L'impôt sur le revenu assis sur les bénéfices industriels et commerciaux
- L'impôt du minimum fiscal
- La taxe sur la valeur ajoutée (TVA)
- La contribution forfaitaire à la charge des employeurs
- La contribution économique locale (taxe locale)
- La contribution des licences des débits de boissons (taxe locale)

Le taux est de 5 % pour les prestataires de services et 2 % pour les commerçants et producteurs, appliqué au chiffre d'affaires. Le montant ne peut être inférieur à 30 000 FCFA pour les personnes physiques prestataires et 25 000 FCFA pour les personnes physiques commerçantes. L'impôt est payé en trois acomptes correspondant au tiers de l'impôt dû.

L'évaluation du chiffre d'affaires est réalisée par l'administration fiscale sur la base des éléments déclarés par le contribuable :

- Le montant des achats de l'année précédente
- La valeur globale, au prix de revient, des stocks au 1er janvier et au 31 décembre de ladite année
- Le montant des ventes ou le chiffre d'affaires du 1er janvier au 31 décembre de ladite année
- Le montant des loyers professionnels et privés
- Le nombre et la puissance des automobiles utilitaires et de tourisme
- La superficie des exploitations agricoles en rapport et les moyens matériels mis en œuvre

Les contribuables doivent tenir un registre récapitulé par année, présentant le détail de leurs achats appuyés de factures justificatives, et un livre journal servi au jour le jour et représentant le détail de leurs recettes professionnelles.

Les contribuables dont le montant de l'impôt n'excède pas 100 000 francs sont tenus de payer spontanément l'impôt dont ils sont redevables. La commission de recouvrement de la CGU se déplace sur le territoire de la collectivité locale pour vérifier l'acquittement effectif de l'impôt dont le montant n'excède pas 100 000 francs et au besoin, établir et encaisser l'impôt non versé. La commission comprend un représentant du trésor, un représentant des impôts, un représentant de la collectivité locale concernée et un représentant en uniforme de la force publique.

Source : CGI.

Offrir une protection sociale par le paiement de cotisations sociales constituerait une incitation importante à rejoindre le régime

Les analyses et pistes de réflexion proposées dans cette section et la suivante pourront être complétées par des analyses complémentaires sous réserve d'un accès aux micro-données des contribuables imposés sous le régime de la CGU.

La CGU pourrait inclure les cotisations dans le paiement unique, et par conséquent, offrir une protection sociale à ses contribuables. Bénéficier du système de protection sociale constitue une incitation importante à rejoindre le régime, tout en améliorant la couverture des travailleurs. L'inclusion des cotisations sociales dans le RSI dans divers pays d'Amérique Latine a constitué un incitatif ayant soutenu significativement la participation à ces régimes (Encadré 5.6). L'inclusion du paiement de cotisations sociales pourrait être considérée dans la CGU, à des taux inférieurs à ceux actuellement en place dans les régimes contributifs. Un co-paiement de l'État pourrait être considéré. Par souci de simplicité et d'efficience, une seule administration (la Direction générale des impôts et domaines) pourrait avoir la charge de la collecte, avec le concours opérationnel des communes, sous réserve d'une coordination efficace avec les caisses de régimes contributifs pour la bonne redistribution du montant correspondant aux cotisations, à l'instar du fonctionnement des RSI brésilien, colombien, uruguayen, argentin ou tunisien. L'implication de l'ensemble des parties prenantes dans une telle réforme de la CGU est donc critique pour assurer sa réussite.

Dans cette optique, un rapprochement du RSPC et de la CGU pourrait être considéré. Les cotisations de RSPC pourraient être incluses dans le régime de la CGU pour les UPI éligibles au RSPC, c'est-à-dire dont le chiffre d'affaires est inférieur à 10 M FCFA et le nombre d'employés inférieur ou égal à cinq. Dès lors, tout contribuable s'acquittant de la CGU, et ses potentiels employés, seraient couverts par les bénéfices prévus par le RSPC. Concrètement, plusieurs options peuvent être envisagées pour l'inclusion des cotisations de RSPC dans la CGU :

1. Appliquer les taux de CGU en vigueur (2 % et 5 % selon la nature de l'activité) et y ajouter une cotisation de 3 500 FCFA mensuels (propre au RSPC) par personne travaillant dans l'entreprise.
2. Appliquer des taux de CGU légèrement réhaussés (par exemple 2,5 % et 5,5 %).

La première option permet une potentielle augmentation des recettes. En revanche, elle rend le calcul du montant de l'impôt dû selon le nombre d'employés moins direct et désincite les petites UPI à augmenter le nombre d'employés ou à les déclarer ce qui va à l'encontre des objectifs recherchés. Enfin, l'augmentation des taux de CGU envisagée dans la seconde option permettrait de couvrir le coût des cotisations de RSPC sans éroder les recettes de CGU qui auraient été mobilisées aux taux avant réforme, étant entendu que la partie correspondant aux cotisations de RSPC devra être reversée aux caisses sociales. Sur la base du nombre de travailleurs et d'unités de production informels estimés à partir de l'ERI-ESI, si toutes les UPI éligibles au RSPC s'acquittaient de la CGU à ces taux réhaussés, les recettes de CGU seraient de l'ordre de 20 Mds FCFA (0,11 % du PIB) supérieures à celles qui seraient mobilisées avec les taux actuels. Ce différentiel permettrait donc effectivement de couvrir le coût des cotisations de RSPC (estimés à 15 Mds pour l'ensemble des UPI éligibles au RSPC et leurs employés).

L'inclusion de prestations de sécurité sociale pourrait créer une incitation forte à la mise en conformité. La CGU fait face à des résistances et sa collecte est peu aisée. En fournissant des protections de sécurité sociale en contrepartie de l'acquittement de la CGU, le consentement à l'impôt pourrait être significativement augmenté. Ceci pourrait radicalement changer la perception de cet impôt et sa collecte. Sur la base du nombre d'UPI estimé à partir de l'ERI-ESI, si toutes les UPI éligibles au RSPC s'acquittaient de la CGU, les recettes associées seraient de l'ordre de 0,54 % de PIB sous l'option 2 et de 0,64 % de PIB sous l'option 3.

Parallèlement, une fiscalité évolutive dans le temps pourrait encourager les contribuables à s'acquitter de leurs obligations au regard de la CGU. C'est l'approche suivie par plusieurs régimes d'imposition simplifiés qui offrent initialement des taux réduits avant d'augmenter graduellement la charge fiscale (Encadré 5.7). Toutefois, une telle mesure requiert des mécanismes de contrôle rigoureux permettant d'éviter les abus tels que les allers-retours répétés entre la CGU et l'informalité. Enfin, la diffusion de l'information autour des obligations mais aussi des bénéfices est cruciale pour atteindre les contribuables potentiels. La mobilisation d'organisations locales, couplée à des campagnes de publicité ciblées, peut aider à sensibiliser et informer les petites unités de production sur les avantages de la CGU.

Graphique 5.10. Distribution des UPI selon leur chiffre d'affaires

Chiffre d'affaires mensuel moyen annualisé déclaré par les UPI, 2017 (en FCFA de 2023)

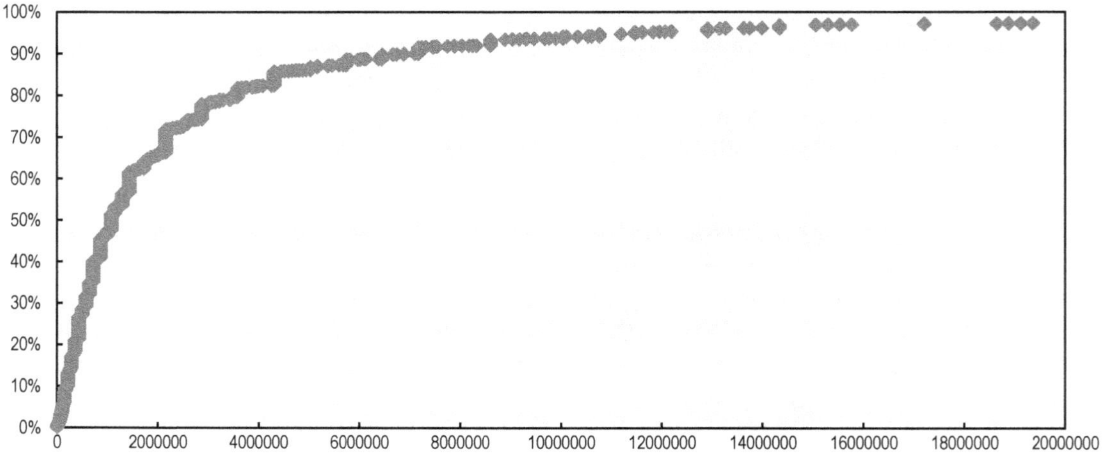

Note : 92,7 % des UPI déclarent un chiffre d'affaires inférieur à 20 M FCFA et 0,7 % un chiffre d'affaires supérieur à 50 M FCFA.
Source : ERI-ESI.

Encadré 5.6. RSI et cotisations sociales

Les RSI ciblant les travailleurs indépendants et les micro-entreprises incluent généralement des conditions préférentielles de cotisations sociales. C'est par exemple le cas pour la cotisation retraite dans le cadre du régime *Monotributo Social* en Argentine, ou encore de la cotisation à l'assurance santé qui est volontaire dans le cadre du régime *Monotributo Social* en Uruguay. Ces cotisations préférentielles donnent droit à des prestations sociales spécifiques telles qu'une pension minimum. Les cotisations pour prestations familiales sont proposées sur une base volontaire en Argentine et en Uruguay (*Monotributo*).

Source : OCDE.

Encadré 5.7. Fiscalité des RSI évolutive dans le temps

Le *Regime forfetario* italien soumet ses contribuables à un taux d'imposition de 5 % durant les cinq premières années suivant l'entrée dans le régime, puis à un taux de 15 %. Les contribuables mexicains bénéficient d'une réduction de 100 % sur l'impôt dû lors leur première année au sein du *Régimen de Incorporación Fiscal*, puis la réduction décroît annuellement par tranche de 10 points de pourcentage. Les régimes d'imposition uruguayens prévoient une réduction initiale de 75 % de l'impôt dû qui décroît progressivement durant les trois ou quatre premières années.

Source : OCDE.

Améliorer la conception du régime

Groupe cible

Le groupe cible est bien défini (Mas-Montserrat et al., 2023[6]). Le groupe cible n'est pas limité à des activités spécifiques. Il comprend une définition large des activités économiques, excluant uniquement les secteurs susceptibles de générer des revenus élevés ou ayant recours à des capacités managériales développées.

Critères d'éligibilité

Une évaluation du plafond (ou seuil maximal) de chiffre d'affaires pour l'éligibilité au régime est à considérer. Le plafond de chiffre d'affaires pour être éligible à la CGU s'élève à 50 M FCFA, soit 50 fois le PIB par habitant. Cela correspond à un niveau élevé en comparaison internationale (Graphique 5.11). Au sein d'une sélection de RSI de pays africains réservés aux personnes physiques, seule la Côte d'Ivoire a instauré un plafond aussi élevé (50M FCFA pour le *régime de l'entreprenant*). Certains pays africains ont mis en place des RSI avec des plafonds plus élevés encore, mais ces régimes sont alors ouverts aux personnes morales. C'est le cas du *régime des microentreprises* en Côte d'Ivoire ou encore de la *turnover tax* au Kenya. Ces derniers, en tant qu'ils sont ouverts aux personnes morales, ciblent groupes d'unités de production de tailles variables. En ce sens, ils doivent être distingués des RSI tels que la CGU, qui ciblent spécifiquement les petites unités de production sous la forme de personnes physiques. Le plafond de la CGU n'a jamais été révisé depuis l'instauration de la CGU. La détermination du plafond est critique : celui-ci ne doit pas être trop haut afin de ne pas inclure trop de contribuables qui devraient être soumis au régime réel d'imposition, ni trop bas pour ne pas pousser vers le régime réel d'imposition les indépendants aux revenus et capacités moyennes qui peineront à s'acquitter de leurs obligations fiscales. Une évaluation du plafond en vue d'une éventuelle révision ou d'une différenciation sectorielle (par exemple un plafond plus bas pour les prestataires de services, dont les charges sont généralement plus basses que celles des commerçants) requerrait l'accès et l'analyse à des micro-données.

Le régime contient des dispositions pour empêcher et contrôler le fractionnement des entreprises. Le CGI précise que le seuil s'applique à « l'ensemble des opérations réalisées dans tous les établissements de l'entreprise, y compris celles exonérées », ce qui permet d'éviter le morcellement de l'activité pour rester sous le seuil.

Graphique 5.11. Plafond de chiffre d'affaires pour l'éligibilité aux RSI

Chiffre d'affaires (exprimé en USD à parité de pouvoir d'achat) maximal pour être éligible à un régime d'imposition simplifié destiné aux personnes physiques dans une sélection de pays africains, 2022

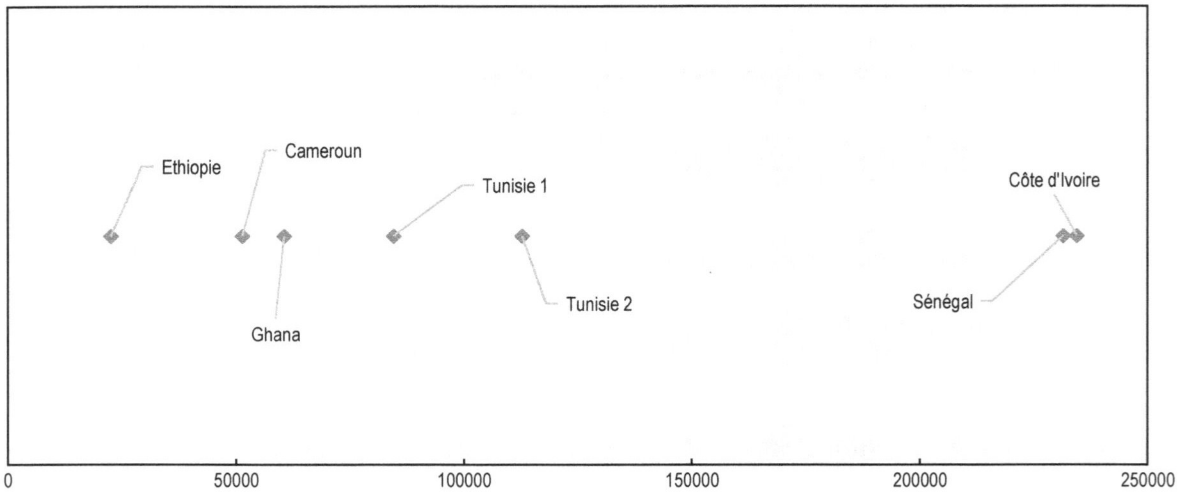

Note : Ne sont considérés qu'une sélection de RSI de pays d'Afrique réservés aux personnes physiques. Sont ainsi exclus des RSI destinés aux personnes morales ou ouvert aux personnes morales et physiques, à l'instar du régime des microentreprises ivoirien ou encore de la *turnover tax* kényane.
Source : Codes généraux des impôts nationaux.

Type de régime

Le régime est basé sur des indicateurs d'activité économique. L'évaluation du chiffre d'affaires, qui sert de base d'imposition, est effectuée par l'administration fiscale en s'appuyant sur les éléments déclarés par le contribuable, incluant le chiffre d'affaires lui-même, mais aussi d'autres informations telles que le montant des loyers, ainsi que les véhicules et terrains agricoles dont il est propriétaire (Encadré 5.5). Ces informations complémentaires fournissent à l'administration des critères d'évaluation objectifs permettant de présumer le chiffre d'affaires réalisé par le contribuable.

Ces indicateurs présentent plusieurs avantages. Ils sont moins facilement manipulables et ont pour avantage d'être plus précis dans l'estimation des profits des entrepreneurs que les régimes basés exclusivement sur le chiffre d'affaires. Leur utilisation ne nécessite pas de tenue de compte, ce qui réduit les coûts de mise en conformité fiscale des entrepreneurs (toutefois il est à noter que dans le cas du Sénégal, les contribuables doivent tenir un registre annuel du détail de leurs achats appuyés de factures justificatives, et un livre représentant le détail de leurs recettes professionnelles, ce qui est contraire au principe de simplification administrative de ce type de régime). D'autres pays incluent d'autres indicateurs dont le nombre d'employés (ce qui désincite à l'embauche de travailleurs formels), la superficie des locaux utilisés pour exercer l'activité, la consommation d'eau, d'électricité ou d'autres intrants (mais cela requiert des capacités analytiques significatives de la part de l'administration fiscale), ou le nombre d'années d'opération de l'entreprise ou d'expérience professionnelle de l'entrepreneur.

Toutefois, ces régimes sont souvent mal acceptés et difficiles à concevoir. L'inclusion de plusieurs critères réduit la transparence sur le montant du chiffre d'affaires qui sera retenu par l'administration et réduit la lisibilité du régime pour le contribuable. Le choix des indicateurs retenus est délicat. Ces derniers doivent refléter le profit et les capacités à payer des entrepreneurs, ce qui nécessite des analyses préalables détaillées sur les niveaux de rentabilité des entités, tout en étant facilement vérifiables, avec un risque limité de manipulation, substitution ou dissimulation. Quel que soit les indicateurs retenus, des ajustements sectoriels par le biais de coefficients sont souvent nécessaires pour refléter les différences de rentabilité sectorielles. Enfin, ils nécessitent des capacités de traitement et d'analyse des informations par l'administration fiscale, et d'analyse des informations, importantes.

Obligations fiscales

Le calcul des obligations fiscales a été simplifié en 2019. À l'origine, les prestataires de services, les commerçants revendeurs de ciment et de denrées alimentaires, et les autres commerçants et revendeurs étaient soumis à trois barèmes progressifs distincts, chacun constitués de trois à cinq tranches. Ceci a été remplacé en 2019 par l'application de deux taux uniques sur le chiffre d'affaires (5 % pour les prestataires de services et 2 % pour les commerçants et producteurs). Ce changement contribue à réduire la complexité du régime, les incitations à la sous-déclaration et le coût de gestion de l'impôt par l'administration, et facilite sa bonne compréhension par les petits contribuables. Toutefois, les écarts de rentabilité entre entrepreneurs ne sont plus pris en compte.

Il n'est pas conseillé de changer le mode de calcul des obligations fiscales sans analyse poussée de la situation des contribuables dans la CGU. Le Sénégal est passé d'un régime relativement complexe en termes de calcul des obligations fiscales, tenant compte des différences de rentabilité entre secteurs et contribuables (barèmes distincts ; taux progressifs), à un régime simple (deux taux différenciés selon les secteurs). Revenir à une plus grande différenciation n'apparaît pas judicieux sans analyse préalable poussée des niveaux d'imposition des contribuables (par secteur, par niveau de rentabilité, quelle évolution des niveaux d'imposition avec le changement du barème en 2019, etc.).

Impôts concernés

Le paiement unique se substitue à de nombreux impôts, dont des impôts locaux et la TVA. Ceci constitue une bonne pratique.

Gestion administrative

Le régime de la CGU dispose encore d'une marge en matière de simplification des procédures. L'enregistrement, la déclaration et le paiement en ligne constituent une bonne pratique et sont développés dans la majorité des régimes d'imposition simplifiés, à l'exemple de l'Argentine, de la France, du Mexique et de la Tunisie. Les plateformes numériques associées à ces régimes proposent d'autres services permettant par exemple d'éditer des factures électroniques, ou encore d'assurer la traçabilité des recettes et des dépenses. Enfin, l'Uruguay et le Mexique offrent la possibilité aux contribuables assujettis au régime de poser des questions en ligne, le Mexique offrant en outre des sessions d'informations et de formation à ses outils et services en ligne. La CGU pourrait s'inspirer de ces pratiques afin de faciliter les démarches des contribuables et favoriser leur mise en conformité avec leurs obligations. En outre, cela pourrait avoir avec un impact positif significatif sur les coûts de gestion de cet impôt. À court terme, la priorité est de permettre la déclaration et le paiement en ligne, notamment via mobile, les contribuables de la CGU devant à ce jour s'acquitter de leurs obligations par le biais du centre fiscal dont ils dépendent.

L'administration fiscale doit veiller à limiter les opportunités d'évasion et de fraude fiscales que la CGU pourrait engendrer. Sur le modèle de l'expérience mexicaine jusqu'en 2021, la création d'une unité dédiée à la gestion de la CGU permettrait de renforcer le contrôle, notamment en détectant des anomalies à travers le suivi du nombre de contribuables enregistrés et des recettes fiscales. En outre, une analyse approfondie du dispositif (nombre de contribuables s'acquittant de la CGU, revenus, activités, nombre d'employés, etc.) permettrait de mieux cibler les contrôles et de soutenir des ajustements dans les modalités d'application de la CGU. Bien que des sanctions soient déjà prévues dans le CGI (taxation majorée, saisie de stock, fermeture administrative), il convient d'analyser leur application effective pour déterminer leur fréquence mais aussi leur bonne proportionnalité avec les infractions constatées et les capacités des contribuables. Le recours aux indépendants fictifs (travailleur passant d'un statut de salarié à celui d'indépendant tout en continuant à travailler pour la même entreprise afin de réduire les obligations fiscales) doit également être contrôlé et le cas échéant sanctionné. Certains régimes d'imposition simplifiés, à l'instar du Brésil, de la Colombie, la France, la Tunisie et de l'Italie, utilisent des règles afin d'éviter le phénomène d'indépendants fictifs, dont le Sénégal pourrait s'inspirer. Le *Regime forfetario* italien par exemple interdit au contribuable d'avoir pour principal client un employeur actuel ou ancien (ou une personne directement ou indirectement liée à cet employeur). Le KATA hongrois autorise lui seulement d'avoir des particuliers comme clients. Le *Resico* mexicain exclut les travailleurs indépendants qui perçoivent des revenus pouvant être catégorisés comme des « revenus assimilés à des revenus de travail » (par exemple, rémunérations des conseils d'administration, honoraires reçus de manière récurrente d'une entreprise, etc.). Enfin, encourager la traçabilité des paiements, notamment via des paiements électroniques, contribue à limiter la sous-déclaration et à améliorer la transparence fiscale. À cet effet certains régimes, mettent en place des services de facturation électronique gratuits (Colombie, Mexique), offrent des incitations fiscales sous la forme de crédit d'impôt (Colombie, Italie), ou encore imposent la facturation électronique (Argentine, Colombie, Italie).

La coordination institutionnelle est essentielle pour assurer l'efficacité du régime de la CGU. Une évaluation inclusive du dispositif doit être menée, intégrant l'administration fiscale, les communes et les organisations faîtières professionnelles. Cette collaboration permettra de mieux mesurer les effets du dispositif sur la formalisation des activités, le respect des obligations fiscales et les pratiques des travailleurs indépendants. Par exemple, le régime du Brésil est géré par un comité représenté par les trois niveaux de gouvernement et la Colombie pratique l'échange d'informations avec les collectivités territoriales et organisent avec elles des audits fiscaux conjoints. En rassemblant les différents pertinents, l'évaluation de la CGU permettra de suivre et renforcer son efficacité, notamment en termes de participation, de mobilisation de recettes et de transition vers le régime fiscal standard.

Interaction avec le régime réel d'imposition

La transition vers le régime d'imposition réel peut être facilitée par des stratégies ciblées. A l'instar des mesures proposées pour faciliter l'adhésion à la CGU, la transition vers le régime réel peut être encouragée par l'introduction de mesures temporaires, telles qu'un allègement ponctuel de la fiscalité ou des procédures simplifiées telle que la tenue d'une comptabilité simplifiée. La transition vers le régime réel en Argentine s'accompagne par exemple de conditions préférentielles relatives à la TVA et à l'IRPP. L'accompagnement à travers des formations en comptabilité pourra aider le contribuable à s'acquitter progressivement de ses obligations et soutiendra son adaptation aux exigences administratives du régime réel, assurant ainsi une transition plus fluide et durable vers un régime fiscal plus complexe. L'administration fiscale devra veiller à maintenir un alignement progressif de la fiscalité pour les contribuables proches du seuil d'entrée dans le régime réel pour lisser la transition, réduisant ainsi les écarts d'imposition.

Le différentiel de taux d'imposition effectif entre la CGU, l'IRPP et l'IS ne favorise pas la transition vers le régime réel. Le taux d'imposition effectif sous le régime de la CGU est très nettement inférieur à celui de l'impôt sur les bénéfices des sociétés taxés à travers l'IS, et à celui de l'impôt sur les bénéfices industriels et commerciaux et des bénéfices non commerciaux taxés à travers l'IRPP (Graphique 5.12). À l'approche du chiffre d'affaires maximal pour être éligible à la CGU (50 M FCFA), les travailleurs indépendants ne sont donc pas incités à migrer vers le régime réel. Le taux d'imposition relatif à l'IS est de 30 %. Le différentiel avec le taux d'imposition sur les bénéfices sous le régime de la CGU est ainsi de 27 points de pourcentage pour les commerçants et 22 points de pourcentage pour les prestataires de services pour un niveau de charges représentant 40 % du chiffre d'affaires (i.e. pour un taux de profit de 60 %). Le différentiel de fiscalité s'annule seulement lorsque le taux de profitabilité tombe à un niveau très bas et peu commun (17 % pour les prestataires de services et 7 % pour les commerçants). Ce différentiel crée une incitation pour les travailleurs indépendants à rester sous le régime de la CGU, en limitant volontairement l'expansion de leur activité, en fragmentant leurs activités en plusieurs entités ou en sous-déclarant leurs chiffres d'affaires pour demeurer éligibles à la CGU.

Graphique 5.12. Taux d'imposition sur les bénéfices sous la CGU, l'IS et l'IRPP selon le niveau de profitabilité

Taux d'imposition effectif sur les bénéfices pour une unité de production avec un chiffre d'affaires de 50 M FCFA selon le niveau de charges (axe horizontal)

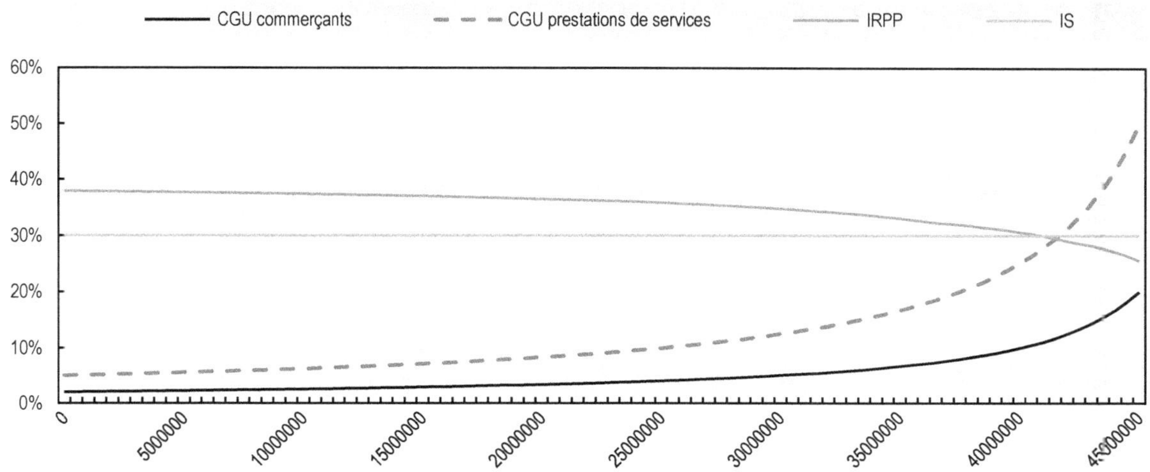

Note : La progression vers la droite sur l'axe horizontal représente une augmentation des charges et donc une réduction des bénéfices relativement à un chiffre d'affaires fixe de 50 M FCFA. Lorsque les charges sont nulles, le bénéfice est donc de 50 M FCFA. Par contraste, lorsque les charges sont de 50 M FCFA, le bénéfice est nul.
Source : OCDE.

Encadré 5.8. Recommandations

- Adapter la stratégie de formalisation au profil socio-économique des cibles :
  - Renforcer les contrôles et opérations de mise en conformité dans les secteurs avec une faible proportion de travailleurs vulnérables ou pauvres, en commençant par les secteurs avec une forte proportion de travailleurs informels.
  - Privilégier des mesures d'accompagnement dans les secteurs à forte précarité.
  - Collaborer avec les organisations professionnelles pour élaborer des stratégies adaptées aux spécificités de chaque secteur et maximiser l'impact des initiatives de formalisation.
- Intégrer des prestations de protection sociale au régime de la CGU et assurer la redistribution des recettes entre entités concernées (DGID, collectivités locales, caisses des régimes contributifs).
- Considérer la modification de certaines règles fiscales encadrant la CGU :
  - Réévaluer le plafond de chiffre d'affaires pour l'éligibilité au régime.
  - Simplifier les procédures (enregistrement, déclaration, paiement en ligne).
  - Analyser les interactions avec le régime réel.

Références

Bruhn, M. et D. McKenzie (2014), « Entry Regulation and the Formalization of Microenterprises in Developing Countries », *The World Bank Research Observer*, vol. 29/2, pp. 186-201, https://doi.org/10.1093/wbro/lku002. [2]

Levy, S. (2008), *Good Intentions, Bad Outcomes: Social Policy, Informality, and Economic Growth in Mexico*, Brookings Institution Press, https://www.brookings.edu/books/good-intentions-bad-outcomes/ (consulté le 25 septembre 2024). [4]

Mas-Montserrat, M. et al. (2023), « La conception des régimes d'imposition forfaitaire », *Documents de travail de l'OCDE sur la fiscalité*, n° 59, Éditions OCDE, Paris, https://doi.org/10.1787/acd81d56-fr. [6]

OCDE (2024), *Breaking the Vicious Circles of Informal Employment and Low-Paying Work*, Éditions OCDE, Paris, https://doi.org/10.1787/f95c5a74-en. [5]

OIT (2003), *Rapport de la Conférence Dix-septième Conférence internationale des statisticiens du travail*, https://www.ilo.org/sites/default/files/wcmsp5/groups/public/%40dgreports/%40stat/documents/publication/wcms_088103.pdf (consulté le 1 octobre 2024). [1]

Ulyssea, G. (2020), « Informality: Causes and Consequences for Development », *Annual Review of Economics*, vol. 12/1, pp. 525-546, https://doi.org/10.1146/annurev-economics-082119-121914. [3]

6 Renforcer la conformité sociale

Ce chapitre aborde la problématique de l'évasion sociale (non-paiement, ou paiement partiel, des cotisations sociales au sein des entreprises formelles), importante au Sénégal, et propose de mettre en œuvre une approche collaborative entre parties prenantes et informée à travers la production de données et leur partage.

L'évasion sociale constitue un défi majeur pour le financement des régimes contributifs

La réduction de l'évasion sociale doit être considérée comme une priorité de politique publique. Au contraire, la lutte contre l'évasion fiscale fait partie des priorités de la Direction générale des impôts et domaines (DGID). Plusieurs mesures ont été mises en œuvre ces dernières années : des brigades mixtes composées de personnel des douanes et des impôts, le prélèvement de conformité fiscale, l'interconnexion entre les régies (Trésor, douanes et impôts), la dématérialisation de certaines opérations, etc. Par ailleurs, le Sénégal a pris part aux programmes d'Inspecteurs des impôts sans frontières en 2014, 2017 et 2022 pour conférer à l'administration fiscale sénégalaise de meilleurs outils et pratiques, notamment pour lutter contre l'évasion fiscale (OCDE/PNUD, 2024[1]). Ces efforts sont à saluer et à développer. Par exemple, une meilleure administration de l'IRPP faisant effectivement reposer son calcul sur l'ensemble des revenus, conformément aux dispositions du CGI -plutôt que d'imposer séparément les différentes sources de revenus, comme c'est souvent le cas en pratique par le biais de retenues à la source- pourrait générer des recettes supplémentaires d' Impôt sur le Revenu des Personnes physiques (IRPP) de l'ordre de 30 Mds de FCFA (8,5 % du total des recettes d'IRPP) (Bachas et al., 2023[2]). En parallèle de la mise en conformité fiscale, il est important que les efforts soient accentués sur la conformité sociale, qui constitue une condition critique au développement des régimes contributifs et à la stratégie de financement de la protection sociale.

Le faible taux de recouvrement des cotisations sociales constitue un défi pour le financement des régimes contributifs. L'évasion sociale, définie comme le non-paiement des cotisations, ou le paiement partiel de cotisations, au sein d'un secteur formel privé de taille réduite pèse sur le financement des régimes contributifs. L'Institution de prévoyance retraite du Sénégal (IPRES) évalue le taux d'évasion sociale à 50 % (voir Chapitre 4). Pour l'assurance maladie, l'évasion sociale serait plus sévère encore.

L'évasion sociale dans le secteur de l'assurance maladie s'effectue par deux canaux :

- **La non-affiliation des entreprises formelles auprès d'Institutions de prévoyance maladie (IPM).** L'ICAMO recense 4 000 entreprises adhérentes auprès d'une IPM en 2022 (+ 46 % par rapport à 2021). Malgré cette évolution positive, l'ICAMO recense 3 000 entreprises qui cotisent à l'IPRES mais n'adhèrent pas auprès d'IPM. La plus forte évasion sociale pour l'assurance maladie (IPM) que pour la retraite (IPRES) contredit en apparence l'idée d'une préférence pour le présent et d'un relatif désintérêt pour le long terme. Pour justifier de cette non-affiliation, les entreprises avancent plusieurs raisons : absence d'obligation, faible importance dans la mesure où il existe des systèmes d'assurance maladie privés (mutuelles de santé), coût et complexité administrative. La feuille de route du programme de lutte contre l'évasion sociale de l'Institution de coordination de l'assurance maladie obligatoire (ICAMO) fixe un objectif plancher de 500 nouvelles entreprises adhérentes et de 10 000 nouveaux travailleurs couverts par an. Cet objectif repose notamment sur des campagnes de communication, information et sensibilisation ; le ciblage des entreprises non-adhérentes ; le contrôle, le suivi et l'accompagnement des entreprises. Cet objectif est largement atteint en 2022 avec près de 1 250 nouvelles entreprises adhérentes et 26 700 nouveaux travailleurs couverts.
- **Les absences ou irrégularités de cotisations des entreprises adhérentes.** Le taux de recouvrement des cotisations auprès des entreprises adhérentes est de 61 % en 2022. Contrairement à l'IPRES et à la Caisse de sécurité sociale (CSS), il est plus difficile pour l'ICAMO de procéder à des contrôles car l'ICAMO ne possède pas ses propres inspecteurs et est dépendante de ceux du Ministère du travail, de l'emploi et des relations avec les institutions (MTERI).
- **L'évasion sociale est un phénomène multifactoriel.** Ses causes résident notamment dans un faible intérêt des ménages pour les systèmes assurantiels basés sur la solidarité nationale

relativement aux mécanismes de solidarité locaux et décentralisés; la défiance vis-à-vis des systèmes centralisés ; le manque d'informations sur les obligations et les bénéfices d'enregistrement et de cotisations ; la complexité des démarches administratives ; le manque de flexibilité dans le paiement des cotisations ; le manque de bénéfices perçus à court terme ; la faible qualité des services publics (ou niveau de bénéficies) reçus en contrepartie des cotisations payées ; le coût des cotisations pour les employeurs et les employés ; la difficulté, en tant que travailleur informel, de se formaliser ; et un système de contrôle défaillant.

Des mesures sont nécessaires pour renforcer la conformité et améliorer la collecte des cotisations sociales

Pour limiter l'évasion sociale, plusieurs domaines d'action publique sont à privilégier, dont :

1. **Faciliter la mise en conformité.** Dans un contexte où le paiement de cotisations sociales est l'exception, il est crucial d'éliminer toutes les barrières possibles à la mise en conformité. En particulier, l'adhésion auprès d'un organisme d'assurance sociale, les démarches et notamment le paiement des cotisations doivent être simplifiées autant que possible. Plusieurs options, non exclusives, sont à envisager :
   a. Le développement de **guichets uniques** pour faciliter et réduire les démarches pour les cotisants. En outre, le guichet unique limite les comportements de type « choix à la carte » des cotisations dont les agents souhaitent ou non s'acquitter. Les guichets uniques peuvent également tirer les coûts administratifs et de fonctionnement des caisses à la baisse. La CSS et l'IPRES envisagent de partager des guichets uniques afin de regrouper et faciliter les démarches pour les employeurs et les travailleurs assurés.
   b. La mise en place de **plateformes digitales et de paiements simplifiés** (par exemple par le biais d'un téléphone portable). Ces systèmes numériques pourraient en outre offrir davantage de flexibilité facilitant l'acquittement des cotisations (paiements irréguliers) et une vision claire du solde de cotisations devant encore être acquitté à une échéance donnée.
2. **Renforcer le contrôle**
   a. **En premier lieu, il est nécessaire de produire de meilleures données (i.e. de qualité et mises à jour) sur les cotisants et les bénéficiaires, en particulier au sein de la branche santé**. Ceci bénéficiera de manière plus globale au fonctionnement du système de l'assurance sociale (par exemple pour le ciblage des bénéficiaires, ou la réduction des doublons dans l'allocation d'aides). Les données doivent être actualisées et accessibles en temps réel. À ce titre, il conviendrait d'assurer une remontée d'informations efficace des IPM vers l'ICAMO, de sorte que cette dernière puisse faire un état des lieux des comptes des IPM et communiquer avec les inspecteurs du travail de manière régulière. Toutefois, ceci nécessiterait des ressources importantes (production des données, partage automatisé, etc.). Celles-ci faisant déjà défaut, cela constitue un argument supplémentaire pour plaider envers une intégration des IPM (voir Chapitre 4).
   b. Dans un second temps, il est essentiel de développer le partage des données utiles au contrôle entre l'ensemble des acteurs (ICAMO, CSS, IPRES, MTERI, RNU, DGID, ANSD). À titre d'exemple, certaines entreprises s'enregistrent afin d'accéder aux marchés publics mais ne payent pas régulièrement les cotisations, reflétant un manque de contrôle et d'échange d'information au sein de l'administration. De manière similaire, la liste de toutes les entreprises avec leur nombre de travailleurs existe au sein de l'Agence nationale de la statistique et de la démographie (ANSD), mais l'ICAMO n'y a pas accès par faute de financement (coût estimé à moins de 5 M FCFA). Or ces données lui seraient utiles dans une option de détection de la non-conformité. Certaines données sont confidentielles et ne pourront être partagées. Une

réflexion sur les données utiles au contrôle, existantes ou à produire, en fonction des acteurs, et sur leur mode de partage serait utile. En effet, seule une approche globale, basée sur une collaboration étroite entre caisses et DGID en matière de partage de données (mais aussi de contrôles conjoints), permettra de lutter efficacement contre l'évasion sociale (par opposition à une situation sous-optimale où chaque caisse lutte individuellement contre l'évasion sociale qu'elle subit). Cette approche serait également bénéfique pour la lutte contre l'évasion fiscale dans la mesure où les caisses ont accès à des informations sur l'ensemble des salariés, potentiellement utiles pour les contrôles conduits par la DGID. Ainsi, le projet de la CSS et l'IPRES de moderniser, d'harmoniser et de mutualiser leurs systèmes d'information sur la base d'une immatriculation unique entre les deux institutions est à saluer.

c. **De bonnes pratiques peuvent être partagées entre les Caisses en matière de procédures**. Par exemple, l'IPRES et l'ICAMO pourraient s'inspirer du bon fonctionnement du recouvrement des cotisations à la CSS où les retards donnent lieu à des majorations, puis au déclenchement d'une inspection.

d. **Plus de contrôles conjoints entre caisses et DGID, et plus de capacités de contrôle allouées à l'ICAMO seraient également nécessaires**.

3. **Développer la confiance dans les régimes contributifs** (voir Chapitre 4).

Encadré 6.1. Recommandations

- Faire de la lutte contre l'évasion sociale une priorité compte tenu de l'importance du phénomène et de ses conséquences sur le financement de la protection sociale.
- Faciliter la mise en conformité vis-à-vis du paiement des contributions :
  - Développer les guichets uniques pour simplifier les processus d'adhésion et de paiement.
  - Digitaliser et flexibiliser le paiement des cotisations.
- Renforcer le contrôle :
  - Produire davantage de données par les Caisses (en particulier dans la branche santé) relatives à leurs cotisants et bénéficiaires.
  - Mener une réflexion sur les données utiles au contrôle du paiement des cotisations et sur leur mode de partage entre acteurs.
  - Assurer que tous les acteurs pouvant jouer un rôle dans la lutte contre l'évasion sociale soient impliqués, en particulier les Caisses, la DGID, le MTERI mais aussi l'ANSD ou encore les acteurs en charge du Registre national unique.
  - Assurer que les données utiles au contrôle puissent être partagées entre les acteurs (caisses et DGID notamment) sous réserve du respect de la confidentialité des données.
  - Partager les bonnes pratiques en termes de procédures relatives au recouvrement des contributions entre caisses.
  - Mener des contrôles conjoints Caisses – DGID, et augmenter les moyens à disposition de l'ICAMO pour les contrôles (notamment via le nombre d'inspecteurs mis à disposition par le MTERI).
  - Assurer que les entreprises accédant à des marchés publics s'acquittent de leurs cotisations.

Références

Bachas, P. et al. (2023), *Strengthening Personal Income Taxation in Senegal*, https://documents.banquemondiale.org/fr/publication/documents-reports/documentdetail/099631406022331198 (consulté le 24 septembre 2024). [2]

OCDE/PNUD (2024), *Inspecteurs des impôts sans frontières – Rapport annuel 2024*, Éditions OCDE, Paris, https://doi.org/10.1787/a614997d-fr. [1]

7 Vers une stratégie graduelle de financement de la protection sociale

Ce chapitre rappelle l'importance de l'extension de l'assistance sociale dans le contexte sénégalais, tout en soulignant le rôle des régimes contributifs dans le long terme. Ensuite le chapitre examine les options de mesures d'extension des programmes d'assistance sociale et les coûts associés. Puis le chapitre donne des ordres de grandeur relatif à l'élargissement de l'espace budgétaire associé à des mesures fiscales, l'exploitation des hydrocarbures, et les économies de dépenses en lien avec la réduction des subventions à l'énergie. La dernière section réconcilie besoins et financements de l'assistance sociale. Elle conclut que le Sénégal a la capacité d'élargir son espace budgétaire, notamment par la mise en place de mesures fiscales, pour financer une expansion significative des dépenses d'assistance sociale.

Aller vers une protection sociale universelle nécessite à la fois l'extension de l'assistance sociale et des régimes contributifs

Répondre aux besoins de protection sociale passe par un développement hybride de l'assistance sociale et des régimes contributifs. Les expériences internationales montrent qu'il est rare qu'un pays parvienne à la fois à une couverture sociale universelle et à des niveaux de prestations adéquats en ne proposant qu'un seul type de protection sociale (Kolev, La et Manfredi, 2023[1]). En tout état de cause, la protection sociale universelle au Sénégal sera très probablement atteinte au fil du temps par le biais d'une expansion progressive, même s'il existe certains exemples d'expansions rapides à grande échelle de régimes non contributifs, tels que les pensions universelles (Bolivie) ou la santé universelle (Chili).

À court terme, l'assistance sociale nécessite d'être développée. Le développement limité des régimes contributifs ne permet ni de garantir une couverture adéquate contre les risques, ni d'étendre cette protection à une large partie de la population dans un horizon proche. Dans ce contexte, l'assistance sociale revêt un rôle primordial dans le développement de la protection sociale. Le Chapitre 1 explore les besoins d'extension de l'assistance sociale en se focalisant sur trois programmes spécifiques avec une approche de réduction de la pauvreté et de la vulnérabilité des individus.

L'élargissement de l'espace budgétaire et une plus grande priorisation du secteur de l'assistance sociale au sein des arbitrages budgétaire sont nécessaires pour financer l'assistance sociale. Une première étape réside dans l'élargissement de l'espace budgétaire. Dans le cas du Sénégal, celui-ci s'articule autour de quatre éléments :

- Une augmentation des recettes fiscales allant au budget général permise par la mise en place de mesures fiscales spécifiques, par exemple dans le cadre d'une réforme fiscale (rationalisation des dépenses fiscales, amélioration de la conception des impôts, etc.)
- Une augmentation des recettes fiscales allant au budget général permise par l'exploitation des hydrocarbures (i.e. sans mesure fiscale spécifique mise en place)
- Des économies de dépenses (comme la rationalisation des subventions à l'énergie)
- La formalisation de l'économie, enjeu essentiel pour la durabilité et l'adéquation du financement de la protection sociale

La formalisation agit sur la capacité à financer l'assistance sociale et le développement des régimes contributifs. D'une part, elle permet d'augmenter les recettes des impôts directs et indirects sans augmenter les taux d'imposition. D'autre part, en se conformant aux obligations de cotisations sociales, un travailleur formel assurera, en partie au moins, le financement de sa propre protection sociale de court terme (les accidents du travail par exemple) et long terme (retraite). Si au Sénégal une formalisation massive de l'économie est peu réaliste à court terme, il n'en reste pas moins qu'elle constitue une condition nécessaire pour une protection sociale adéquate, qu'il convient d'ambitionner de façon graduelle. Cela implique de développer des régimes adaptés aux spécificités et besoins des travailleurs informels tout en améliorant les régimes déjà existants destinés aux travailleurs formels. Ces pistes, discutées dans les Chapitres 4 et 5, sont essentielles pour élargir la base contributive, augmenter les ressources disponibles et assurer une protection sociale durable pour tous.

Le reste de ce chapitre articule besoins de financement de l'assistance sociale et montants associés aux différents moyens d'élargissement de l'espace budgétaire, tout en considérant une plus grande priorisation budgétaire du secteur. Cette approche permet de proposer une voie pour le financement de l'extension progressive de l'assistance sociale.

Options et coûts de l'extension graduelle de programmes d'assistance sociale

Ce rapport mène une analyse prospective autour du développement de trois programmes d'assistance sociale : le Programme national de bourses de sécurité familiale (PNBSF), les allocations familiales et les pensions sociales. Ces trois programmes ne sont pas exclusifs de l'extension d'autres programmes de protection sociale. D'autres mesures pourraient ainsi concourir à étendre et renforcer la protection, ainsi qu'à la réduction de la pauvreté et de la vulnérabilité. Le coût associé au développement des trois programmes suscités est présenté dans le Tableau 7.1 (voir Chapitre 1 pour plus de détails). Le coût additionnel serait de 0,2 % du PIB si le développement des trois programmes se focalisait sur les individus en situation d'extrême pauvreté ; de 1,2 % du PIB s'il se focalisait sur les ménages pauvres les plus vulnérables (i.e. ménages dans lesquels vivent des personnes dépendantes, en particulier les ménages pauvres avec des enfants) ; et de 3,1 % du PIB si ces mesures étaient élargies à l'ensemble des ménages vivant sous le seuil de pauvreté.

Tableau 7.1. Coût d'extension de trois programmes d'assistance sociale

	Coût annuel	
	Mds FCFA	**% du PIB**
Individus dans l'extrême pauvreté		
Extension du PNBSF aux ménages dans l'extrême pauvreté	7	< 0,1 %
Extension des allocations familiales aux ménages avec enfants dans l'extrême pauvreté	12	0,1 %
Extension des pensions sociales aux personnes âgées non pensionnées dans l'extrême pauvreté	13	0,1 %
Total	32	0,2 %
Ménages pauvres les plus vulnérables		
Extension du PNBSF aux ménages pauvres avec enfants en bas âge	45	0,3 %
Extension des allocations familiales aux ménages pauvres avec enfants	80	0,5 %
Extension des pensions sociales aux personnes âgées pauvres non pensionnées	89	0,5 %
Total	214	1,2 %
Tous les ménages sous le seuil de pauvreté		
Extension du PNBSF à tous les ménages pauvres	58	0,3 %
Extension des allocations familiales à tous les ménages	198	1,1 %
Extension des pensions sociales à toutes les personnes âgées non pensionnées	276	1,6 %
Total	532	3,1 %

Note : Il est retenu 35 000 FCFA par trimestre pour le PNBSF, 2 600 FCFA par mois et par enfant pour les allocations familiales, et 20 000 FCFA par mois pour les pensions sociales pour les personnes de plus de 60 ans. Voir le Chapitre 1 pour plus de détails.
Source : OCDE.

L'analyse prospective, discutée en détail dans le Chapitre 1, vise à nourrir la réflexion sur le futur de la politique de protection sociale sénégalaise. Les développements considérés constituent davantage des options que des recommandations, et sont destinés à alimenter le débat politique. Plus spécifiquement, chacun des développements proposés, qu'il s'agisse du PNBSF, des allocations familiales ou des pensions sociales, peut faire l'objet d'une réflexion spécifique relative :

- Au **groupe d'individus ciblés** car l'approche repose sur la réduction de la pauvreté mais pourrait être élargie. En particulier, la pertinence de l'universalité des prestations de certains programmes peut également être évaluée, en prenant en compte les coûts et la qualité propres au ciblage.
- Aux **paramètres** retenus, comme les critères d'éligibilité (par exemple le niveau de pauvreté ou l'âge) ou le niveau des prestations. Par exemple, le niveau de la pension sociale peut être modifié afin de trouver le meilleur arbitrage possible pour permettre un appui financier significatif pour lutter

contre la pauvreté tout en minimisant de potentiels effets non désirables sur la participation au marché du travail.

- À l'**articulation** des programmes : le chiffrage réalisé dans ce chapitre repose sur la mise en œuvre cumulée des trois programmes. Toutefois, ils sont indépendants et peuvent être considérés séparément. En outre, il convient de noter et considérer la possibilité de chevauchements entre ces programmes. Un ménage pauvre incluant des enfants et des personnes âgées pourrait ainsi bénéficier de la bourse de sécurité familiale, des allocations familiales et des pensions sociales. Si le cumul de ces bénéfices n'est pas incohérent au regard de la corrélation existante entre pauvreté et la composition des ménages (voir Chapitre 1), ces éléments méritent néanmoins d'être pensés plus avant.

Les choix retenus ont un impact sur le coût des programmes et les besoins de financement associés. Ainsi, les estimations réalisées, qui reposent sur des hypothèses pouvant affecter les valeurs (comme le seuil et taux de pauvreté constants), visent uniquement à fournir un ordre de grandeur.

Options pour l'élargissement de l'espace budgétaire et financements associés

Le financement des programmes d'assistance sociale requiert, dans un premier temps, d'élargir l'espace budgétaire. Cela repose sur plus de recettes fiscales allant au budget général et des économies de dépenses. Cette section se concentre sur une série de mesures pour lesquelles des ordres de grandeur des recettes (ou économies) associées sont disponibles. L'accès à plus de données permettrait d'affiner les chiffrages. Les options présentées ici ne sont ainsi pas exclusives d'autres mesures additionnelles, notamment sur le plan fiscal. En effet, le Chapitre 2 et aussi OCDE (2017[2]) présentent d'autres mesures pouvant figurer au sein d'une réforme fiscale, mais pour lesquelles le potentiel de recettes n'est pas connu sans analyse approfondie des données, et notamment des micro-données administratives. Le Tableau 7.2 donne une vue d'ensemble du potentiel en matière d'élargissement de l'espace budgétaire, de l'ordre de 3 % à court terme, 6 % à moyen terme et 10 % à long terme.

Tableau 7.2. Estimation du potentiel d'élargissement de l'espace budgétaire par une sélection de mesures

Mesures	Potentiel d'élargissement de l'espace budgétaire (% du PIB)		
	Court terme	**Moyen terme**	**Long terme**
Réduire les dépenses fiscales	0,5 %	1,5 %	3 %
Tirer profit de l'exploitation des hydrocarbures	1 %	1 %	1 %
Réduire les subventions à l'énergie	1,5 %	2,5 %	3,5 %
Renforcer l'administration fiscale		1 %	1,8 %
Total	**3 %**	**6 %**	**10 %**

Note : Ce tableau ne liste que les mesures pour lesquelles des ordres de grandeur des recettes ou économies associées ont pu être estimés dans le rapport ou dans la littérature. Ces estimations fournissent donc seulement une estimation partielle du potentiel d'élargissement de l'espace budgétaire du Sénégal.
Source : OCDE basé sur MFB (2024[3]), (Adan et al., 2023[4]).

Augmentation des recettes générales par des mesures fiscales

La rationalisation des dépenses fiscales représente un potentiel de recettes très important. Étant donné la valeur élevée des dépenses fiscales actuelles, éliminer les dépenses fiscales les moins efficaces aurait des effets bénéfiques sur l'élargissement de l'espace budgétaire. Des améliorations dans la mesure et l'évaluation des dépenses fiscales constituent un préalable à un plan de rationalisation et une vue plus informée sur le potentiel de recettes fiscales à gagner. Les chiffres avancés dans le Tableau 7.2 représentent une baisse graduelle des dépenses fiscales, en partant de leur niveau actuel (de l'ordre de 6 % du PIB (MFB, 2023[5])).

Augmentation des recettes générales par l'exploitation des hydrocarbures

L'exploitation des gisements de pétrole et de gaz naturel devraient produire des recettes de l'ordre de 576 Mds FCFA sur la période 2025-27 (MFB, 2024[3]). La manne financière à venir constitue une opportunité d'élargir l'espace budgétaire dans la mesure où jusqu'à 90 % de ces recettes abonderont le budget général. Néanmoins, des incertitudes sur les volumes et les délais d'exploitation ou encore sur l'évolution du cours des matières premières invitent à la prudence, comme en témoignent la révision à la baisse significative des prévisions entre les documents de programmation budgétaire et économique pluriannuelle (DPBEP) de 2023 et de 2024. Ces incertitudes sont d'autant plus grandes que l'horizon considéré est lointain. Sur la base de ces éléments, en extrapolant les chiffres fournis par le DPBEP 2024, le Sénégal peut espérer des recettes additionnelles issues de l'exploitation des hydrocarbures à court, moyen et long terme de l'ordre de 1 % de son PIB.

Économie de dépenses

Les subventions à l'énergie représentent un coût important pour les dépenses publiques (environ 4,4 % du PIB en 2023 (MFB, 2023[6])). Bénéficiant à l'ensemble de la population, et notamment aux plus riches qui consomment l'énergie (carburant, électricité) en plus grande quantité, ces subventions sont d'autant plus coûteuses qu'elles ne sont pas ciblées. Il convient de poursuivre le changement d'approche amorcé en réduisant ces subventions généralisées à la portion congrue (tarifs sociaux pour les bas revenus et/ou bas niveaux de consommation, subventions pour le carburant à destination des transports collectifs), pour adopter une approche plus ciblée, reposant sur la mise en place de transferts à destination des plus nécessiteux, à travers des programmes existants (revalorisation des bourses familiales) ou nouveaux. Si la réduction des subventions à l'énergie n'a pas d'effet direct sur la mobilisation des recettes fiscales, elle revêt néanmoins un potentiel important d'élargissement de l'espace budgétaire pour financer d'autres dépenses, et notamment celles relevant de la protection sociale. Les dépenses de subventions à l'énergie économisées concourant ainsi à l'élargissement de l'espace budgétaire pourraient suivre l'objectif séquentiel suivant : 1,5 % du PIB à court terme, 2,5 % du PIB à moyen terme, 3,5 % du PIB à long terme.

Lutte contre la fraude

Le Sénégal dispose d'une marge d'amélioration des performances de l'administration fiscale. Les efforts entrepris par le Sénégal en ce sens doivent être poursuivis et renforcés. Cela participera activement à la lutte contre l'évasion fiscale d'une part, et contre l'évasion sociale d'autre part. L'ordre de grandeur des recettes fiscales additionnelles générées par une meilleure administration fiscale pour les pays à revenu faible et intermédiaire est estimé à 1,8 % du PIB (Adan et al., 2023[4]). Néanmoins, les réformes relatives à l'administration fiscale et les recettes associées s'inscrivent généralement dans le moyen et long terme. L'effet sur les recettes pourrait donc être limité à court terme, pour croître graduellement dans le temps (+1 % à moyen terme ; + 1,8 % à long terme).

Formalisation et croissance économique

Le potentiel de recettes fiscales et cotisations sociales lié à la formalisation de l'économie est important. Une combinaison de mesures, fiscales et non fiscales, incitatives et de contrôle est nécessaire pour réaliser ce potentiel. La formalisation de l'économie est associée avec des recettes fiscales accrues issues de la fiscalité sur le revenu des personnes physiques et morales, de la taxe sur la valeur ajoutée, ou encore des cotisations sociales, et recèle ainsi un potentiel de recettes fiscales additionnelles significatif. En considérant l'Enquête régionale intégrée sur l'emploi et le secteur informel comme représentative de l'ensemble des unités de production informelles (UPI) et en appliquant les taux de contribution globale unique (CGU) de 2 % et 5 % selon leur secteur d'activité aux UPI dont le chiffre d'affaires annuels n'excède pas 50 M FCFA, la formalisation des UPI pourrait générer des recettes de CGU de l'ordre de 1 % de PIB. S'il convient de noter que la CGU constitue davantage un outil de formalisation que de mobilisation de recettes fiscales, la formalisation progressive de l'économie s'accompagnera de recettes fiscales accrues dans l'ensemble des impôts suscités.

La promotion d'une croissance économique inclusive et soutenue, générant une augmentation des recettes fiscales, sera également un levier essentiel pour renforcer le financement de la protection sociale. Le Sénégal aura besoin d'une croissance économique durable et de recettes fiscales dynamiques, pour assurer leur augmentation continue en termes absolus et relativement au PIB, afin de permettre de mobiliser les ressources nécessaires à l'extension de la protection sociale.

Le Sénégal dispose des moyens pour financer une extension ambitieuse de l'assistance sociale

Cette section met le coût d'extension de l'assistance sociale en regard d'une série de scénarios de financement. Le coût de l'extension de la protection sociale, tel qu'évalué dans le Tableau 7.1, comprend l'élargissement du PNBSF, des allocations familiales, ainsi que l'introduction d'une pension sociale (voir Section 2 de ce chapitre et Chapitre 1). Ce coût est reporté dans la première ligne du Tableau 7.4, en considérant une extension ciblée sur les extrêmes pauvres à court terme, sur les ménages pauvres les plus vulnérables à moyen terme et incluant tous les ménages pauvres à long terme. Le coût associé varie donc selon la population cible : de l'ordre de 0,2 % du PIB pour couvrir les extrêmes pauvres, de 1,2 % du PIB pour couvrir les ménages pauvres les plus vulnérables et de 3,1 % du PIB pour couvrir l'ensemble des ménages pauvres. À titre illustratif, les besoins de financement additionnels nécessaires pour atteindre la cible de dépenses d'assistance sociale de 7 % du budget fixée par la Stratégie nationale de protection sociale, sont estimés à 0,9 % du PIB. Enfin, les coûts totaux relatifs aux socles de protection sociale tels que définis dans OIT (2021[7]) représentent 1,6 % du PIB. Néanmoins, ces socles bénéficient déjà d'un financement partiel et l'estimation précise du besoin de financement résiduel nécessaire pour assurer leur couverture intégrale est peu aisée.

Le Tableau 7.3 présente les hypothèses utilisées -incluant les court, moyen et long termes- pour analyser comment le financement de la protection sociale pourrait bénéficier de l'élargissement de l'espace budgétaire estimé dans le Tableau 7.2. En effet, dans chacun de ces scénarios, la protection sociale bénéficie seulement d'une fraction de l'espace budgétaire. Autrement, les ressources additionnelles disponibles, peuvent, outre la protection sociale, bénéficier à d'autres secteurs prioritaires. Le scénario de financement 1 correspond à une situation où le poids de l'assistance sociale dans les arbitrages budgétaires reste inchangé. Dans ce scénario, en appliquant la part du budget général actuellement consacrée à la protection sociale (2,5 % en 2021 selon AMD (2023[8])), les dépenses d'assistance sociale ne seraient que très légèrement augmentées (entre +0,1 et +0,3 % de PIB). Le scénario 2 se démarque du premier par l'hypothèse faite que l'intégralité des économies de subvention à l'énergie financent des dépenses additionnelles d'assistance sociale. En sus de ces hypothèses, 16 % des recettes issues de l'exploitation des hydrocarbures financent l'assistance sociale dans le scénario 3. Enfin, le scénario 4 reprend l'ensemble de ces hypothèses et prévoit une hausse de l'engagement budgétaire en faveur de la protection sociale dans le temps, en reconnaissance de son enjeu pour le développement économique et social du Sénégal.

Tableau 7.3. Scénarios de financement

	Scénario 1 (*de base*)	Scénario 2	Scénario 3	Scenario 4
2,5 % des recettes fiscales additionnelles financent l'assistance sociale	X	X	X	
2,5 %, puis 5 %, puis 7,5 % des recettes fiscales additionnelles financent l'assistance sociale				X
Toutes les économies de dépenses liées à la réduction de la subvention à l'énergie financent des transferts sociaux ciblés		X	X	X
16 % des recettes issues de l'exploitation des hydrocarbures financent à la protection sociale.			X	X

Source : OCDE.

Le Sénégal dispose des moyens pour financer une extension ambitieuse de l'assistance sociale. Le Tableau 7.4 permet d'observer comment les différents scénarios considérés permettraient de financer, une extension significative de l'assistance sociale. Il est à noter que les chiffres présentés portent sur les recettes additionnelles, ce qui signifie que les budgets alloués aux autres secteurs ne diminuent pas au profit de la protection sociale, au contraire, ils bénéficient potentiellement également de l'élargissement de l'espace budgétaire.

Tableau 7.4. Articulation des besoins et financement pour l'assistance sociale

Coûts additionnels relatifs à l'extension de l'assurance sociale et financement additionnels (% du PIB)

	Court terme	Moyen terme	Long terme
Besoins			
Mesures de l'approche prospective considérée dans ce rapport (PNBSF, allocations familiales, pensions sociales) (voir Tableau 7.1)	0,2 %	1,2 %	3,1 %
Financement			
Scénario 1 (de base)	0,1 %	0,2 %	0,2 %
Scénario 2	1,5 %	2,6 %	3,7 %
Scénario 3	1,7 %	2,7 %	3,8 %
Scénario 4	1,7 %	2,8 %	4 %

Note : L'estimation des sources de financement additionnels repose sur les valeurs du Tableau 7.2 et les hypothèses développées dans les différents scénarios résumées dans le Tableau 7.3.
Source : OCDE, DGPSN (2016[9]), OIT (2021[7]).

Les contours précis de l'extension de l'assistance sociale devront être définis sur la base d'un dialogue interministériel. L'élargissement de l'espace budgétaire permettra un financement accru de l'assistance sociale dont les priorités et modalités d'expansion reposeront sur la concertation des parties afin d'en assurer l'efficacité.

Des efforts devront être faits pour promouvoir la formalisation et développer des régimes d'assurance sociale classiques, ainsi que des dispositifs adaptés aux travailleurs informels. Ces mesures permettront au Sénégal de renforcer progressivement et de rendre durable son système de protection sociale. Le développement de la formalisation et du pilier contributif pourra faire l'objet d'un suivi, de sorte à soutenir l'actualisation de la stratégie de renforcement de la protection sociale au Sénégal.

Références

Adan, H. et al. (2023), « Quantifying the Revenue Yields from Tax Administration Reforms », *IMF Working Papers*, vol. 2023/231, p. 1, https://doi.org/10.5089/9798400258923.001. [4]

AMD (2023), *Revue des dépenses publiques de protection sociale du Sénégal*. [8]

DGPSN (2016), *Stratégie Nationale de Protection Sociale (SNPS) du Sénégal 2016-2035*, https://faolex.fao.org/docs/pdf/sen176991.pdf (consulté le 25 septembre 2024). [9]

Kolev, A., J. La et T. Manfredi (2023), « Extending social protection to informal economy workers: Lessons from the Key Indicators of Informality based on Individuals and their Household (KIIbIH) », https://doi.org/10.1787/ca19539d-en. [1]

MFB (2024), *Document de Programmation budgétaire et économique pluriannuelle (DPBEP) 2025-2027*, https://www.finances.gouv.sn/publication/document-de-programmation-budgetaire-et-economique-pluriannuelle-dpbep-2025-2027/. [3]

MFB (2023), *Document de Programmation budgétaire et économique pluriannuelle (DPBEP) 2024-2026*, https://www.finances.gouv.sn/publication/document-de-programmation-budgetaire-et-economique-pluriannuelle-dpbep-2024-2026/. [6]

MFB (2023), *Rapport d'évaluation des dépenses fiscales - édition 2021*, https://www.finances.gouv.sn/publication/rapport-depenses-fiscales-2021-2/. [5]

OCDE (2017), *Examen multidimensionnel du Sénégal : Volume 2. Analyse approfondie et recommandations*, Éditions OCDE, Paris, https://doi.org/10.1787/9789264287082-fr. [2]

OIT (2021), *Revue globale et analyse du système de protection sociale du Sénégal*, https://www.social-protection.org/gimi/Media.action?id=18960. [7]

www.ingramcontent.com/pod-product-compliance
Lightning Source LLC
LaVergne TN
LVHW0820380510[illegible]6
849532LV00011B/3407
9789264386389